谨以此书献给中国人民抗日战争暨世界反法西斯战争胜利70周年

# 心殇：

## 我的乳名"九一八"

**胡新化** 口述整理

黑龙江人民出版社

**图书在版编目(CIP)数据**

心殇:我的乳名"九一八"/胡新化口述整理.—哈尔滨:黑龙江人民出版社,2015.10

ISBN 978-7-207-10495-3

Ⅰ.①心… Ⅱ.①胡… Ⅲ.①九一八事变—史料
Ⅳ.①K264.206

中国版本图书馆 CIP 数据核字(2015)第 256943 号


责任编辑:李　珊
封面设计:王　刚


**心殇:我的乳名"九一八"**

胡新化　口述整理
出版发行　黑龙江人民出版社
通讯地址　哈尔滨市南岗区宣庆小区 1 号楼
邮　　编　150008
网　　址　www.longpress.com
电子邮箱　hljrmcbs@yeah.net
印　　刷　北京万博诚印刷有限公司
开　　本　880 毫米×1230 毫米　1/16
印　　张　19
字　　数　250 千
版　　次　2015 年 10 月第 1 版　2021 年 1 月第 2 次印刷
书　　号　ISBN 978-7-207-10495-3
定　　价　40.00 元

# 前　言

从 1931 年 9 月 18 日到 1945 年 8 月 15 日，我国东北三省及热河省被日寇侵占 14 年。广大人民同遭掠夺凌辱之苦难；同抗日寇，不屈不挠！作为哈市青少年教育研究会和黑龙江省老龄协会，既有义务与全国人民共同纪念"九一八事变"发生 80 余年，更有责任弘扬东北人民抗敌爱国精神。因此，了解到一满族八旬离休老干部年轻时常为中小学生讲"亲历伪满 14 年"，并有完好讲稿保存至今，我们征得老人同意，商谈把讲稿整理成书，以纪念我国抗日战争胜利暨世界反法西斯战争胜利 70 周年，向各级学校图书馆（室）免费赠送和折价向学生发行，深得老人赞赏。

我们之所以看中并下力策划此书出版，原因不仅仅是主题思想很有价值；还因为讲述者与"九一八"同庚，亲历了 14 年的"亡国"生活和五年半的"奴化教育"；两个叔父和一长兄原是东北军"北大营"官兵，"九一八事变"后一位进关参加八路军抗日，二位留在东北加入"抗联"队伍；次兄是铁匠，被鬼子抓去两次当"劳工"——一次为日寇挖凿偷袭苏联的地道，一次给"七三一"细菌工厂做工；再加上其家先住在沈阳南郊一满族之乡，后逃到北大荒融入汉族群体……内容十分丰富，又具特色，可读性也很强。

读者群当然是青少年，但也不排除中老年。如各地各界老龄团体从启示老人关爱下一代角度，能帮助推介给老年朋友，把此书购赠给儿孙——老少同聊，牢记国耻，共议永保和平，也是一件大好事。

梁志勇

2015 年 8 月 15 日

# 目　　录

# 一、"九一八"打破了满族村的宁静

根据老人讲，在我出生的前一天，即 1931 年 9 月 17 日，已是金秋时节。我的老家在沈阳市郊区杨千户屯。这个小村子东有岗，南有岭；在岗岭之间，从东南向西北流淌一条小河。它的东侧，因处在秋收的准备期，村里村外都很宁静。岗地和平原的五谷，正在争彩斗艳：大豆一片黄褐，如沙似毯；高粱枯绿的波浪泛着鲜红的泡沫；玉米一棵棵如同抱着红发娃娃的村妇在闲聊；水稻生在最低处，对周围近邻，为了显示自己生长的不凡，每年这时都脱去轻飘飘的绿纱，换上沉重带格子的黄袍……

老农们，大都在自家向年轻人安排完收割事务，慢步走到各自的田间地头儿，远望近查，咧嘴眯眼，笑出一脸皱纹儿；有的还哼起了皮影戏曲……

与大地的多彩比较，天空似乎单调得多。不过天蓝得像海水般透明；云白得像棉糖一样馋人；因之更让人仰望不止，环视不停。再加上母燕带领仔燕学练飞翔，学累了一齐落在低空的电线上，如同一串会唱的珍珠。这更为蓝天增添了几分活气。

顺着从东岗南侧流来的弯曲小河，走进杨千户屯：房屋稀稀落落，排列无序。东南部的砖墙大院里住着大财主；西北部用土墙围起的大草房中，住着小财主；三间草房被秫秸障子围的小院中有牲口棚和大车，不算财主也不是穷人家；那一片高低不同，忽前忽后，朝向不定，有起脊草房，有无脊平房，乃至不成房屋的"窝棚"，才是穷苦的农民住所。因为这村有一半左右"满（读阴平）洲"人，穷富都很讲卫生，注重礼节，所以每个秋收大忙之前，几乎家家妇女都干着同一件事：洗、浆、锤衣物。"洗"，即是一年一次地拆洗被褥和平日不常穿的单夹旗袍；"浆"，即用面粉熬制成糨糊，稀释后把洗净的衣物放盆

里搓揉匀乎后，抖掉糨糊颗粒，晒干；"锤"，把浆好的衣物晾干后再用水喷潮，抻平褶皱，叠好，放在一块二尺来长一尺来宽的"锤衣板"或"锤衣石"上，用两个镟得光圆的棒槌，像敲鼓似的仔细锤打，直到衣物平光无褶为止——如同现在用熨斗（或烙铁）熨烙的一样。这么浆锤的好处：一般说，是看着干硬平整，穿着棱是棱角是角；但对贫苦人家，还有掩盖破旧和耐用的好处。因为穿用快破了的衣物，用糨糊浆后锤完，跟新做的一样平整光鲜；而且抗抻耐磨，脏后易洗。

由于这种活计都是在同一时节进行，因之村村都棒槌声声，近处的"乓乓乓……"远处的"哒哒哒……"强弱不同，快慢有别；木板石板声混杂，更叫人感到近听如敲鼓，远听似打板儿。因为这声音能使人从中体味出村妇的勤劳、爱整洁及其锤衣人灵柔的动式，和自足的笑容，本地人都不嫌吵闹。外地人走在村路上听到，也常驻足细听，因之越发感到风微气爽，天蓝云白，五谷飘香……

在这个犁形的小村的北部西侧，在周长 200 多米的大水泡子北岸，有所孤单单的三间起脊的草房；院子被规整的秫秸障子围住；从朝南开的院门可见院内土地干干净净，农具摆放得规规矩矩；门外左侧卧着一条黑色大狗，盯盯看着泡子旁扒食的几只小鸡和水面上的鸭鹅——好像在主人安排下为鸡鸭放哨。屋里同样传出木质锤板的响声……

这家显然属于可以自给的下等"满洲"农家，姓胡——就是我们家。据《家谱》记载：上十代祖先胡善友，是 1627 年随皇太极迁入盛京（今沈阳）的正黄旗官员，逝世后葬于专建庞大的陵园；约五代后，随着清帝逐渐衰腐，我家的文武官员也日落西山了。我祖父是清代最后一批秀才，之后一直当塾师；其弟兄有的从政有的搞经济，都比我们这一支富裕。我父老大，自幼勤劳，帮老人供两个弟弟读书立业，自己一天书未念，却因偷听老父讲课，自学到能看书、记账程度。二叔胡万朋，字承烈，当时在东北军驻北大营当炮兵团长；其家属住在邻村。因为家底特薄，子女多，我三个哥哥三个姐姐，也只有大哥振五读过书，后到北大营当兵，已升为士官。当时大姐已出阁；家里只剩两个姐姐，一个 15 岁，一个 12 岁；两个哥哥，一个 9 岁，一个 3 岁。

我的"呐呐"（即母亲，影视剧都称"额吉"不知何故），也是满族人,本姓那,不知哪朝因立功获赏,被皇帝赐姓郭(读阳平)。外祖父曾在朝为官,据母亲说:临终时还穿件"黄马褂"呢! 家住北邻的西山村。四个舅父一个当村长,是个大财主。呐呐因幼时病弱,长大后被下嫁到穷家。两家除了年节和婚丧大事交往,平时无联系。呐呐虽未读过书,但凭着满族的传统和家教,非常文明礼貌,上孝老人,善待平辈,对子女也很少打骂;父亲耿直易怒,但两人一辈子未吵过架——因为呐呐在阿玛动怒时不反击,过后说理,倒使阿玛点头认错儿。对亲友、邻里也彬彬有礼;教育子女,更是既嘱告见长辈如何施礼问好;与长辈同行要错后半步;对面相遇,停步旁躲让路;绝不许与同年兄弟姐妹吵架;更不该接受赠予和随便翻看别人东西……因此,远亲近邻都赞美呐呐为人。哥哥姐姐也跟着受夸奖。

她对自己,不仅在待人处事上要求严格,衣着打扮也十分讲究:从年轻到当时的43岁,除了下厨房、喂鸡猪、种植和采摘青菜……穿短衣,系围裙;休息和做针线时,尤其是出门儿串亲,更是要穿旗袍,绣花鞋,梳成发髻戴花……新衣裳旧了破了,也要洗得干干净净,浆锤得板板正正;买不起头油后,天天用泡榆皮的水梳抹头发;春、夏、秋天天换戴家种的草花,只有冬天才戴绢花……

这也与满族习俗有关:女人不戴花不穿绣花鞋;男人穿白鞋戴白帽:意谓"守孝"。因之,阿玛冬天戴的白色毡帽上,就被呐呐绣缝了紫或深蓝色的花边儿。

这天下午,呐呐在阿玛下地做农活儿时,自己挺着八九个月身孕,到菜园子摘了满满一柳条筐蔬菜,似乎太累了,走得很慢,还直喘粗气。恰在此时,阿玛从田里回来了,看到她的样子,放下手中镰刀,就接过呐呐挎的菜筐,心疼地埋怨一句:"等我回来……这么大岁数还……"

呐呐先笑一下,听这后半句,又叹一口气说:"我也没想到,又来个老七……"

呐呐怀的"老七"就是我。虽已八九个月了,但因她穿衣讲究,行动检点,硬是未引起人们注意。

两个女儿正一个锤衣物,一个学叠衣物,见阿玛回来了,都停下手里的活儿,招呼:"阿玛回来了!"

"回来了。"阿玛答应一声后反问,"二丫怎不替你呐呐摘菜?"

"呐呐叫我锤衣服。"

三丫也忙说："还叫我跟二姐学叠衣服……"

"快去扶你呐呐进屋！完了替呐呐做晚饭！"

"呐呐在哪儿？她怎么了？"两个女儿急忙跑了出去。

阿玛见呐呐被二姐搀扶回屋了，又说："晚饭叫二丫做吧，你别逞能了。"随后走出屋直奔菜园子走去，插饭前的空儿，去莳弄秧苗。

呐呐自语一句："我也没怎么的，逞什么能！"然后指点二姐怎么做饭。因为只是行动不便，没什么妊娠反应，坐在炕上未躺下，便又从"炕琴"（横卧炕梢的大木柜）翻出三儿的小衣服，继续剪裁缝制老七的衣裤。

被吵醒的小三儿，见呐呐坐在炕上，便连滚带爬地挨到呐呐身边。呐呐怜爱地搂起来，叹道："再过一个月，你就不是'老儿子'了！"

"——'老儿子'不好，我要当'大儿子'！"说着就动手摸起"哑儿"来。

三哥摸到"哑儿"后，便不顾一切地钻进呐呐怀里猛吸起来。好一会儿没吸到奶水。呐呐被刺激得联想到老七是男是女，又长得什么样，温馨得顺势躺倒，带小三儿很快睡入梦中。直到九岁的振泉二哥，背着一捆干树枝回来了，边进屋边高喊："呐呐！快看我拣了多少？够你两顿饭烧了……"母子这才醒来。

这时，阿玛也从菜园子回来了。呐呐急忙起来下地放桌子，盛饭，上菜。两个女儿帮助拿碗，切咸菜，叼大酱……

于是六口之家开始吃饭。阿玛跟三个小的围坐着小炕桌吃饭，呐呐和二丫在地上站着吃，不时走近桌前叼口菜。三个小的爱吃土豆。辽宁土豆很少，也长不大。所以鸡蛋大的土豆，只能给三个小的一人分俩，蘸大酱吃。二丫则跟父母只吃炖豆角和咸菜。

简单的晚饭很快结束。这时，太阳也落到了西山之后。蓝天变成灰天；白云，西边的像火，其他的像烟。再过一会儿，云天一色乌黑，只有云缝儿中露出几颗星星。阿玛和三个小的先睡下了。呐呐和二姐坐在灯下缝补衣裳。今晚，呐呐为了给老七准备衣被，继续剪裁三哥的旧衣被。直到夜深，母女才睡下。

大约刚到午夜，突然鸡窝中传出一声鸡叫——"咯咯——"先惊醒了觉轻的呐呐。接着邻家的鸡也"打鸣儿"了……她看天还未亮，觉得不对，便轻轻推醒了阿玛，小声说："今儿鸡怎这么早'打鸣儿'？"

1931 年 9 月 18 日,日军炮轰中国东北军驻地北大营(《辽沈晚报》)

阿玛被推醒,听到呐呐疑问的同时,自家和邻家的鸡"打鸣儿"更响了,急起身向外看,细听听,似乎又有人在说话！他急起身穿衣,下地走了出去。

呐呐未下地,但也穿好衣服,向窗外看黑黑的天空,边听鸡鸣中夹杂的人语声。

阿玛刚出去还未来得及与人接上话,突然从西北的沈阳城方向传来鞭炮声！"不是年节,放的哪门子鞭炮啊！"想到这儿,向鞭炮响处一看,那儿空中竟亮起一团火光……炮声更大了……

附近邻居走出来,互相询问,谁也说不清,猜不透。在议论中,又一阵鞭炮声,似乎更响更近了。

"这不是鞭炮！"阿玛不愧是炮兵团长的大哥,"这是军队的枪炮声……"接着又传来了连续的"哒哒……""这是机关枪！"

大家都认同了,还未及想是什么来历,忽见屯西河边儿的公路上有人从北向南走来,不是几个人,是一群！不是慢走,是在快跑……

人们正惊疑中,忽见一人一瘸一拐地奔村子跑来。快到我家门口了,阿玛看出是个当兵的,挂着步枪……阿玛迎上去问："大兄弟！

这是怎么回事？"

"这位大哥，麻烦你了！"当兵的气喘吁吁，"我是北大营的驻军。小鬼子攻占北大营了，上边不叫抵抗。我们只能撤，可人家却追杀……"

"啊！不叫抵抗？小鬼子还……"

"帮我包好伤，我得追上队伍。"

"快进屋！"阿玛急忙扶他进屋。

近处看到的邻居，有的走开，有的跟到院子里，想看个究竟。

呐呐在屋已听到他们说的话，因自家有两个和他是同事，急忙准备水，见伤兵进屋便说："快，先把伤口洗洗再包。"

二丫也懂事地找出布条子，交给阿玛帮助包扎。大家一边忙活一边听伤兵说北大营情况。

阿玛告诉他："我兄弟和大儿子都在北大营。"

"是吗？都在哪部分？我碰上一家人了！"

"一个是炮兵团长，一个是士官。"

"啊！那我们是同遭一个厄运了！北大营是东北边防军第七旅驻地，三个团，加上特种兵和后勤，一共一万多人，而且兵强马壮，装备齐全，被誉为王牌军！可是小鬼子不到两千人。进攻时，头头不叫抵抗——少帅在北平；在家的领导说'少帅走前有话：蒋总裁指令对日军挑衅要忍不要顶。'可这次不是什么挑衅的，是军事进攻啊！打电话问少帅。少帅仍按老蒋指令命令：'这是临时的，局部的，要回避，要先撤'……就这么，我们先撤到东大营。鬼子又追至东大营，我们死伤三四百人！往南撤时，又有很多老百姓跟着一起跑。挨打、马踏、人挤……死伤无数啊……"

呐呐听了张好几次口想打听大哥和二叔情况，都被阿玛制止了。待送走伤兵后，阿玛才解释："他，一因不认识二又被追打得这么乱，他能说得清吗？战争，能活命只能靠老天保佑了！"

突然，近处响起一阵枪声。因天已大亮，见是村西公路上，鬼子追击散兵和逃民……阿玛又急走出去看。呐呐喊一声："加小心！"

"我看看有没有他俩……"

"老天爷保佑！我们老胡家祖祖辈辈没做过缺德事啊……"呐呐坐在窗前边哭边揖拜不止。

　　四个孩子是又怕枪炮声又担心叔父和大哥出事,瞪着两眼看看这个瞅瞅那个,坐立不安。

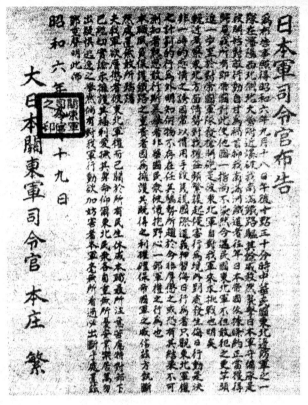

"九一八事变"关东军司令官布告

　　太阳出来了。可大人未想到做饭,孩子也无一人说饿。

　　阿玛风风火火地走进了屋,心情沉重地说:"屯子里,有的寻亲靠友往山沟躲灾了。没地方去的,急着把大点儿闺女找婆家……咱们怎么办?"

　　呐呐听了,心里"咯噔"一下,猛然想到日俄打仗时,把咱这儿当战场,躲过大鼻子逃不掉小鬼子,烧、抢、奸、杀……下意识地看看二女儿。

　　二姐敏感地想到自己已被父母许配给山沟老霍家了,"呐呐!"一头扑进母亲怀里哭起来。

　　接着,三个孩子全哭着拥到呐呐的周围。

　　阿玛看了,想劝说、怒斥,却张不开嘴。

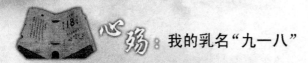
心殇：我的乳名"九一八"

从村里传来的男人叫喊，女人啼哭，娃娃号叫，狗咬、鸡鸣……更加令哥哥姐姐背凉，发指！

宁静的小山村，突然大难临头了！

20世纪50年代我给小、中学生讲到这里，都问："日本离中国远隔大海，又小国对大国，怎么连抵抗都不能？即使不攻占北大营，也不能允许他们在我们身边驻军啊……"

问得很有头脑。我就简要回答这个必须明白的问题——

说起日本，其祖先，连他们自己都认为是中国叛逃的倭臣刁民。根据一：他们说话的语音，特别是主词发音，比我们国个别方言还接近普通话，有的还与粤语相似，我们古代和现在部分方言的入声字，日本大多读促音；根据二：文字从古至今一直离不开汉字；根据三：日本男女穿的"和服"基本源自我国汉族古装；根据四：日本几代史学家大都到过我国一些省市寻根；根据五：关于秦代徐福率五百童男五百童女到东海寻采长生药，上岛未归……这一传说也不是完全虚构。正因其叛离祖国的先人的基因流传给了后代，才穷则偷、抢，富则霸、占；故从14世纪开始，他们内战失败方的封建主和诸侯王公便把属下辖臣官民组成了海盗集团，对我国沿海渔、农、商界进行偷、抢、杀，得逞了占据不走；遭到地方武装剿逐，便逃之夭夭，伺机再来……搅得我整个沿海渔、农、商业受损，居民生活不得安宁！"倭寇"因之从此成了对他们的通称。直至明朝大将戚继光、俞大猷等率部奋勇剿逐，倭寇的恶行才有收敛。

但他们既不甘心，又恶心难改。特别是国力增强，执政头头又对朝鲜长期附属我国嫉恨，终于在17世纪决意先以"帮助朝鲜脱离中国统治"为由，文武兼施，攫为己有，进而侵略我国，发动"甲午海战"，逼使腐败昏庸的清帝割让了台湾整岛和山东半岛；并赔款两亿两白银；"合约"还规定：允许其在各通商口岸设领事馆，开矿、建厂，掠夺我国大批资源；日船可以随时出入我国所有海港；中国不可惩办亲日的汉奸……从此，中国开始了半殖民地半封建社会！尤其更引来其他列强对我国的文索武夺，欺侮不断：首先，俄、法、德三国逼使大清以三千万两白银从日本手中赎回辽东半岛租借给俄国；把开矿、筑路等特权送给三国；之后各国又单独与我国签订条约，增加在中国的特权……

不久后(1840年),英国又对我国发动了"鸦片战争",中国败后割让了香港,并赔款两千万两白银。由此,世界性恶狼野狗更是群涌争食,接连对我国签订不平等条约,如与美国的《望厦条约》、与法国的《黄浦条约》、与俄国的《瑗珲条约》、与英、法、俄合签的《北京条约》……

1900年,更发生了有日本参加的"八国联军"掠北京的奇耻大辱!投降后,另加三国与我国签订《辛丑条约》,出卖国家大量军、政、商等特权!三年后,俄国不满日本独占朝鲜,日因俄不撤驻军,矛盾激化开战,竟把我国东北当了战场!日胜俄败后,美国主持签订"合约",决定日本继续占领朝鲜,并逼大清承认日本在南海的许多特殊利益和支配地位……

1911年辛亥革命后,因军阀混战中,袁世凯夺取政权后,争取日本支持其称帝,而日本又于1915年自订对华的"二十一条",虽因我全国人民反对,未公开签订,但日本却单方面加强了在华的特权和专利,如向东北增兵;派人到我国开发土地和经商;为削弱东北军实力,于1928年把先亲日后拒日的"东北王"张作霖炸死在沈阳皇姑屯!当时,全力围剿中共红军的蒋介石,不知是未看清日本欲占领东北的野心,还是无暇顾及?因此,日本关东军大增了侵略的士气,先抓紧践行"二十一条",接着就策划通过捣毁沈阳北大营,以向东北三省进兵,再由东北拿下全中国……

同学们仔细想想:这次侵略东北之后,更伤亡很多军民!又仅是我们极普通的胡姓一家之灾难,往后还不知会发展到何种程度呢!何况全东北,乃至后来的大半个中国!

好了,这次就讲到这里。下讲我呐呐因为鬼子追杀撤迁的东北军和逃难百姓,受惊吓,又听说在北大营当炮兵团长的二叔"挂花"被送回家,跟他当士官的长子无消息,心痛至极,突然头晕倒地,早产了我……

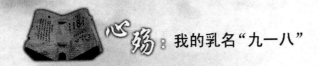

心殇：我的乳名"九一八"

**链接1："九一八"前夜的风雨**

1928年6月4日凌晨5点30分，奉系军阀首领，时任北洋各系领袖、安国军总司令的张作霖，乘坐专列经过京奉、南满铁路交叉处的三孔桥时，火车被日本关东军预埋炸药炸毁，张作霖被炸成重伤，送回沈阳4小时后死去，时年54岁。因该地在皇姑屯火车站以东，史称皇姑屯事件。

当时，因为抵挡不住国民党新军阀的"北伐"，张作霖通电求和，并被迫放弃北京回东北老家。而此时，他的"后台"日本提出了最后通牒，胁迫他同意日本在东北的利益诉求，张作霖不肯松口。于是，日本关东军决定在张作霖回东北的路上除掉这个眼中钉。

皇姑屯事件，恶化了东北的局势，加快了日本帝国主义的侵华作战计划，也拉开了抗战的历史序幕。

张作霖死后，这一年12月，他的儿子张学良发表通电，宣布东三省及热河省服从南京国民政府，史称"东北易帜"。

**链接2：引爆炸弹的日寇——东宫铁男**

这个大胡子圆脑袋的家伙，是皇姑屯事件的具体执行人。

当时，东宫铁男任关东军大尉，是他按下炸弹按钮，将张作霖炸成重伤而后不治身亡。

东宫铁男是个中国通，曾经自费到中国留学学习汉语。此人不仅是日军侵华的一个突出代表，同时，他还是中国土地上以极低的补偿款，强征中国农民土地的始作俑者。

日本NHK拍过一部纪录片，叫《满洲拓殖移民的真相》。全片以东宫铁男遗留下来的日记为基础，对张作霖之死以及日本有计划地向中国大规模移民等问题，做了重新梳理。

东宫铁男

原本日本战败时，日本军方曾经要求东宫的家属，将他所有的文字资料全部销毁，但家属并未遵照执行，因此NHK得以引用了东宫日记。虽然日记中1928年5月至6月初的关键部分早已被撕毁，但依旧可以读出东宫密谋杀害张作霖的种种迹象。

七七事变后不久，在中国土地上胡作非为的东宫铁男在浙江前线被击毙！

# 二、呐呐心痛至极，早产了我

村里不少家忙着逃难和张罗闺女出嫁。

我阿玛想到二姐已15岁，个头儿又比较高，既然已与本溪县东部山村老霍家定了亲，应当抓紧送过去。要不，真的遭了鬼子兵的灾，自家倒霉不算，婆家也不满意呀！他向呐呐刚提了一句，呐呐还未表态，二姐便大哭不止了。

正这时，又听传来一阵枪声！

呐呐与孩子把着窗户往枪声响处看去。阿玛急忙跑出屋去看。

这一看：天啊！前边跑着军民混杂的人群，后跟无数的日本兵——扛枪步兵跟着跑；三轮"屁驴子"（摩托）架着机关枪追；后随的大卡车都载着大火炮……

阿玛从屋外快步走回，斩钉截铁地决定："别只顾眼前了！几十里远，鬼子走后常回来呗！老霍家又是正经人家，对自家媳妇，又年龄小，一定会好好待承。收拾收拾，马上走！"

二姐又喊一句"呐呐！"哭了起来。

呐呐虽也舍不得，但很同意阿玛的话，便一面帮二姐找衣服，一面劝教二姐："听你阿玛话，去吧！闺女大了早晚要出嫁的。15岁不算小了，论个头儿说20也有人信。到那儿后，要懂事儿，尊敬老的，关心小的；该干的活儿抢着干；不该管的事儿别插嘴……"

翻找了老半天，也没找到可心的衣服，最后把自己穿过的，虽旧点儿但未破的浅蓝色旗袍，给二姐穿上试试，稍长一点儿，肥瘦还正合体。于是决定"外套"就拿它。裤子、内衣，叫二姐自己选。呐呐马上动剪子裁去稍长的一寸多，然后飞针走线把剪口仔细缝好。

二姐自己选好了单夹裤子和上衣，有的是自己的，有的是大姐的；呐呐的，一件未拿。

就这样，中午饭简单用过，阿玛便从邻家借来一头毛驴，催促说："快走早到。"

二姐拿起衣服包就跟阿玛出去了。呐呐紧跟，三姐也忙放下手中正洗的饭碗，跑了出去。三哥边叫"二姐二姐……"边跑，不小心，"啪！"摔个大前趴！"啊……哈哈……"大哭不止。

跑到二姐身边的三姐看见后又马上跑回拉起三哥："别哭！快去送二姐……"

三哥一听，疼也忘了，哭也停了，爬起便跟着三姐向大门外跑。可是到门外时，二姐已骑着驴子与急走的阿玛走出挺远了！

"二姐……"三哥喊着刚要去追，被呐呐一把拉住："别跑了！再摔一回就不会走路了。"

"二姐常回来……"三姐禁不住大喊一声。但走远的二姐无反应，可能正哭呢。阿玛却回头摆摆手。

呐呐擦擦眼泪，一手拉着小儿子，一手拽着小女儿，无声地走回院里，进屋后直接到灶前锅旁干起了家务。

"呐呐你进屋歇歇吧！这，我会干。"

"你二姐，路上不会碰上鬼子兵吧？"

"呐呐！不能……"三姐见呐呐落泪，自己也抽泣起来。三岁的小哥哥更是放声大哭："啊……二姐没和俺说，话……她得什么……回来呀？"

"九一八"事变爆发后，侵华日军在残酷杀害东北同胞

见小女儿小儿子哭得止不住，自己又从刚走的二姐想到过去那么多逃兵，竟没有他二叔和大儿子，心一酸，眼泪唰唰啦啦掉下来，左

右看看——阿玛没在家！于是无拘无束地放声大哭起来……

若在往常，她与俩孩子一起这么大哭，近邻听到，早来几个老姐妹劝解了。而今天，与我们家发生同一种事情，何止一两家！即使没发生的，也因亲族里发生安静不下来啊！

娘仁哭完了，静下来后，还真听到了有小孩儿和女人在哭……

突然二儿子在院中喊道："阿玛！呐呐！来客（qiě）了！"

"是钢锉？"呐呐立刻答应一声"唉！"又自语一句"我把他忙忘了"急下地往外走。

三姐提醒呐呐："不是又出去拣柴禾了吗？"

呐呐走到外屋，一位半兵半农打扮的青年人和二哥已走进屋了。

二哥忙介绍："我回来，正好他在大门外想打听咱家在哪儿。他是我二叔炮兵团的。"

"大嫂！我是替胡团长来传信儿的，他叫鬼子打伤了。我们把他送家去了。怕大哥大嫂惦记，特派我来传告一声，伤不太重，只是腿上伤，不能走。请你们不要着急。"

呐呐听他说完第一句，就要问大哥的下落，后听二叔受伤了，担心加上心疼。实在忍不住了，急问他："振五回来没？"

"振五？啊……你问的是他侄子吧？哎呀没见着……啊，对了！胡团长说鬼子兵来前他就上黑龙江马司令那里去了。放心，没事儿。"他见呐呐脸色青白，紧咬牙关，便急说一句："好，我还有别的事儿！再见！"头也未回便走了出去。

二哥也急跟出去送客。

日军对根据地残酷扫荡，残杀抗日军民

日军以中国平民百姓为活靶子肆意屠杀。本照由行凶的日军拍摄

实在控制不住的呐呐，叫一声"我的大斧子（大哥乳名）……"便跌倒在地……

"呐呐……"三姐急扑过去叫，"呐呐……"

三哥先吓傻了，后也扑到呐呐头前哭叫。

二哥先送客到大门处听到呐呐的哭叫后，三姐和三哥大声哭叫，便向客人告别跑回屋来……见呐呐躺在屋地一动不动，忙把三姐三弟推开细看，呼叫，还用手推身子拍脸……

足有五六分钟时间，呐呐才长喘一口气睁开了眼睛！

"呐呐醒了！"

"呐呐活了……"

"呐呐！呐呐……"

三个儿女由哭变笑。可呐呐却皱眉又咬牙地，挤出一句话："快把呐呐扶上炕！"

最大的12岁是个女孩儿，男孩一个9岁，一个3岁，怎么捆也捆不动！三姐要出去求人，被呐呐厉声叫住，然后痛苦地解释："老七要早生了……"

"啊?!"三姐听懂了，更害怕了。

二哥也听出了呐呐话的意思。

但一时都不知怎么办好了。

呐呐坚强地决定："先把我捆起来。"俩大点儿孩子捆呐呐两肩；三岁的三哥捆呐呐的脑袋……也学着大人喊了"一、二、三……"，加上呐呐配合，真地一次就捆起来。呐呐坐一会儿，又蹭到跟前儿，面朝着炕沿儿，伸两手扳扳试试后又说："我扳炕沿儿，你们推我后身儿，叫呐呐坐上炕。"

于是，母女儿子又一齐努力……呐呐向炕上爬，尽量别被炕沿卡着肚子，可是还是卡了一下。她感到不好，拼命向右侧身躺在了炕上。孩子的双手立刻沾上了血……

接着，"嘎啦……"一声，老七降生了！

呐呐急叫："钢锉快去烧水！三丫帮我脱衣，包孩子……"

仗着呐呐本性刚强，又有多次生产经验，硬挺着痛苦，没伤着孩子一点点，便洗涮、剪脐带，包裹好……顺利完成一次早产；而且由呐呐自己向三个孩子宣告："老七是你们弟弟！"

"噢……我们又来个弟弟……"

三哥听到二哥三姐高兴地大叫，怔怔地问："也是我弟弟吗？"

"对！你原来是我们五个人的小弟弟，从今儿起，也成他哥哥了！"

"哥哥怎当啊？"

"多吃东西多干活儿呗！"

"我吃不多，不会干。"

"哈哈哈……"母亲和孩子一齐笑了起来。

呐呐笑完叫大家到跟前去看。有的说像阿玛，有的说像呐呐；三姐却说："都像，脸、鼻子像阿玛；双眼皮儿和小嘴像呐呐！"

呐呐又说："再看看我为什么这么包裹孩子？ 腿裹这么紧，都能看出是为了长直溜，不出'罗圈腿'。这俩胳膊，裹时先把两手心朝外，裹完再把手心翻向里……为了什么呢？"

三个孩子谁也未答出。三姐心细，忙问"为什么呢？"

"这是咱满族对男孩儿的要求：长大拉弓射箭有力、不会'闪膀子'。钢锉你把袖子撸上去，向旁边伸直。看看胳膊肘儿包朝前坑朝上吧？ 他一出生就这么包裹的。三丫你再伸出看看，是包朝上，坑朝后了吧？ 是没这么包。"

二哥疑问："这会儿也不拉弓射箭了呀？"

呐呐说："那也不能丢咱们民族传统。再说了，这样干什么都有力气呀！"

"啊……"

没等二哥把话说完，三哥也撸起袖子伸出胳膊叫哥哥、姐姐、呐呐看……

老少四人正又说又问，吵成一锅粥时，阿玛走进了屋："什么好事儿，高兴得这样？"

大家一怔，未等回答，我——"老七"醒了："嘎啦！"叫了一声。

"啊！ 提前个把月就……"

见阿玛着急，呐呐忙把二叔受伤、大哥没音信，告诉了阿玛。

阿玛听了立刻急了！ 转转身子，却把气撒在了"老七"身上："不到日子这时候生，对家对国都是'丧门星'！ 不能要他……"

呐呐一急回了一句："给人就吉利了？ 总不能扔野地喂狼吧？"

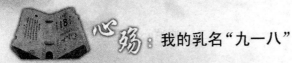 

"喂狼也比留家好……"说着就奔"老七"迈出一步。

吓得孩子们一齐挡住了他："阿玛不能喂狼！"

"留下也叫全村人说咸道淡！"

"你在外边不说，谁能知道？"呐呐叨咕说。

"自己不说，来人还看不见哪！"阿玛说到这忽想到一种办法："那你就每回奶完就塞在炕琴底下，把帘子放下……就这么定了！"说到这儿转身就往外走。

三姐忙问："阿玛！老七还没起名呢！"

"起什么名！就叫'九一八'，或叫'亡国奴'！"

从此，阿玛一直叫我"九一八"或是"亡国奴"。呐呐嫌不吉利，自己起个"铁棍儿"，命不好，长得要结实！加上三个哥哥：大哥叫"斧子"，二哥叫"钢锉"，三哥叫"秤砣"——非铁即钢，一个比一个结实。

这是后话。在当时，说来也怪：我在阿玛发怒呵斥呐呐时，一声未叫。阿玛走了，却叫了起来！还是母亲最了解孩子，马上抱起来喂奶——知道我是饿的。

可是我本能地吮吸了好一会儿没吸着奶，又哭了起来。呐呐深深叹口气，说："怪呐呐又惊吓，又为你二叔、大哥上火……"抬头见三姐正看着她，便指点她："去拿点剩饭，嚼点儿'奶饽子'当奶吃吧！"

三姐答应一声就去了。

什么叫"奶饽子"？即把常吃的米饭，粥更好，用嘴嚼得烂烂的，加上口水，成了糨糊，当奶给孩子吃。

三姐拿来半碗高粱米干饭，送给呐呐。呐呐却用手推回，说："我抽烟，嚼出烟味儿……你给嚼吧！"

"行，我嚼。"说完就用筷子扒一口嚼起来。嚼了一气，她却没吐出喂我，反而大笑不止！呐呐一问，三姐勉强止住笑后，说："嚼烂后，叫我给咽下去了——咯……"又笑了起来。

二哥听完也笑起来。呐呐笑后马上说："乍嚼都这样，吃饭习惯了——嚼烂的饭菜自己就往嗓子眼儿去。"

半老天没吃着什么，我又哭叫起来。二哥有点心疼了，急叫"三姐快嚼吧，看他饿的！"

于是，她又重扒一口饭嚼起来，吐出给呐呐看——太干，小孩咽不下去，容易噎着。又叫她含嘴里半口，继续嚼。这一反复咀嚼，口水越来越多，很快就稀得不吐自己已经出淌。呐呐说"可以喂了"，三姐便用小羹匙儿喂给我。开始觉得不对劲儿，但肚子饿，嘴自然馋，很快就适应了，喜欢了，吃饱还张嘴。但呐呐不叫给了。我也就没再要，而且很快睡着了。据后来呐呐说：我刚睡就把我推到柜底下去了，帘子一放，一片漆黑。不困，醒了也会睡。

关东军占领哈尔滨后张贴的《布告》

阿玛去哪儿了？晚饭也没回来吃。不知是他们吃饭吵醒了我，还是我又饿了：刚叫一声，就被三姐拽了出来。黑天突变白日，亮得我睁不开眼，又哭了起来。于是，三姐又给我喂"奶馎子"，或因嫌费事，或更喜欢我了：她干脆嚼好嘴对嘴地喂我。我似乎更高兴了，吃得更香了。

正这时，阿玛回来了。他一进屋就问："怎么没塞炕琴底下？"

"塞了！"呐呐不高兴地解释，"吃完饭听他饿哭了才拽出来喂'奶馎子'。你上哪儿了？才回来！"

"我能去哪？万朋'挂花'了，振五没音信，能不去看看，问问？"

"我就寻思你非去不可。他二叔伤到哪儿了？大斧子真的是……"

"右腿被炸弹炸塌的砖墙砸折了！振五，他说是先去了黑龙江……一个小小士官是什么原因，有什么资格投奔马司令？"

"我这大门不去二门不迈的，笨想这事，也不敢信实……逃出北大营也该往家跑哇！不是……也是……连个大团长都受了伤……这千刀万剐的日本鬼子啊……"说到这儿又边捶炕沿儿边大哭。孩子们也跟着哭起来。

"行啦！"阿玛劝道，"哭有什么用！除了哭坏了身子，影响了孩子，还能把人哭回来？我想办法打听就是。哎，对了！他三叔也没回来，说不定他俩在一起。"

呐呐听到这儿，立时止住了哭："很可能！若真是，爷俩个遇到什么灾难都会帮衬着过去。"

三姐见呐呐情绪好转了，忙上前安慰："呐呐说得对。三叔和大哥都是大命人……你自打晕倒、生小弟，到这会儿一直没休息，快躺一会儿歇歇吧！"

"三丫长大了！"阿玛高兴地说，"你二姐走了，你也该像大人一样了。你呐呐又是小产，坐月子。你呐呐不用你侍候月子，可全家的三顿饭……"

三姐马上接过去说："都交给我做。呐呐，我也不能全叫她自己做……"

"好闺女！就像说的做。钢锉除了干点儿零活儿，再多帮你三姐管管你三弟。"

"行！我以后干什么零活儿都带上他，又玩儿又学活儿。"

"说得好！小秤砣你听懂了吗？"

小三哥马上回答阿玛："听懂了，又玩儿又学活儿……"

呐呐"扑哧"笑了一下："这我就放心了！"说完就躺下，闭上双眼，休息了。

天黑了，没事儿都该上炕睡觉了。

阿玛却严肃地嘱告："如今不同以往，尽量不脱衣服，说不定小鬼子怎么闹腾……"

孩子们听了，刚脱衣服的不脱了，已脱了衣服的又重新穿好；连小三哥也穿衣服倒下。

对我这个出生一天的"丧门星"，也不"塞进炕琴底下"了，免得急需抱起逃躲现从柜底下往出拽……

这样的日子，过到何时才是"头儿"啊！

**链接:《从军》再现保卫战**

  一本褐色绒布外皮的画册,封面中心写有"从军"二字,字的上方是一个金属浮雕的日军战斗的图片。这就是最新日军侵华物证:《从军》——满洲事变步兵第十联队作战纪念册(昭和六年十二月至九年五月)。

  它记录着日军步兵第十联队参加的"哈尔滨保卫战""两次松花江作战""拉林作战"等珍贵的图片与文字资料。

# 三、三叔突然归来又离去

　　12岁的三姐被"九一八"炮声惊吓后，心总难受，因二姐走了，呐呐早产……一直瞒着未说。未料"大发了"，未来得及治……也没钱治，就死了！呐呐一股急火，也病了！好在跟马占山当兵的三叔回来，告诉"九一八"后，我大哥跑去黑龙江找三叔去了，还参加震惊中外的"江桥抗战"了！"现在拜泉县搞治安，放心吧！我常去看他……"加上大姐抱着比我大一岁的外甥来侍候呐呐，呐呐的病才未"大发"！

图为马占山和江桥抗战旧址

半冬过去了,老天也没怎么下雪。这天,快过年(春节)了,忽然下起大雪来。那好看的六角、六面、六棱的小雪花儿,却都抱成了团儿,从天上飘飘而落。掉在地上就摔散了。不一会儿就把灰褐色大地铺上一层棉絮。因为无风,雪又轻,看似厚厚一层,可用脚一踩,雪花儿便四下迸飞;再往前迈腿儿,又趟出了一道沟。在雪地上走一段路后回头看看,哈!两行相连的脚印,远看简直像两串儿珍珠。

孩子们对这景象可感兴趣了:大些的跑出了院子,跑向大道、菜园子、野地;小的只在院内,或大门外;互相搂雪粉攥雪团儿,打仗玩儿。连打、带摔,一会儿都变成了雪人儿。有的打得准,把雪球儿投到对方的脸上,掼进脖领子里,不但不嫌疼,不怕凉,反而哈哈大笑……

二哥一个人玩儿没意思,把快到四岁的三哥也领到院子里玩儿起来。一岁多的大外甥看着眼热,也要参加。大姐便给他穿戴好送到院子。他扎撒着两只胳膊,像刚出蛋壳的小企鹅似的,跐跐趔趔,走几步就摔个前趴子。但他未哭,反而感到好玩儿,后来干脆故意跌倒,竟在雪地上打起滚儿来。逗得大姐、二哥大笑不止。三哥看着有趣儿,也过去陪他一起滚起来。

呐呐病好多了,这时也坐在炕上扒窗户往外看着,笑着。

雪越下越大,后来又刮起了大风,漫天烟雾,十几步之外就看不清东西了。当然天也冷多了。被风吹得横飞的雪花儿打在脸上,又疼又凉。孩子们都被大人招呼进了屋。

阿玛今儿没法干活儿,也在家里,待不住,翻弄祖父留在这里的线装书。找出一本坐在炕沿儿,背靠着"炕琴"(衣柜),认真地读起来。

孩子们玩儿累了,有的吃东西,有的睡了觉。大姐坐在呐呐身边纳鞋底儿……整个三间草房里只有她拉线绳声,"哗……哗……"

忽然,窗外传来"嘎吱!嘎吱……"脚踩雪地的声响。接着门"咣当!"一声,进来的人又狠跺两脚上的雪:"怎么这么肃静?家没人吗?"来人说着走进了屋。

"是你大姐夫。"大姐听出语声后告诉二哥。

大姐夫走进来了。二哥也迎上去了:"大姐夫!"

"老人家病好些了?"大姐夫是汉人,不叫呐呐也不叫妈妈,多咱

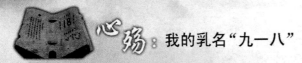

见了都自作文明地称"老人家"。大姐听不惯，也改不掉，时间久了，也就习以为常了。

"没啥带的，我们山沟儿山菜山珍多。"大姐夫把手中的小柳条筐一举，然后放在屋地的板凳上，"嘿嘿！蘑菇、山里红、核桃……"

"怎么偏挑大雪天来？"大姐似心疼又像埋怨地问，"有急事儿啊？"

"有急事儿也不用找你。"大姐夫笑笑，"这不快过年了吗？看看老人家好利索没。"

"啊！来找我回去忙活年啊？"

"怎么这么说呢！看看老人不对吗？老人若好了，我来接总比你一个人走，或者劳动老人送好吧？"

"你会说……行了吧！"

"不是会说，是理对。嘿嘿！"

"大姑爷来了！"阿玛听到说话声过来了。

大姐夫忙站起鞠了一躬："老人家好！"

阿玛高兴地招呼大姐："还不下地做饭？你女婿不常来，炒点儿菜。坛子里可能还有腊肉，弄点下酒。"

"时间还早，"呐呐也说话了，"你再杀个鸡呗！"

"还是丈母娘，疼女婿，来了就杀老母鸡！"阿玛高兴时也很幽默呢！

呐呐笑笑回他一句："那你就杀大公鸡！"

"不不，就一只公鸡还留打鸣儿呢！"阿玛边说边往外走。

大姐急去劝阻："别别！又不是新亲戚，随便吃点儿算了，别杀别杀，留着开春儿下蛋吧！"

阿玛没听，真的出去抓鸡去了。但抓回鸡进屋刚要杀，被大姐一把夺过去，推开房门便放跑了，同时说："他不愿吃鸡肉。"

"对对，我不吃鸡肉。"

"他不吃我还吃呢！"

"你吃，我们走了你再杀。"大姐说。

阿玛的鸡已放走，又深感大女儿是在为他年节前省点"嚼咕"（好吃的），摇摇头没再说啥，便领大姑爷去西屋了。

快过"小年儿"（腊月23日）了，呐呐病也好多了。大姐便抱着小孩儿跟大姐夫往回走了。好在不算远，又有驴可乘，大姐累不着，孩子也冻不着。

腊月二十三日过小年儿，满人和汉人风俗一样：有钱人家买些灶糖，没钱人家做点儿黏干粮，在晚上送灶王时用。送灶王就是，把供在灶门旁边土墙上的"灶王爷"画幅请下来，由家里的男主人跪在灶门口生火烧化；并且口中念道："灶王爷本姓张，骑着马挎着枪，上天堂见玉皇……好话多说坏话少说。你若说坏事就把你嘴粘上！"念到这儿，用灶糖或黏干糖往灶王爷嘴上一触。

你说这是迷信吧？这么对待灶王爷，还指望他来年保你平安？再说，用糖和黏干粮就能把他嘴黏上？说是一种游戏吧？各个家庭，无论老少，没有不认真这么做的；过后请一新"灶王爷"又要供一年！要说它与其他各个节日，都是享享口福，如二月二吃猪头，五月五吃粽子，八月十五吃月饼……还有点道理。

我们这年的"小年儿"，因为时局动荡，家也不太平，仅仅是叫二哥哥把"灶王爷"画幅烧掉了事。他念叨得对不对，也没人过问。

过大年，按说在中国，特别是在农村，可谓一年中最大的节日。它最热闹：扭大秧歌、踩高跷、耍龙灯、舞狮子、唱"落（lào）子"……满人还有跳单鼓、舞萨满……它用的时间最长：从腊月二十三到二月二，几乎天天有内容。如腊月二十三送灶王；腊月三十，接神（把故去的先人接家过年）；大年初一祭祖拜年，男女老少先跪拜祖宗（家谱挂轴或牌位神龛）；然后按辈数顺序小的给大的拜年；家里拜完到家族、亲朋家拜……男子老老少少从凌晨开始，提着灯笼，左一拨右一伙，这家出来那家进，直闹腾到鸡叫天明。

我们村子满人多。满人拜年行礼又与汉人不同：男人，对平辈又年龄相仿的，互相拱手；对同辈年长的和长辈，要先"请安"后叩头——"请安"即像影视剧中满清故事，下人给上司行礼，左腿向前半步，右腿弯曲，腰向前躬，右臂向下一伸。女人，对上辈人是两手扶在右胯两腿稍微一蹲；对长辈则把右手拿着的绢帕向身后一甩，两腿深深一蹲；叩头更麻烦，双膝跪倒，上身坐直，头微低，左臂下垂，右手慢慢抬起，摸一下右鬓，再慢慢放下，反复三次等于男人叩三个头，然后站起再行一次蹲礼……正月初五"捏破五"包饺子；初七是"人七日"，吃面条儿长寿；十五日吃元宵；二月二龙抬头，吃猪头肉……

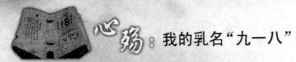

可这些，那一年，不说全免了吧，起码热闹的表演活动没人组织了；各家的礼节和吃喝也简单多了；对非常亲近的族人亲属也没有拜年；特别是鞭炮，基本没人放，因为都怕与小鬼子枪炮声弄混了，耽误事儿。

我们家，不用问，除了贴了对联，吃一顿饺子，供了老祖宗，孩子给阿玛、呐呐拜了年，别的全免了。因为姓胡的辈数最大的——我的祖父在二叔家住，所以本家人也没来拜年；往年还有小辈儿的给阿玛呐呐拜年。

正月十五到了。这是个既闹花灯又吃元宵的节日。可是，全村不但门口没人挂灯，连屋里因为睡得早也很少亮灯了。

我们家，呐呐的病基本痊愈了。因为入冬后就病倒了，有很多该做的活计都没来得及做，如该缝补的衣物未缝补，该腌的咸菜没腌，该搓的苞米种子未搓……所以病一好便忙得贪黑又起早。这不，都睡下了，她仍点灯忙着。

呐呐正飞针走线缝补衣裳，忽听窗外有人轻敲。呐呐忙问："谁呀？"

"大嫂我是老三。"

"是他三叔啊！"她下地先到西屋告诉了阿玛，然后开门。"大十五的，不在家和他三婶儿、孩子在家团圆……"

"有急事要出去，先来跟大哥说说话。大哥睡下了？"三叔听她说话声气不壮，便问："大嫂不舒服了？"进东屋向炕上看了看，"三丫儿呢？病好了？"

呐呐狠狠摇了摇头，没回答。正这时，阿玛从西屋过来了："老三来了！过这屋坐吧。"

老哥俩一前一后去了西屋。三丫儿的事再未提起。二哥醒了，听说是三叔，坐起就穿衣服。呐呐见他起来了正好，把烟、火柴交给他说："三叔夸你'有出息'，你就再'礼貌'一回吧！"

二哥羞笑着接过送到西屋，放在三叔面前："三叔抽烟。"

"好好。真懂事！"

二哥九岁了，好奇心正强，心想三叔上次来讲了不少小鬼子的故事，这回一定还讲，便悄悄退在三叔身后，靠在炕边儿站下来未走。

果然，三叔慢声说道："上回我不说，小鬼子为了建满洲国，先把

'国联'注意力转到别处去,要在上海生事端,后来真的闹腾起来了。这样,离建满洲国也不远了!"

"闹上海!怎么闹?他们在上海也有兵?"

"在咱中国很多地方都有啊……"接着,三叔便把闹上海的事,一件一件地说给了阿玛。

1月18上午,上海江湾路妙发寺的五个日本和尚,一边敲佛鼓一边念经咒,走到三友实业社门前,看见院里有工人义勇军正列队操练,就站下来边看边大声讥笑。工人赶他们走,他们反而扔石块打列队操练的义勇军,故意挑衅。工人们本来恨透了鬼子,关东军侵占了东北,臭和尚也来找碴儿;于是队列立刻停止操练,对和尚还击。一场群殴,双方都有负伤的,日本和尚当场死了一个。

这事发生第三天后半夜,日本的"上海青年同志会"三十多人,便带着枪、刀、棍、棒、酒精、煤油和引火物,闯进三友实业社,见人打人见物砸物,同时泼洒酒精煤油放火。双方一场械斗,我方被打死二人,重伤二人。而小鬼子天亮后又发动侨民游行,倒打一耙——说我们向他们挑衅。日本驻上海总领事也向市政府递交抗议书,要求对他们赔礼道歉、惩办肇事人、对伤亡者治疗赔偿,立即解放抗日团体……

"这真他妈'黑瞎子叫门——熊到家了'!"阿玛气得狠拍一下炕沿。

"熊人的事还在后头呢!"三叔接着讲下去。

小鬼子一面抗议、索赔,一面向国内要求向上海增兵。不几天,日军航母一艘、驱逐舰四艘,满载海军陆战队官兵开到上海;同时把上海的五六千日侨也武装了起来;合计总兵力有战舰38艘、飞机40架、海军陆战队和武装侨民共8 000多人枪。

上海驻军司令蔡廷锴开会动员:"面对日军占据上海的图谋,定下决心,即令死去,也要死得其所。与诸位同生共死,决不让十九路军面前出现第二个东三省……"这话也暗含着东北军要还击也不会有如此结局之意。

1月28日夜,风雨交加。日军分七路从三面向我十九路军包抄。我闸北六团在还击中对伏在四周地上的日军,猛投手榴弹,顿使敌军伤亡无数。唯恐闸北这一上海要塞有所闪失,总指挥又令宪兵

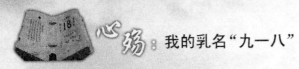

六团紧急增援。

日军原以为我十九路军不堪一击,这第一个回合伤亡数百,于是总指挥盐泽幸一亲自督战,把装甲车数十辆分给各路部队。炮声隆隆,耀武扬威,正在得意。忽然一声巨响,一辆装甲车瘫痪街上,烟火冲天。惊魂未定,又有数声巨响,三、四辆装甲车起火。敌军立刻大乱,装甲车横冲直撞,又一次败退。

"咱们使了什么重炮,这么厉害?"阿玛解恨地问。

三叔说:"是团长张群高指令战士把手榴弹绑成十个一捆,接长引线,摸黑放在装甲车前进的路上,待车一到便拉火线——弄得小鬼子蒙头转向!"

盐泽幸一又向国内告急。日本海军省和军令部急令新编海军第三舰队,任海军中将野村吉三郎为头头,统领航母二艘、辅助战舰二十艘、飞机一百架、陆军一个旅,共万余人开往上海。结果在我军巧妙应对下,再一次惨败。

日本天皇裕仁得知野村部队被困在黄浦江西岸,损兵折将,经与陆海军将领计议,改以海军陆战队为主,委任陆军中将植田谦吉统领增援的陆军九师和海军舰艇、飞机开往上海,2月13日到达吴淞口外。

老蒋这时才有点关注,急忙密调第五军增援上海,两个师共三万多人,统由张治中带领。在上海,两军会合,共同分析日军的战略,决定分工合力,以运动战破他阵地战。果然,从19日下午开始交战,日军主力攻不着我军,后援部队又总遭袭击;飞机狂轰滥炸也得不到什么战果。连续数日,有进有退,而人员装备却损失惨重。植田只好把军队退回黄埔江边,急向国内告急。

日本天皇又改任白川义则大将为司令,带两个师增援部队,急赴上海。我军虽有准备,已经有打胜几仗的经验,加之民众义勇军不断为之补充兵源,但是,于3月1日,在小鬼子的一批一批的飞机狂轰滥炸,数百门大炮进行地毯式摧毁建筑和工事,弄得一片火海之后又大举进兵,登陆后,致使我军腹背受敌,损失惨重。上海已经难保。为了保存余力,我军只好撤出上海。日军费了好大代价只摧毁些建筑工事,未伤多少中国军队;尤其得报中国部队搞到新阵地后又有部队增援,就更难对付了;于是于3月3日,白川正式发表停战声明。

我方表示同意，经谈判共同签署了《中日上海停战及日军撤军协议》。《协议》共五款：一是双方军队在上海周围地区停止敌对行为；二是中国军队在上海恢复常态前留驻现地；三是日本军队撤回原防，恢复1月28日前驻军状态；四是日军撤退区域，由中国警察立即接管；五是协议签字后立即生效。

阿玛听到这里，点点头说："还算保住点面子。"

三叔却说："《协议》外的三条附件就丢尽了国格。"

"什么'附件'？"

"那个'附件'有三项：一是中国同意取缔群众的抗日运动；二是把十九路军换防，撤出上海；三是浦东苏州河南岸若干地区，不驻中国正规军……"

没等三叔说完，阿玛就一拍大腿，说："我们的军队在自己的国家都他妈的不自由！"说完长长叹口气，站起在屋地上走了几步，发现二哥还在三叔身后站着，便瞪着眼睛责问："你怎么还不回去睡觉？"

二哥见问，马上转身往外走。

三叔忙嘱告一句："想多知道点儿事情是好事儿，可不许上外边瞎说呀！"

二哥忙回答："嗯！知道了。"开门走出之后又想再听听三叔说什么，便悄然站在门旁侧耳细听。

只听三叔说："听说，鬼子在上海开战，就是为了宣布在东北建立满洲国。这期间，关东军真的把下台的宣统皇帝接到关外准备当'儿皇帝'了。"

"替鬼子干事，不管是满汉人都是卖国！"阿玛又插了一句。

三叔又说："听说马占山也抗不住诱惑，投降日本了，还决定去参加溥仪建国大典呢！"

"妈的……"阿玛骂一句，停一会儿突然问，"我说老三，你和振五不是也投降了吧？"

"不不不！"三叔急忙否定，"老胡家绝不能出那种熊包！二哥借回家养伤，伺机抗日；三弟我——明告诉你吧：为抗日当联络员，沟通地下党和抗联的联系；振五留在拜泉干事儿，当'坐探'，你放心吧大哥！"

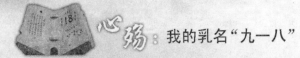

"哦！若这样，就是他妈丢了命也值个儿！"阿玛说："你这是要往北去啊？要看见振五，就说我赞成他这么做，只是要处处多长个心眼儿！"

"我一定去见他。放心吧！这些，还是别告诉嫂子吧？"

"不告诉她。好了，快到半夜了，睡觉吧，明儿还走呢。"

二哥急忙转身推开房门，到外边去小便。耳边还响着"先别告诉"、"不告诉"……于是也告诫自己：我也不能"告诉"……正好阿玛和三叔也到房山去解手，他一猫腰便钻进了屋，回到东屋时，呐呐已经躺下，但还点着灯等着他呢。

他悄悄上炕钻进被窝后，听呐呐说："这回你全知道了，可你不能跟外人说呀！"

啊！呐呐全听到了？他忙答应："我知道，要是叫坏人知道了，两个叔叔和大哥……"

"就是咱们全家也别想好啊！"呐呐说完，"噗！"一口吹灭了灯。

二哥躺在被窝里久久未能入睡，心里一直想着：小鬼子太坏……东北军不该撤……义勇军真英雄……上海兵打得好。大哥和三叔都挺厉害！可是……建立满洲国又是怎么回事儿？……

# 四、"祖国不要我们了"

据老人讲,我们村因为有不少青壮年粗通文化,投奔我二叔(尊称"胡大团")当兵。"九一八"后有的牺牲了,有的负伤跑回家,还有的未回来。所以这些人及其家族亲朋,对日本侵略、东北军不抵抗、共产党号召抗日等概念和事件,比一般农村敏感得多。

我二叔、三叔跟我阿玛说的事,实际上已在村里较有头脑的人中间传开了。显然,消息灵通者不止我们一家;传播渠道也不光是知情人的透露。

譬如,国联对"九一八"事变,去年 12 月 10 日就决定调查,过了年的 1 月 21 日调查团才开始行动;但先去了美国、日本,与这两国政府会谈快两个月后才到我国,游访了上海、南京、广州、汉口、北平,一个多月后才到东北——这,我们村也有人了解。

可在这之前两个来月,伪"东北最高行政委员会"就已宣告成立,并声称"脱离中国而独立";接着,3 月 1 日正式宣告世界在中国东北三省加内蒙成立"满洲国";"国都"定在长春,改名新京;3 月 9 日举行大典,年号"大同"。

而且,小日本儿明明是自己侵占,却把被推翻 20 年的清朝末代皇帝——溥仪推出来当"执政"(后来又称"皇帝");一些大臣高官也跟随溥仪投降,挂名当牌位。如郑孝胥任国务总理兼文教部长、臧士毅任民政部长兼辽宁省省长、马占山任军政部长兼黑龙江省省长、熙洽任财政部长兼吉林省长、谢介石任外交部总长、张景惠任府议长兼北满特别区长官、赵欣伯任立法院长、于冲汉任监察院长……

从后来日本关东军总司令兼驻"满洲国"大使武藤信义,同伪满国务总理郑孝胥签订的《日满议定书》规定中看,"满洲国"根本就不是个独立国家。如规定的日军长期驻扎,有权开发和使用满洲境内

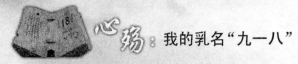

的一切资源,继续并扩大经商、办学……军事占领、治安统治、经济掠夺、奴化教育……

东北满蒙地区被彻底从祖国母体分割出去了！当时的三千多万人口,没有了国家,没有了主权,没有了自由,甚至生存随时受到威胁……

在日军侵华物证陈列室里,与伪满洲国有关的图片和资料

因此,小村的父老们,每当谈起此事,无不唉声叹气,甚至说到痛心处,泪流满面,捶胸跺足,有的竟然号啕大哭……及至听说,国联调查报告,把日寇多次挑起的日中战争,直到发生"九一八"事变,竟然都认为是中国的错！连把满蒙地区从中国分割出去单建了"满洲国"也未置可否……人们就更气愤地骂不绝口,骂日寇,骂蒋介石,骂国联、骂溥仪……

我们家人,虽属满清后裔,但"满洲国"根本不为满族人,更是背叛大中国,替侵略者干事儿,所以跟大家同样,为了国家倒运而悲愤;更因自家亲人的不幸而伤心,阿玛一天天眉头紧皱,话也不说。整天早出晚归,到邻家场院处理脱谷后期的杂务。呐呐虽然刚强,但毕竟是女人,每逢想到三姐死去快一周年了,就偷着落泪。

这天,阿玛拿着打场的工具和装粮食的口袋走后,呐呐自语说:"三丫就是今儿走的……"往外边看了看,又出屋往东岗子望了望,然后急步进屋问三哥:"你一个人在家看着弟弟行不?"

三哥看看在炕上躺着睡觉的我,问:"你要上哪儿？他若醒了呢?"

"他这会儿能吃东西了,醒了你就给他掰块干粮。"

"行吧!"三哥不情愿但又不敢违抗地点点头。

呐呐想了想,又不放心,改主意跟二哥说:"再不,你在家领你三弟玩儿,我抱你老弟弟去。"

"你要上哪儿啊?呐呐?"

"上东岗看看你三姐去。"

"那,我跟你一起去呗。我还能帮你挖土添坟。你抱着小弟,我扛着铁锹拉着三弟……"

"……咳!"呐呐想了想说,"行,那就快走吧!不等你阿玛干完活儿,咱就回来了。"

就这样,呐呐带点烧纸,抱起我就走。二哥忙去把铁锹扛起。没等去拉三弟,三哥顽皮地一扭身头前跑了。母子四人,净挑僻静小路走。村子不大,一会儿便进了野地,羊肠小道儿,拐几个小弯儿便到了岗下。

呐呐自从三姐埋到这里,她还一次未来过呢,便问二哥:"你三姐在哪儿?"

"在那儿!"二哥忙走在前边带路,上了坡儿,穿过一道灌木丛,便在一处荒草堆前站下了。

呐呐一看,比平地高不多的小土包上长满了枯草,一下子便想到三女儿只穿日常那身破衣服,摔倒滚乱了的头发也没来得及梳理,就用一领破炕席卷起埋了……若不是自己哭背了气……想到这儿,急走几步踏上了土包,刚要弯腰细看埋实了没有,突然脚一闪,踩出个坑,两脚都没了脚脖子!

时过一年了,尸体腐烂了,席子还支撑着薄薄的虚土,岂能抗踩!可是呐呐不从这物理变化角度考虑,而是想到踩坏了女儿身子,立感刺疼了内心,"哇!"一声便哭坐在坟前了。

二哥急忙接过她怀中的四弟,交给站在旁边的三弟:"好好看着啊,二哥去给你三姐添坟。"说着操起铁锹就在坟旁挖土,往坟顶上扬:"呐呐你躲开点儿!"

呐呐听到二儿子喊她,冷丁想到跟前有三个孩子呢,他阿玛晌午还要回去吃饭呢!立刻咬咬牙止住了哭,站了起来,回身又抱起老儿

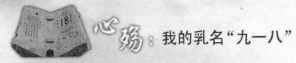

子,告诉二儿子:"轻一点儿!你三姐……"

"我三姐什么也不知道了!"二哥一边挖土添坟一边说。

"啊!我是说……"呐呐似乎仍把三女儿看成是活人,眼前总有一个身材匀称,容貌清秀,心灵手巧又懂事的女孩子,那笑的模样,说话的声音……看着看着就止不住泪。直到二哥认为添得够高够大了,问她"行不行",呐呐才如梦初醒,围坟包转一圈儿,满意地点点头,说一句"快回去吧!"一胳膊抱着老四,一手牵着老三,快步向家走去,就像走得越快越能摆脱三姐的身影。二哥扛着铁锹在后边猛追,也不说一句话。

三哥倒是哪壶不开提哪壶:"呐呐我三姐一个人在这儿,不会怕吗?"

"不害怕,有你奶奶陪着她。"

"我奶奶也没在这儿啊?"

"……"呐呐没答上来。二哥怕再勾起呐呐的伤感,急制止他说:"别瞎问了,阿玛都在家等着急了。"

于是,都不再说话了。我才一岁,刚学话儿,什么也不懂,只是愣愣地看,怔怔地听,满脑袋疑问,又一切都无所谓。

也许是场院的活儿今儿结尾了,阿玛还未回来。呐呐急忙做晌饭,又叫二哥:"你去场院看看,帮你阿玛往回拿点什么。"

二哥刚走,慢腾腾走进来一个老太婆。她说:"做饭哪,九姑娘?"呐呐在娘家姐妹大排行老九,故长辈都称"九姑娘"。

"是二姑啊,快屋里坐。"原来是东村老郭家的——呐呐的远房姑母。

"不了。我问你,你二哥'办人儿'(续娶后妻)了告诉你没有?"

"没有。什么时候?"呐呐停住手里的活儿。

"就是明儿啊。没告诉你这亲妹妹?"

呐呐为了维护脸面,支吾说:"这么近,没倒出空儿呗!"

"嗯,也备不住。"老太婆边往外走边说,"我也是听别人说——有钱人又是村长,告诉我们穷人家有什么用……"

呐呐跟她身后走两步,想说什么又憋回去了,一直看她走出院子。

不一会儿,阿玛和二哥都回来了。吃饭中,呐呐把二舅结婚的事说给了阿玛,完了加一句:"人家没告诉咱们,咱们也装不知道。"

阿玛刚一听就引起了不快,又听呐呐这么说,稍一思考,立即坚定地回答:"去!亲大舅哥办喜事怎么能不去?"

呐呐没出声,心里虽挑亲哥哥的理,可丈夫主动想去贺喜,也算给了自己面子。但未曾想,阿玛只吃碗饭就撂了筷子,上炕从炕琴里翻出一件肥大的孝衫子——是外祖父去世时,阿玛穿的孝服。

"你翻出它干什么?"呐呐不解地问。

"我一算,老丈人故去不到三年,孝期没满,又加上亡国一周年,我哪能不穿孝呢!"

"人家办喜事,你……"

"他不是'读书识礼'的大村长吗?看不起俺们没钱没文化的下等人吗?这回我倒要在众人面前理论理论谁是谁非!"阿玛说着一边穿孝服一边往外走。"老父死不到三年,国家刚亡,他倒有兴致娶老婆……"

"他阿玛……"呐呐在后边喊他,想劝阻。

阿玛大声回道:"丢人的不是我!"

"可不能'打吵子'啊!"

"——用不着!"

呐呐在院里站了好一会儿。她想:他阿玛在家孝敬父母,善待弟弟妹妹;在外边,忙没少帮,人也敢得罪——可那都是万人恨的种儿。想到这儿,有一件,险些使她笑出了声……

五六年前的夏天,他爷爷住在俺们这儿,闲着没事儿到后院刘家看"马掌儿"(纸牌),玩儿输了,晌饭也不想吃了。他担心阿玛身板儿,去劝说吃了饭再玩儿。阿玛未听,赢钱的刘二混子说风凉话:"老爷子想往回捞一捞,你叫他停下,输的钱算你的呀?"他怕阿玛生气,瞪刘二混子一眼没出声,便坐在一旁等着。忽然看到刘二混子"玩儿鬼"。气得站起想揍他,看看老爷子仍认真地玩儿,便"扑通!"跪到地下,说:"阿玛,人是铁饭是钢啊!您这么大岁数了,坐了小半天,又累又饿,能受得了吗……"

爷爷回头看看他,气得没言语,继续玩儿。

"阿玛总坐着不嫌累,儿子跪着也挺得住。您不回家吃饭我就不起来!"

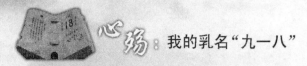

"不起来你就跪着！"老爷子一辈子在外边对谁都和颜悦色，可在家里绝对说一不二。一家之长就是一国之君啊！

就这样，他到底跪了一个多时辰（两小时），到底把阿玛跪心软了，下地就走了。他站起来开门看看阿玛真地回家了，马上走回屋去，脱下一只鞋，把正奸笑着数钱的刘二混子扯下地就一顿胖揍，直打得二混子跪下求饶，并且承认了"玩儿鬼"，他才住手。过后，人们知道了，都对他伸大拇指……

从过去想到今天，她料定：今儿不会动武，因为他的对头不是二混子。呐呐还真猜对了，那天阿玛穿孝服去给二舅贺喜回来后，跟呐呐学说的，还真叫呐呐没说的：既感到丈夫给自己出了气，又进一步赞赏丈夫处事有理有节。

我们屯离二舅屯子二三里远。父亲个儿高步子大，又带着气，很快便到了他们的村前。他们屯是在小山坡下，往南是居高临下，远近都看得清楚。因之父亲的肥肥大大的孝衫，早被婚礼的客人看到了，只是近了之后才看清是"九姑爷"，于是立即引起了轰动。都知道"九姑爷"的为人，又通情达理，又得理不饶人；一个个一面叫人通告新郎，一面选出"九姑爷"敬重的人截父亲，不能叫他闯入礼堂。

人们把信儿传给二舅。二舅的脸唰地变白，光在屋里来回走，说不出话也想不出道道儿，半老天才大叫："快去人把他拽到五妹家去！"

受父亲敬重的既有长辈又有大舅哥，见到父亲都老远笑着套近乎："九姑爷好啊！怎么还穿这……"

"亡国了，子民不该穿孝？"

"可今你二哥家……"

"老岳父去世不到三年，二哥也不能不穿吧？"父亲没好气地回答。

"这——啊可不是……"来接的人结结巴巴地说，"不过今儿不是忌日，又是你二哥的喜日……"

"三年孝没守完兴办喜事吗？"

"是是，不应该。可就……"

"啊！错事坏事办上了就算错事坏事，就应当都跟着错下去坏下去呀？怪不得'九一八'建'满洲国'你们都……"

"那倒不是,那倒不是……可九姑爷,人家亲儿子都不管三年不三年的,你个外姓人……"

"外姓人?你们九姑娘不是亲生女吗?我是代表她来的……一方面继续守孝,一方面祝贺新婚,咱一样不'落过儿'。请让开,我先去拜会老岳父,完了给二舅哥行贺礼。"父亲说着就推开来人,往二舅的大门闯去。

二人用力扯住他的胳膊,一时想不起合适的话语。正这时,从院里跑出一个人来大喊道:"屯长大人有话:请九姑爷先到五姨家休息!"

拉住父亲胳膊的二人,立刻有了主意:"这对这对。二掌柜知道你来了,很欢迎,先请你到你连襟老赵家稍事休息。完了二掌柜一定去。走走走……"连劝带拉,到底把父亲截到五姨家去了。

进屋后刚给点着烟,便有人放桌子,端菜烫酒,让坐。父亲想想:新郎知道了,那就叫他过来当众教训教训他算了,不到礼堂也罢,便正色提出要求道:"这是诚心不叫我去祭拜老岳父和给二舅嫂行贺礼了?"

"不不,你走累了,也到饭时了……"

"算了!可他人不能不朝面啊?快去请他过来,我要当面祝贺。"

"好好。快去请二掌柜!"

"他要不来,我去见他!"

"对对,他要不来,你去也就更有理了。"这话里包含着对父亲行为的认同,似乎他不来,父亲去礼堂也不想阻拦了。于是,父亲长舒一口气,磕去了烟锅里的烟灰,转过身去入席。

"咱们边喝边等吧!"认同者拿起酒壶便给父亲倒酒。

有的马上给父亲搛菜。

刚开始喝,新郎官儿在二人陪护下走进屋来。他是怕喝时间长了再来,九姑爷借着酒劲儿对他更不依不饶,因之早早来到,在窗外听到开喝了马上进了屋。他一进屋便又鞠躬又寒暄:"九姑爷来了,没顾上迎接,抱歉,抱歉!来,我先敬杯酒,表示欢迎和道歉。"

"我喝你的喜酒?"父亲抬头瞪着两眼问他。

"不不,是至亲久别的相逢酒。请请!"

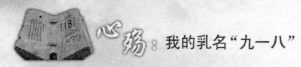

"怎么,今儿不是二哥的新婚大喜日子吗?"

"哪里,哪里,是娶二房,刚定下人便来了……老父忌日还有两个多月才三年,二哥再混也不能……嘿嘿!怎么也得满三年才办嘛!"

这时,身边人也忙着附会:"可不,九姑爷听拧了,不是举行婚礼,是定亲,要不怎么没特意去请九姑爷呢!喝酒喝酒……"

二舅双手举杯,弓着身子表现郑重地张口接道:"就是就是。到时候一定请九姑爷喝酒。不过,这定亲也该请。可是又怕九姑爷……"

父亲看他那虚情假意又毕恭毕敬的样子,心里好笑,随之也不软不硬地回道:"你九妹夫就那么不懂情理?"

"不不,正因为九姑爷讲情讲义,今天才……我才……我一直敬佩九姑爷,可也有点儿害怕……"

"啊?!"父亲刚要问为什么,桌上的陪客都七嘴八舌地嚷开了:"说怕也是实话嘛!怕点好,省得总惹九姑爷生气……"

二舅听了一阵傻笑:"嘿嘿……"

大家都举杯大笑:"哈哈……"

父亲也见好就收,端起酒盅一仰脖,干了。

二舅又立刻倒满一盅。

桌上长辈借势连说带拉:"天热,喝酒又不得劲儿,脱了这肥肥大大的……"

"对,脱了喝酒吃菜也利索,脱了脱了。"

就这样,父亲身上的大孝衫很快便被七手八脚地脱了下去。二舅这才轻轻长舒一口气。大家给他让个座位。他坐下后又给父亲倒满一盅酒。自己也倒一盅,端起后说:"九姑爷宰相肚子能行船,感谢宽容,理解。让我们至亲更友好,一起干了这杯。"

"二哥别总客气跩文,九妹夫大老粗……"说着与他碰了杯,又一齐喝干。

这时同来长辈又说了话:"九姑爷,二掌柜那边有官方客人,离开久了不好。叫他回去吧?"

父亲认为此来已经达到目的,不能赶尽杀绝,便马上正色说道:"是吗?官方的慢待不得,快请回吧!咱们自家人说话喝酒机会有的是。"

"恭敬不如从命,那,你们好好陪陪九姑爷,我就先回去了。"二舅说完站起就匆匆而去,生怕父亲变卦缠住他不放。

看他逃难似的走出,父亲禁不住笑出了声。大家互相望了望,也相继大笑起来。

"哈哈……"

众人的笑声中,渗透着对二舅的不满,对父亲的同情与赞赏。母亲知道这一详情之后,也满意地点点头。因为像她常说的一句话,跟今儿新做到的一样:讲正义不过分。

父亲把"孝衫子"交给母亲收起来后,又想到了国家:"咳……家里的气出了,可国家的气,到什么时候出啊!"

听到这话,母亲脸上的得意相也立刻消失了。

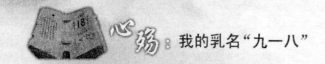

心殇: 我的乳名"九一八"

**链接 1:伪满洲国——日本扶持的傀儡政权**

1931 年"九一八事变"后,日本帝国主义侵占了我国整个东北地区,长春沦为日本帝国主义的殖民地。

1932 年 3 月 1 日,日本帝国主义扶持清朝末代皇帝爱新觉罗·溥仪,成立傀儡政权——"满洲帝国",将长春改名为"新京",定为"国都",长春成为日本帝国主义统治我国东北的政治、军事、经济、文化中心。溥仪就任伪满洲国执政,年号为大同。

中国否认满洲独立,并向日本提出强烈抗议。1933 年 2 月 24 日,国际联盟大会通过报告书,指明:东北三省主权属于中华民国;日本违反国际联盟的盟约占取中国领土并使之独立;"九一八事变"中,日军行动并非自卫;满洲是日本参谋本部指导组织的,其存在是因为日本军队的存在,满洲国不是出自民族自决的运动。为此,日本于同日宣布退出国联。

1934 年 3 月,溥仪在"新京"南郊的杏花村举行"登基"典礼,改"满洲国"为"大满洲帝国",年号改为康德。

在日军侵华物证陈列室里,我们看到了数张溥仪当年的照片资料,这位瘦弱的中国末代皇帝,虽然全身戎装、努力做出一副气宇轩昂的样子,但紧紧抿着的嘴角,却明显地透露出了他内心的紧张。因为他并不是一个真正意义上的皇帝,在他的身后有着日本人的影子,伪满洲的全部外务都是日本人说了算——根据 1933 年签订的《日满议定书》,伪满洲国的对外"国防"由日本关东军负责。

1945 年 8 月 8 日,前苏联照会日本,将于次日对日本宣战。8 月 11 日,溥仪随伪满洲国政府撤退到通化临江县大栗子镇。8 月 15 日,日本宣布投降。16 日,溥仪召开最后一次"国务会议",颁布《退位诏书》,伪满洲国彻底覆灭。

溥仪和婉容

**链接2:溥仪成日本侵略中国的工具**

溥仪,清朝第十一个皇帝,入关后的第十任皇帝,也是中国的末代皇帝。通称宣统皇帝,也被尊为清逊帝。字浩然,取自孟子"吾善养吾浩然之气"之意。醇亲王奕譞(道光帝第七子,咸丰帝之弟)之孙、载沣(第二代醇亲王)长子,母亲苏完瓜尔佳·幼兰(荣禄之女),光绪(溥仪的伯父)死后继位,是清朝的末代傀儡皇帝。后经日本扶持,溥仪建立伪满洲国,但实际上只不过是日本人的一个傀儡和侵略中国的工具。抗战结束后,溥仪被判有期徒刑15年,中华人民共和国成立后,溥仪获释并经过改造成为新公民,著有《我的前半生》等作品,后因患肾癌去世,享年62岁,他的著作成为重要的史料。溥仪火葬后,骨灰被安放于北京八宝山革命公墓侧室,时任总理周恩来指示将骨灰移放于正室,溥仪骨灰后来又被移葬华龙皇家陵园。

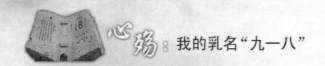

# 五、二叔被鬼子监视起来了

建立"满洲国"的第三年——1934 年 3 月 1 日,又把名字改为"满洲帝国";溥仪也由"执政"变了"皇帝";国号由"大同"改成了"康德"……我们村,因此又喧闹了一阵子。

一天上午,突然一台城镇里阔老儿和官儿们自用和出租的大马车(也叫"兜子车"),从屯西公路上拐向了本村小道。

有人发现后急叫身边人看。身边人又回家叫家人和邻居出来看。一伙伙人边看边议论:"什么人到我们这小村来? 要干什么呢?"

这工夫,马车已进了村儿,并向我们老胡家奔来。人们以为是我二叔"胡大团"来了,都慢慢向前凑。但没见到"胡大团",是他老父亲,以前在村里"圈馆"教书的胡先生坐在车上! 还有个小孩,一定是胡大团的儿子了。可陪来的人像个"作事儿"(官方人)的,不知是谁。

"胡老师!""胡老先生"……好几个人同时喊。

"叔叔伯伯好!"

车停在大门口了。院里的三哥早把呐呐叫了出来。

呐呐对祖父郑重施一双手扶大腿的蹲礼:"阿玛万福!"

祖父笑着答应的同时又给儿媳使个眼色。随之介绍吴德忠:"这是你二弟的好朋友,镇子上当差。我要自己走来,他硬是把他上司的官车借来送我。快谢谢吴大哥!"

呐呐心里已经有数儿了,心想着"当差"没好人,面上却带着笑,对"当差"的就施了一礼:"谢谢吴大哥! 快进屋歇着。我这就去做饭……"说着忙搀扶老公公进屋。祖父趁机在呐呐身边简而贱嘱咐一句:"多做少说。"

小振宇和五岁的三哥没啥说的，便一起到村外大地去找跟伯父做活儿的二哥。

吴德忠正安排老板子牵马到有马人家去喂马，看祖父进屋，又要急跟祖父进屋，回头见振宇跑远了，又要问小振宇干什么去，搞得手忙脚乱……老头忙进屋跟儿媳说什么去了？小机灵是不是找他伯伯告诉什么呢？"唉……"他叹口气，想跟看热闹的农民搭讪，农民又一哄而散了，他摇了摇头，只好赶快进屋。他到东屋看看，日子很穷，倒收拾得挺整洁；炕上坐个小男孩儿（就是我），愣愣地看着他。他又忙走进西屋。儿媳正给老公公点大烟袋。

"快坐下歇歇吧！"祖父招呼他，并给让座儿。"大媳妇你快去做饭吧！没啥好吃的，把咱庄稼院新鲜玩意儿，城里人不常吃的，弄点给吴先生尝尝。"

呐呐忙答应着去了厨房。

少时，阿玛也跟着振宇哥回来了。他听振宇哥的简单介绍，心里也有了谱儿……跟二叔想到一起了：干脆拿他当作同类人，省着他抠帮挖底地问这问那。因此，他一进屋便主动说话："听说来贵宾了……看来跟我二弟交情不浅啊！给我阿玛弄辆大马车……"

"回来了大哥！"吴德忠也顺势装不外地站起来打招呼。

"你坐你坐！"阿玛拍打拍打身上的尘土，"另眼看俺这穷庄稼人家，大小子振五如今也算你们同事了！"

"啊……哈哈！你说的是人少爷？对对，算同事。他要是对皇军立了功，肯定比我强。"

午饭很简单：主食是秫米粥、玉米饼；副食是小葱、萝卜、生菜蘸大酱，没肉没酒。

刚放下筷子，他原想到屯子里看看的，振宇哥急着要走，只好招呼老板子套车，走人。

振宇哥本心并不愿意吃过饭就走，但他小心眼儿牢记着他阿玛的话："马上回来，省得他有时间刺探……"他上车走时，回身向祖父、伯伯、伯母和小弟弟们招手，眼泪都快掉了。

大马车又从原路走出小村，上了公路。

屯子里的人又都先后出来观望，而且越聚越多。人一多，嘴就杂。不免有的人冷笑一声说："看来'胡大团'也投靠小鬼子了！"

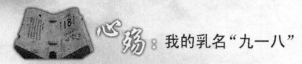

"别瞎说！老胡家可不会学那种人……"

"得了吧你！胡万山为大儿子不也借马占山败退拜泉,脱离队伍留下给鬼子做事了？"

"这,倒没听说过……"

"哼！若那样,他们老三也说不准……"

有人劝阻,有人相信,队伍边说边散了。从此,邻里亲朋似乎对阿玛和呐呐都有点儿"相远"了。这是后话,暂且不提。

阿玛下午也不下地干活儿了,一来陪老父亲说话,二来想仔细打听一下二叔的情况。经祖父慢声细语又很有条理的介绍,他一切了然。原来我二叔已经被铁路沿线关东军查访得知:张学良部下一位炮兵团长,"九一八"事变中负伤回家,不知为什么在家未动,未进关找首长,也未与同事们搞什么"义勇军"。于是,在今年春的一天,一个鬼子小军官突然领两个卫兵一个汉奸狗腿子闯入了二叔的家。

这是二叔预料中的事,因此从容对答:"因负重伤回家治疗、修养,无条件复职了,自然未去北平;也未想参加义勇军,一心在家奉养老父、培育孩子,安度晚年吧……鬼子军官听后举起大拇指说:"腰——细！"(很好)随后向二叔连说带比划地介绍身边的汉奸:"他,我的朋友。你,有事,找他。他,找我,我的大大地帮助——'瓦嘎里马西大嘎'(明白了吗)？"

"他问你'明白没有'。"汉奸对二叔说。

二叔点点头:"明白。"

汉奸又用日语转告鬼子军官:"他的'瓦嘎里马西大'！"

"哦！一七棒腰娄细(太好了)！"鬼子拍拍二叔的肩膀,完了表示"友好"地踱出客厅,看了卧室,厨房……

二婶儿吓得直躲。鬼子忙说:"不怕,不怕。我的,你们朋友'呆死内'(是)！"

临走前,汉奸虚情假意地自我介绍:"敝人姓吴名德忠,您不方便找我,我会常来看您。好,再见！"说完伸手要与二叔握手。

二叔本不想握,但认为没必要因这点儿小过节儿引起他们的祸心,便也笑着伸出了手。

鬼子军官看到,也忙过来握手,并鞠躬连说三遍:"仨优那拉(再见)！'仨优那拉'……"

这之后，那个吴德忠几乎一天不拉地到二叔家来，先是坐一会儿便走。二叔经常见到不远处有人偷看，知道敌人已经对屋宅布下了天罗地网。因此，二叔干脆约吴德忠多带几个人，一起搓麻将，还免得每次都问这问那。

吴高兴地答应了，带来的人混熟了，便不时与他交替着来。每次来都一打就是一天，有时晚间也打。几乎每天都得二叔供吃喝。但他们有时感到太不过意了，也隔三差五请二叔出去吃饭店，或出钱从外边买回家吃……

白天晚上总这么闹腾，我祖父心烦了，睡不好觉也影响了身体，便跟二叔说要下屯去我们家住些日子。二叔怕有事连累了大哥，以前与他们闲谈时未露出大哥；但不叫老爷子去，家里又实在呆不下去，就只好同意了。

这一同意，姓吴的并未感到惊讶，看来他们早已了解了一切。二叔想：他们是一方面想通过我了解义勇军情况，一方面企图对我策反。我不如对其后者给他点儿希望，以消除他们对我的警惧，对我更客气一些。因此，二叔就很坦然，不外地对姓吴的说："老父亲想我农村的大哥了，我想他下屯了，我们会玩儿得更加无拘无束。"

"啊！想大儿子了。是啊，三儿子不在家，大孙子又没信，父子俩都需要说说话，互相安慰呀！什么时候走？我想法弄个车送他去。"

二叔像对待老朋友似的笑道："那太好了！就定明天吧？"

"好咧！"吴德忠客气答应了，第二天刚吃过早饭就领台马车来了。

二叔昨晚把吴的表现和几种可能，都跟老父亲说了，并叮嘱他转告大哥也对他将计就计。祖父气得斥骂两句，又无奈地叹了口气。第二天早早吃过饭。二叔和二婶儿帮助祖父做些准备，带两件换洗衣服，又给孩子带些糖果。二婶儿还把自己一块没用几回的头巾捎给了大嫂。

这天恰巧是星期日，读小学四年级的振宇哥，听说祖父要去大伯家，也要去看看小弟弟们，当天跟车回来，也不耽误上学。

二叔一拍大腿，赞同地说："对，你必须当天回来，姓吴的也就没法住下刺探情报了！"

就这样，姓吴的领车一到，二叔就安排祖父俩上车。二叔还对姓

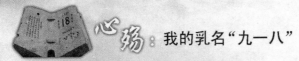

吴的套近乎地说："我就把这一老一小都托付给你了！连送带接……叫小振宇既跟爷爷看伯伯，又马上回来不耽误上学。太谢谢了！"

吴德忠尴尬地笑又笑不出，想不同意当天回来，又怕引起二叔警觉、误解，对他们不信任。那样，这一个来月的引诱就白做了！

因为各揣心腹事，祖父和汉奸对一路上过两条小河、爬两座小岭，什么景色都没感兴趣。只是振宇哥一会儿对小河惊喜，一会儿对小岭感到新奇……

回去的一路上，又是什么样子呢？过后没问。

咱们还是细说说祖父到我们家住下后，每天都在晚上睡觉前向阿玛一五一十地数叨日寇侵略，人民抗日等大事。老学究，就是与众不同，记忆力强，表达也清楚。14岁的二哥每晚都借给爷爷拿烟、倒水的机会，留在西屋旁听。

祖父说到东北军往南撤时被打散的官兵，大都很有骨气，自己也精神焕发了许多。爷爷对阿玛说：

辽宁陆军第一团团长唐聚五和警察局局长郭景珊，于"九一八"后联合组建一支辽宁民众自卫军，对当地和周边地区的抗日民众鼓舞很大。到前年（1932年）4月，由东北民众抗日救国会委任的各地义勇军达到73路，30多支队，划成五个军区，官兵有15万多。各军区的总指挥，像王华一、唐聚五、熊飞、高文斌等，都是万朋（二叔名字）的同事，都是英雄！小鬼子多次讨伐，不但围不住、打不垮、追不上，而且被已经攻占的北镇、辽中和日军交通线，常遭我们义勇军的袭击！

"前年初，受中共北平市委派遣的冯基平和李兆麟，到辽宁来，对辽西、辽南的抗日斗争鼓舞很大。去年秋，冯基平还率部袭击了沈阳，破坏了小鬼子兵工厂，有力地打击了日寇的侵略气焰！"

"去年春天的到来，邓铁梅、刘景文、唐聚五和王凤阁等部，又先后攻占了新宾、柳河，捣毁日本领事馆和监狱，打死打伤不少日伪军，释放了大批爱国同胞。"

"日本鬼子制造平顶山惨案后，以为这下子会吓住抗日官兵，派六个军官和汉奸去劝降邓铁梅。邓将军不由分说，一声号令，把六个坏蛋当场处决！去年秋，日军组织大批军警围追邓铁梅部队。邓将军率部化整为零,退入山区打游击,仍不断袭击敌人据点。可惜,今年夏因隐蔽在农家养病,不幸被查出杀害了!"

那天晚上,祖父又提起了张学良少帅。

"去年夏初,得知日寇攻占了山海关,并且分三路合攻热河,便向南京告急,请求增援。但是,隔了多日才接到老蒋回电:说什么'江西'剿共战争正在大决战阶段。华北除了东北军之外,另外商震、庞炳勋、宋哲元、傅作义、孙殿英等部共四十万人枪,足堪守卫热河,与侵略军一战……"

"在外敌入侵,步步深入之时,老蒋竟然忙于围歼主张抗日的共产党武装!张学良看完电文心凉了半截!但为了再不重蹈东北的覆辙,只好先令华北各军混编八个军团:八个军团下辖十二个军、四十七个师、八个独立旅,步兵、骑兵、工兵、炮兵四十万;然后组成两个方面军以张作相为总司令,随后分别开赴热河迎战日军。另派一部在平津地区集结,作为后备。"

"张学良率部到热河后,听热河省主席兼二方面军副总司令汤玉麟等介绍双方军情后,说,前次'九一八事变',因未料及关东军会真大动干戈,夺我辽、吉、黑三省,故令诸将不抵抗,轻失三省千里宝地。其咎在我!如今东北四省仅存热河一省,数万将士及其家属生存,尽赖此地。热河再失,不但难向国人交待,我东北军亦必无以为存。是故热河万不可失!"他看看大家,又接着说道,"日前,日本陆军省发表声明,称热河系旧东北四省之一,与其他三省不可分,是'满洲国'当然的一部分;且说进兵热河是其'内政',他人不得干涉……"

但是,在张学良布置好战事回了北平后,于2月20日,日军飞机大炮、步兵一齐出动,仅几天时间,便接连攻占了朝阳、平泉的石嘴边门、沙帽山、开鲁、赤峰、全宁等城镇。汤玉麟为保狗命,假说去前方督战,征集多台汽车,满载个人财物,悄悄离开承德,被敌军追杀,自相拥挤,死伤无数……只十余日,关东军便攻占了承德,夺取了热河全境!

热河失守,全国哗然,皆把矛头指向张学良。张学良无计可施,痛心疾首,只好于3月8日致电南京,请求辞职。

蒋介石得报热河沦陷,不禁大惊,急令"剿共"各军停止攻势,原

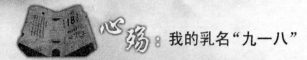

地待命，自己撤离前线北上。途中接到张学良请辞电报，见上书："自东北沦陷之后，效命行间，妄冀戴罪图功，勉求自赎。讵料热河之变，未逾旬日，失地千里。皆因学良一人诚信未孚，指挥不当。应恳迅赐命令，准免各职，以示惩儆。"蒋介石拿着电文长叹一声后，当即电召何应钦、宋子文、黄绍竑到石家庄议战。

三人到石家庄后，登上老蒋的车，见到老蒋，稍事寒暄，便谈正题。对于热河轻易失守，内政部长黄绍竑的意思：热河兵败，主要是实力不敌。按人数40万，比敌军多八倍，但是武器不精，装备不足，进退靠步量，后勤补给也跟不上；加之兵种不和，力量分散；何况元帅汤玉麟临阵脱逃。反过来再看日军，指挥统一，兵力集中，天上飞机，地上坦克，步兵进退骑马乘车……当然，张学良指挥不力也是原因之一。

蒋介石听到，突然睁大两眼问："张学良的指挥不力在哪？"

黄绍竑知道他与张友情深厚，未敢深究，今见老蒋的脸色似有赞同之意，便胆子一壮，道："张将军早染毒瘾，弱不禁风，精神萎靡。不但西北军、晋绥军对其不服，就是东北军内心怀他志者也不少。汤玉麟就是一个例证。"

蒋介石听完，思虑很久，慢慢把张学良的电报拿出给三人看："我已接到汉卿（张学良字）辞职报告。你们三位意见如何？"

黄、何二人皆表同意。宋子文却不予苟同，急说："热河沦陷，根源在于实力悬殊。东北人重义气，讲团结。眼下东北军还有二三十万。汉卿若辞职，恐东北军生乱，四省人民失望。"

而蒋介石却说："不准汉卿辞职，华北军各军便不能精诚团结。为保卫华北五省，阻敌南进，只能叫汉卿吃亏了。"

这时，车已到保定。原定张学良在此接站，蒋介石便示意何、黄二人回避。二人刚退去另一车厢，列车便到了。张学良由侍者引导进了蒋的车厢。蒋介石叫他坐下，不等他汇报军情，便抢先说："你的辞职电报我已收到，知是你出于至诚。"见张学良献言，忙用手势止住，接着说下去。"眼下因热河失陷，国内舆论大哗，群情激愤，矛头在对你我二人哪！你我情同手足，合乘一条小船，若不先下去一个，暂息众怒，难免同遭灭顶之灾呀！是故忍痛割爱……同意你辞职要求。"说完还用力扇一番鼻翼，挤咕两下眼皮，又拿出手帕把眼睛捂上。

张学良百感交集，声泪俱下。蒋介石安慰他几句后他便离去了。

张学良冷静后便与宋子文商议辞职后的军事部署,而后回了自己的专车。回北平后,立即召集东北军将领开会告别。听说少帅辞职已获准,众人无不洒泪哀叹。

张学良挥泪坦言:"现在国破家亡,倭寇又图南进,恳盼诸位精诚团结,和舟共济,保存东北军骨干,尤要尽力照顾随军流落关内的东北父老、学生、阵亡将士遗孤,以为反攻的根本啊……"

众将领纷纷表态,哭述忠心,直到深夜,不忍散去……

祖父那晚上谈到这,也忍不住落了泪。

"阿玛!别说了……"父亲又回头招呼二哥,"快去给你爷爷洗个手巾来!"

二哥到外屋往脸盆里舀点儿凉水,把"羊肚子手巾"(即毛巾)浸在里边,搓了搓后拧干拿给爷爷擦脸。

阿玛又趁机给爷爷铺被褥,然后帮助爷爷脱衣睡下。

二哥把爷爷用完的毛巾拿走,搭在原处后回了东屋,上炕睡觉。

守灯做活儿的呐呐再一次嘱咐二哥:"爷爷讲的事,对谁也不能说呀!"

"知道啊!你都说好几遍了。"

"好几遍,是以前。这会儿,自从你爷爷坐马车来,人们都怀疑你二叔降了鬼子,还拐带了你大哥!你在外边儿,万一有的孩子当你面挖苦你,你千万别分辩说没有,更别用你爷爷和你二叔、三叔说过的话,做证明……"见二哥不解,又说,"若那么证明,叫汉奸鬼子知道了,比大伙误会更糟糕!"

"对对!我明白这个意思。"呐呐听了儿子的话高兴地盯住二哥看了好半天,"我们'小钢锉'(二哥乳名)真长大了!"

"人家都14岁了,还不长大……"

14虚岁,还不满13周岁,但俗语说得好:"穷人的孩子早当家!"……懂事早,干活儿早,克服困难的耐力也形成得早。"早当家",实则早早担起过家的重荷。

二哥就是那样的孩子。因为祖父来此长住,无疑又增加了花费。阿玛一个人种那点儿地,仅够糊口,所以叫二哥提前出去挣钱了——去给西山村老赵家放牛,除了"带出张嘴"(供吃)年底还能挣五斗高粱。那天,他被阿玛送走,呐呐又偷着掉了泪。

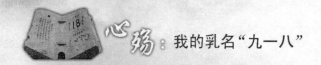 

### 链接：走进大罗勒密地区抗联密营

**抗联物资贮藏洞遗址**

7月1日,党的生日。记者随抗联老战士李敏、赵尚志将军的侄女赵战利及东北抗联精神宣传队员一行人进入方正县革命老区"红色旅游"抗联遗址——大罗密河镇。

据《方正县志》记载,抗联四军于1935年进入大罗勒密地区。四军军部及卫生队在军长李延禄率领下,从四军三团的密营——勃利县青龙沟、经依兰到达方正县东部地区陈家亮子。四军在陈家亮子一带建立军部密营和被服厂,并在陈家亮子周围建设起游击根据地。1936年,赵尚志领导的抗联三军也来到此地,与四军的游击区连成了一片。此后,三、四军留守部队为了长期抗日的需要,在大罗密以南的张广才领群山以及紧靠敌占区的大罗勒密河畔,建立了多处军事密营和情报联络站。在抗战期间,这些密营和联络站在抗日战争中发挥了不可估量的作用。

1日,在方正县大罗密河镇大罗勒密河漂流起点处,记者看到了经过修复的东北抗联三、四军留守部队在此建立的抗联密洞。据大罗密镇地方志编撰者郭相声介绍,这几栋低矮的草房就是当年四军利用放木工人身份建立的密营,它们形成了一条由敌占区到游击区一条龙的军需输送线。

中午,身着军装的抗联老战士李敏及抗联精神宣传队队员在密营遗址前高唱抗日歌曲,然后进入低矮潮湿的草房吃午饭,重温当年抗联的战斗时光。

随即,记者在大罗密河镇小姑娘张景媛的带领下去寻访抗联密洞——军需物资贮备洞。贮备洞位于大罗勒密河漂流终点处花鸡公山,当年是掩于地下的地洞,并未暴露在外。记者拨着荆棘,在一路色彩鲜艳的旗帜的指引下走进了掩映在深山里的密洞。

据张景媛介绍,大罗密河镇的老人都知道,1936 年开始,敌占区的我党地下人员筹集的军需物资首先由渡口运送至最易于隐蔽的花鸡公山上,再由那里分批往河的上游输送,上游密营将这些物资贮藏,然后转运到山里。从孩提时代开始,她就经常和小伙伴们到密洞寻找抗联英雄的印迹。

她说,在密洞口能找到很多照明的蜡烛,都是来过密洞的人留下的。

果然,记者在洞口的草丛里找到了一小截燃剩下的蜡烛,点燃后,借着微弱的烛光,进入了山洞。山洞里有一些当年抗联战士用过的石桌、石椅和石凳。

据方正县宣传部王部长介绍,自从抗联密营和密洞遗址被修复后,这里也变成了红色旅游基地。

当天,健在的抗联老战士们还在“百战英名惊敌胆,一腔热血荐中华”的巨大条幅上集体签名。

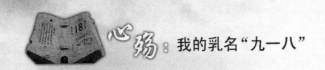

# 六、因溥仪投降，祖父一病未起

二哥去西山村给赵家放牛，爷爷很不赞成，进而悟出是自己给大儿子增加了负担；要回二叔家。阿玛和呐呐坚决劝阻他才未走。可人未走，心却始终不落底。加上忧虑二叔会出什么事故；三叔来无影去无踪，谁知又哪天落个什么结尾；大孙子说是在拜泉做事，到底是什么事，连封信也未写；尤其是孩子本来都是爱国的，如今"屯亲"们都怀疑投靠了日本鬼子……又不能解释……都是老蒋不叫抵抗惹的祸！尤其想到那个满族败类、"皇帝迷"，给鬼子当了帮凶！你溥仪不仅给你先祖丢人，也叫我们所有满族人不齿！爷爷越想越生气。他老人家本因二叔负伤，大孙没信儿就很上火，又被溥仪气得当晚未睡好，第二天吃饭就不正常了；说话少了，身子也懒得动了……

呐呐看出爷爷的身体和情绪不好，常提醒阿玛少跟孩子发脾气，没事儿多陪他爷爷说话；自己则在现有条件下，变着法儿给公公做顺口的饭菜。

好不容易熬到第二年开春儿，春草发芽了，榆树长"钱儿"（花苞）了；家家男人们忙备耕；女人们则到野地山岗去挖野菜；穷人的日子又开始好过了。一天夜里，突然有人敲窗户！

呐呐惊醒了问："是谁呀？"

"呐呐是我——钢锉啊，哈欠……"是二哥，哭了！

阿玛没用呐呐招呼，一虎身起来便披衣下地去开房门。呐呐也起来点灯。已经七八岁的三哥也醒了，坐在炕上怔怔地往屋门方向看。

只见二哥穿一身破衣裳，头上很久未剃的长头发上沾着干草叶儿，脸上的泥土被汗和泪冲得一道儿一道儿的……进屋看见呐呐和家人以及环境物品，控制不住地放声大哭起来。

"怎么了振全？"呐呐故意叫大名，以鼓励他自立，"别哭，慢慢说。"

二哥止住泪，胆怯地看一眼阿玛。

呐呐又马上加一句安慰孩子又劝阻大人的话："你阿玛不说你。"

"丢一头牛……哦……"说完又哭了。

"什么时候丢的？你回家来干什么？"阿玛急问。

"你小点声问，吓了孩子！"呐呐拉住二哥的手小声问，"怎么丢的？东家没帮你找？你怎才回来？"

"过晌我把两头牛送甸子上，回去帮他们选种，晚饭前去赶牛，剩一个了。东家叫马上回甸子找，我就去找。可哪也没有，柳条沟、柞树岗，东房子，南洼子屯子里也没有……"

阿玛已经喘粗气了："那你没回去看看？"

"没找着，没敢回……"

呐呐急问："就你一个人在外边找到这咱（早晚）？"

"没人帮我找……我一个人，实在害怕，又冷，就回来了……呜呜……"

"这姓赵的也太不是东西！"呐呐心疼地说，"叫这么点儿个孩子一个人半夜三更的……"

阿玛早已按捺不住地叫道："走！跟我去看看牛回没回家！是牛值钱还是人值钱？"

呐呐急忙劝阻："孩子还没吃晚饭呢！深更半夜地……"

阿玛看了二哥的可怜相，长长出口气："看我明儿怎么跟他们算账！"

阿玛带着气儿上炕躺下了。呐呐忙到外屋给二哥热饭。三哥看我也被吵醒了，悄悄告我："快躺下睡觉。"又往阿玛那边儿瞅一眼……我们都有点儿怕阿玛。

呐呐把二哥领外屋吃完饭后，也都悄悄上炕睡下。

可这时，天已蒙蒙亮了。呐呐为二哥独自贪黑在野地找牛而难过，又想到老赵家的牛没回家，他阿玛又会怎样跟人理论……放下这个想起那个，怎么也合不上眼了。她抬眼望望房笆，檩子、椽子都看清楚了，便轻轻起来穿衣下地，到外屋做饭去了。

鸡叫后，阿玛也起来了。他出去一趟回屋先坐在炕沿儿抽一袋烟，边想着怎么办。烟抽完，看看二儿子也醒了……给人家干活儿，也练出了起早的习惯，便问："醒了，钢锉？"

"嗯。阿玛那牛……"二哥仍惦念那头牛。

"走，阿玛跟你去老赵家看看。"

"唉！"二哥立刻起来穿衣，同时又不放心地问，"牛若还没回来呢？"

"到那儿就都明白了。"阿玛看二儿子已经穿好衣服，便先站起头前往出走。

呐呐看二哥也跟着，便说："吃完饭去呗？"

"没啥事儿回来再吃。"

看爷儿俩匆匆而去，呐呐叹口气，又继续做饭。

天大亮了，呐呐把饭做好了，三哥和我也起来了。洗完了脸，呐呐也不张罗吃饭。

自从二哥去年秋后去西山村给赵家放牛，帮助呐呐侍候爷爷烟烟水水的，就由三哥接替了。三哥看看太阳出来了，便轻手轻脚地去了西屋。

爷爷已经起来，在炕上坐着呢，见三哥进来，便问："昨晚儿你二哥回来了？"

"嗯。一早又跟阿玛走了。"三哥回答，完了就拿起爷爷的尿壶往外走。

爷爷长长叹口气，自语："一开始我就说孩子还小……到底出了差错……"

呐呐在外屋听见了，怕爷爷上火，忙进屋解劝："阿玛昨晚儿也给吵醒了？没什么事儿，阿玛放心吧！"

"我都听见了。"爷爷说，"这么大个事儿，人家丢了牛，咱们孩子贪黑找牛……我能放下心吗！"

呐呐坚持劝慰说："牛，自己会回家；咱钢锉也没吓着摔着……"

"万山那个倔脾气……再跟人家吵起来……"爷爷说着下了地，"快收拾吃饭，我去西山村。"

呐呐忙劝阻："阿玛您都七十多岁了，身子骨来这儿以后也不如从前了……他阿玛不会跟人吵，顶不济，领儿子回来到头儿。"

"要真领小钢锉回来，我倒放心了。"

"他阿玛说'回来吃饭'，快回来了。"呐呐装一袋烟递给老公公，又给划着了火柴点着，"阿玛您别着急！你儿子是火性点儿，可最会看火候了。他才不会不管三七二十一发脾气呢！"

爷爷听呐呐这么了解和夸奖阿玛，心里很惬意，没出声，也不坚持去西山村了。

太阳已经出来了。东天的火烧云已经由红变灰白了，阿玛和二哥还没回来。

爷爷坐不住了，呐呐也沉不住气了。呐呐放上桌子，张罗叫爷爷和我们哥俩先吃。爷爷要再等一会儿。我们哥俩也没上桌儿。

又过了好一会儿……等人，感觉时间过得慢，也许没有多少分钟，阿玛回来了！

"你可回来了！阿玛着急了，也要去呢。"呐呐说。

阿玛听说爷爷着急了，知道这事儿他全听到了，便忙过去看爷爷。

爷爷见他一进屋便问："牛找到没？"

"老牛，有几个不天黑回家的！"阿玛一提起牛就气不打一处来，可是跟爷爷说话又立刻变个温和腔调，"阿玛着急了？"

呐呐趁机点点他的火性子说："阿玛担心你的倔脾气！"

"嘿嘿！阿玛知道儿子不到火候儿不打铁，是吧？"

"可是，明知牛能回家还叫孩子贪黑出去找牛。这还没到火候儿啊！"爷爷抬眼扫了阿玛一眼，"怎么说的？"

"……人家说没叫孩子出去找，是孩子自己觉着没看好牛，跑出去找的。"

"那，快半夜了没回去，就放心？"爷爷嗓门儿大了许多。

"就是！我这么问，他又说'以为顺便回家了呢！'"

爷爷又问："他不是说小钢锉自己去找牛吗？这么有责任心的孩子找不着牛能够回家吗？万一遇上狼了或摔下河了……是牛值钱还是人值钱？"

爷爷句句有道理。呐呐听了直点头儿，只是儿媳在老公公面前不能多嘴，听到爷爷说"这样人家，不能给他们干了"，才小声补上一句："领回来省得再出事儿。"

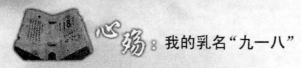

"领回来了!"

"领回来了! 人呢?"爷爷问完抬头向门望望。呐呐问完立刻走了出去。

二哥正一个人在西屋窗外,靠墙低头站着呢。他见呐呐一直向大门走,忙小声叫一声:"呐呐!"

呐呐急忙回头看,见是二哥,急转身走回:"怎么不进屋,在外边站着? ……"

"我,我找不着牛不该回家……"二哥说着要哭。

"回来对。要不谁都不知道出这事儿。"呐呐拉住二哥的手就往屋里拽,"快进去! 你爷爷正惦记你呢。"

二哥进屋后叫一声:"爷爷! 叫你老着急了。"

爷爷高兴地把他拉到身边,爱抚地摸摸他的头,说:"我二孙子长大了,有责任心了,还有礼貌。未找着牛是该先回东家看看。可你还是个孩子啊! 目的还是为了找牛,是不?"

"是。"

阿玛看看没他的事儿了,便站起往出走,同时说一句:"快吃饭吧! 完了还干活儿呢!"

于是,全家都开始吃早饭。

爷爷照例是自己在西屋单吃,早晨小米加大米楂的粥,一碟炒土豆片儿。早饭午饭都不喝酒,只晚上喝一两多。下酒菜是两碟儿,一凉一热。有时,阿玛陪着,但也很少夹他的下酒菜。三个孩子是叫也不上桌,好吃的给也不要。这是呐呐立的规矩,一是孝敬老人,二是吃不了留给爷爷下顿吃。东西太少——当然也只够下顿一次吃,不会变质。

那时,各家都差不多,有好吃的先给或者专给老人吃。家境好些的,老人吃剩的给孩子。有几样,根本就不许小孩动口。如过春节,有钱人家杀年猪,只许小孩吃一般的肉。猪头猪下水(五脏)、猪蹄儿,都不给小孩,留给老人或待客用,为了防止小孩闹着要吃,大人还约定俗成地编一套吓唬小孩儿的理由:吃猪脸儿,不知羞;吃猪舌,说不好话;吃猪耳,没记性;吃猪嘴,撅撅嘴儿;吃猪尾巴总后怕——走路总回头;吃猪爪儿,烂脚丫儿……

现在这些可全变了,甚至倒过来了……好吃的全是小孩儿优先或独占。是吧！我们家就这样，原因大致有两个：一是传统文化有变化，尊长孝老不那么讲究了；二是小孩儿太少，父母只一个孩子，祖父母和外祖父母四个隔辈老人守着一个孙子或孙女、外孙子或外孙女，太珍贵了。太珍贵也太娇惯了。珍贵对，娇惯可就不好了。因为娇惯而使小孩儿养成坏毛病、自私呀、懒惰呀、吃出了毛病呀……珍贵，要重视和关心；目的在于：重视和关心孩子的身心健康、学习进步，想方设法培养成有理想、有本事的人才。

你们希望你们的父母和祖辈老人，对你们是珍贵而关心和培养呢？还是娇惯而要啥给啥，想干啥就干啥？

……

好了，这些，大家都早就有了正确态度。咱们还接着讲：阿玛把二哥领回来，不叫他给人放牛了，是留在家里帮助阿玛干活儿呢，还是另找个地方打工呢？读书是别想了，不仅家里供不起，而且也过上学的年龄了。

没过几天，爷爷终于病倒了。村里又无医院治病，家里又无钱买药。爷爷要求阿玛送他回二叔家去。阿玛也这么想，只是担心老人误会自己不孝，把生病老人推给弟弟，不好说。老人主动要求了，便当即准备借个农用的花轱辘畜力车，送爷爷。结果，有车人家，车和拉车牲口（牛、马、驴、骡）都正忙着，最后借个木质的人力小推车，在车上铺床被子，把爷爷扶上坐着，累了还可以躺着。

呐呐很遗憾老人没在这儿长住，好好尽孝，忙把昨晚连夜缝制的一双布袜子包好放在车上，另外装一柳条筐土豆和晾干的豆角丝儿、茄子片儿等干菜，捎给二弟和二弟妹。

按照爷爷头一天晚上的嘱告：把二哥带着，叫二叔在镇里找个作坊学点什么手艺，总比一直在农村里种一辈子地强点儿。阿玛和呐呐当然求之不得，只是不好意思麻烦弟弟，没主动要求。二哥想到要进城了，肯定世界很大；学什么手艺都比种地带劲——前街远房二哥，不是在哪儿学了成衣匠儿，年年回家过年，你看那穿戴，那神气……还另起名字，叫什么"野猪"（是"夫"，当时年小不懂也未听准），我赶明儿叫"野狼"，叫他神气！他这么想着，跟呐呐招招手跑到车的前面帮助拉车。

小车一路跩跩哒哒滚动着，咯咯吱吱鸣叫着。爷爷坐在车上，远

看近瞅。春耕的农民,星星点点撒满了坡地平原。有钱人家用畜力拉犁杖豁开垄台,后边跟着一个点种人;再后又一人扶"拉子"合土盖种子;再后边多是妇女领个孩子在垄台上走直线——那叫"踩格子"。把撒过种子的土踩实,出芽快。要是我们家种地,没有畜力,拉犁杖用人,还得与人合作;若一个人,只能用锄头刨埯儿豁沟下种。

二哥听爷爷看见什么就叨咕什么,怪有意思,便抬头去看,可这一来就脚下没准儿了,只听阿玛说一句"好好看着路!"他马上便又面朝前,猫着腰,一步步向前走起来。上坡,无疑更费力;而下坡也不省力,因为怕滑行太快,爷爷受不了,父子俩都奋力向后慢慢挪蹭,用力拖着车子,一会儿便是一身汗。

爷爷看完种地的,想起一件事,告诉阿玛:"对你的小七别总叫'九一八''亡国奴'的。生日不吉利就改个日子……往前提到三月廿八挺好。"阿玛马上答应。三哥也替弟弟高兴。就这样,我的生日就成了三二八,不过小时一直没过过生日。

不到20里远,他们临近晌午才到二叔家。

二叔正在家陪着那姓吴的等人打麻将,听说老父亲病了,急忙歉意地离座把病人背到屋里。客人见情形,大都散去。唯有吴德忠留下,并主动帮助请医生。

"阿玛主要是忧虑这个忧虑那个,加上你二伯儿给人家放牛,前儿个牛丢了没找着牛,半夜回家……一股急火儿……"阿玛告诉二叔。

"我没什么大病,主要是老了。"爷爷说,"你先别为我着急,帮你二伯儿找个作坊学点手艺吧! 书一天没念,再没个手艺……"

"行! 阿玛你老静心养病。这个,儿子能办到。"

说着话,吴德忠把医生请来了,听听心音,看看脉,说一句"老年常见病"开个药方便走了。

二叔要给钱,吴摆摆手说:"已经给了……没多少。"

"这……等往后我慢慢补偿吧!"二叔说。

吴德忠:"你我是什么关系了? 还客气!"

阿玛听了,又好奇又不外地问:"什么关系了? 轧亲家了?"

吴德忠笑道:"将来有可能,这会儿主要是……"说到这儿压低声音道:"拜把子了!"

"是啊！那……"阿玛想接着说什么，立刻被二叔接话岔了过去，"没叫外人知道，以后也不要提这事。"

"对对，时局动荡，人性复杂，多加小心的好。"

午饭，留吴德忠一起吃的。

二叔的儿子——振宇，因为我们有个大哥，所以就习惯地叫他小哥，放学回来了；见爷爷回来了，又来个弟弟，很高兴。二婶儿给爷爷单放个小炕桌儿，单做的老人可口饭菜；叫两个孙子陪着吃，她便到客厅去招待客人了。

爷爷看着两个大孙子吃得很"虎势"，好久没这么高兴了，便一筷子一筷子地给两个孙子夹菜。两个孙子又交替着往爷爷碗里夹菜。

爷爷看看二哥，很有感触地说："振全挺聪明，就是没捞着书念……"

"二弟愿意学，跟我念。"振宇说。

二哥腼腆地笑笑，说："二叔要给我找地方学手艺呢！"

"在我们这儿？那更好了！早晚来跟我一块儿学。"

爷爷说："若是人家师傅早晚没事儿，赶情好。可是'学徒学徒，三年为奴'啊！"

"什么'为奴'？"小哥俩同时不解地问。

爷爷收敛了笑容，说："就是师傅叫干什么你就干什么呗，学手艺以外的零活儿甚至家务……"

"干活儿我会。"二哥有信心地说，"干好了，师傅高兴一定多教我手艺。"

爷爷听了这话，又露了笑模样，抓紧夸奖又鼓励："对对！振全是个乖孩子。其实叫你们孩子干的活儿，也不会是多么重的活儿，也不没黑没白地总干。只要你想得通，吃得苦，不但干得了，累不坏，还会像你说的，师傅一定喜欢你，用心教你。"

"可这还是没有我们念书好……"小哥同情地面对二哥说。

"那还用说！"爷爷叹口气说，"命没有你好啊！可是你这个好命是你大伯给的——没有他宁可自己不念书，也下苦力供你阿玛念书、当教员又改到部队，当上团长……能有你今天！"

"啊……我大伯真，真了不起……"说着回头往客厅那边儿看了

\ 57 \

看，完了又对二哥说，"那我一定帮你学文化，长大也帮你……"

"这就对了！"爷爷高兴地捋了捋胡须，"这就叫知恩图报，做人的根本……对父母，对亲人，包括对社会和国家的恩德，都不能忘，都要报答。"

"孙子知道了！"小哥认真地点头说。

二哥也学着小哥的样子说："我也知道了。"

饭后，阿玛要回去了，对弟弟，弟妹说："大哥没能耐，把老人送回来，把你二侄也托付给了你们……"

"大哥这你说哪去了！"二婶儿说，"没有你这么好的大哥，万朋也没有今天啊！"

"我过几天给你二侄送衣服被子来。"

"什么也别送，这里都有。光他小哥穿小了的夏衣服、鞋帽，他都穿不完。你就和大嫂放心吧！"

二叔又加一句："负担轻了，家里那两个孩子可别一天书不念了！"

"我知道。"阿玛又向爷爷告别，"阿玛我回去了！"

"我没什么大病，告诉你媳妇别惦念。"

"唉！"阿玛答应着走了出去，见车上有一包子衣物，知是弟妹给她嫂子捎的，回头对弟弟点点头，完了又告诉二哥："在这儿要好好听话，等二叔找到学徒地方，更要时时处处都用心了。"

"爷爷都跟我讲了。"

"那你照爷爷讲的做。"

阿玛推着小车走了。

"大哥再见！"在一旁站了半天的吴德忠喊道。

不知阿玛没听见，还是对他信不过，没回头，也没答话。

**链接：关于杨靖宇**

　　杨靖宇将军牺牲地濛江属吉林省，解放后改为靖宇县。1949年，郭沫若参观东北烈士纪念馆，深为杨靖宇事迹感动，特题诗曰：

头颅可断腹可剖，<br>
烈士难消志不磨。<br>
碧血青蒿两千古，<br>
于今赤旗满山河。

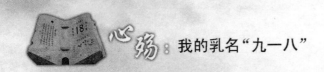

# 七、爷爷的丧事办得太那个

1936年的春节到了。前一年,由于爷爷因病回二叔家了;二哥先给人家放牛,后到一家"铁匠炉"学徒,减轻了家庭负担;加上年成较好,我们家的生活有了明显的改善。

这天是"年三十儿",即旧历年(春节)的除夕。阿玛从近处集市办了不少年货回来:五斤猪肉、十斤白面、二斤鱼、一斤糖果、二斤苹果、全家一人一双线儿袜子,还给呐呐买一朵绢花儿——对了,还有一小挂鞭,三个"二踢脚"即高声炮,也叫"双响子"。

全家都很高兴。但我们怎么高兴,糖果和苹果也不能吃,得先供祖宗,到初六撤供后才能分几次给我们吃;鞭炮不能马上放,要在半夜接神时放;新袜子也是今晚洗净了脚,明儿早上开始穿……

呐呐拿着阿玛给买的那朵绢花,左看右看,对着镜子戴上摘下,摘下又戴上,最后还是珍贵地收起来,留凌晨给祖先拜年时再戴,把戴了半秋一冬的旧绢花又重新戴在头顶的发髻上。

三哥正帮阿玛贴对联,忽听一声清脆的"阿玛!"父子俩一回头——是二哥回来了!他对阿玛摘下帽子,深深一鞠躬。

阿玛高兴地向屋里喊一声:"你二儿子回来了!"

三哥跑上前去拉住二哥的手,一个劲儿傻笑。我也跑过去搂住他一条大腿,生怕他跑掉了。

听到阿玛喊声的呐呐,在屋里拉着长声回答:"唉……"房门一开,迎了出来。二哥又给呐呐施了一礼。呐呐笑呵呵地从二哥手中接过一个布包。

二哥说:"二婶儿给的。"

呐呐知道又是一些小孩吃的,和大人孩子不穿了的衣服,急忙收进炕琴里,回身连续向二哥提问:"那铁匠炉怎么样?师傅对你好不好？都叫你干什么活儿？累不？早晨什么时候起来？晚上什么时候睡觉？都吃什么饭？能吃饱不？你有空儿去看爷爷吗？你爷爷的病好点儿不？"

因为是一连串儿地问，似乎光想问也没指望他答。二哥也就只听着，笑嘻嘻地点头或者摇头，一句未回答。直到问爷爷了，小脸突然收起了笑容，低下头吞吞吐吐地说："二叔说先不告诉……爷爷好几天没起来了……"

"什么？病重了！"呐呐很吃惊，立刻往外边看看，"不叫告诉，是怕咱们年过不好。唉！你阿玛明儿去给你爷爷拜年，到那儿就知道了。不行！知道病重了没告诉他，一准埋怨你，知道你跟我说了，又得生我的气——到岁数人，病重了一天都不能耽误……"呐呐说完就往外走。

刚好，阿玛贴完对联，正跟三儿子说："阿玛明儿给你爷爷拜年，你去不去？"

"去！拜完爷爷还拜二叔儿二婶儿。"三哥高兴地说。

"他阿玛！"呐呐迎上去严肃地叫住阿玛。

阿玛见她一脸的沉重，预感到什么地绷起面孔问："怎么了？"

"他爷爷病重了！"

"是吗？振全说的呀？"阿玛急忙叫二哥，"振全，你爷爷病什么样？"

"二叔说先不告诉你——爷爷好几天不起来，也不吃饭了。"

"快帮我准备点儿东西，我这就走。"

呐呐急忙把阿玛过年穿的衣服帽子、鞋袜拿了出来，帮阿玛换。

阿玛只换个外套——灰色大布衫子（男式旗袍），戴上每年春节戴上一回的满式八块瓦儿的帽头儿，再换一双新做的布质二棉鞋，别的都不换了；告诉我们三个一声："照别人样子，到时候接神，放鞭炮、拜年……听呐呐话，别往外跑！"然后大步走出门外，上了通向国道的村路。

家里的过年气氛，一下消失殆尽。

吃过晚饭，母子四人都在屋里忙活着包饺子。呐呐一会儿教二哥擀皮儿（都说"擀剂子"），一会儿教三哥包饺子；对我，只告诉怎样把包好的饺子一个一个摆在盖帘上。虚岁快六岁的我，觉着摆饺子

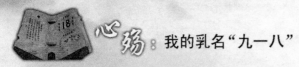

比擀剂子、包饺子都好玩儿：先在盖帘的"当间（jiàn）儿"摆一个，然后围绕这个一圈儿一圈儿地摆圈儿，正反面儿不能颠倒，前后身儿不能弄反，挨上怕粘上，离空儿大了摆不多少……当时的感觉，就像长大后画画儿，做"手工"（工艺）。呐呐先看摆得认真、细致，就夸我要强，后来看我摆得均匀、整齐，又夸我心灵手巧！可是，擀剂子的二哥，却不是擀太薄了，包的饺子下锅后容易破裂，就是擀太厚了，一半会儿煮不熟、咬着发艮；再不就是擀得不圆，总挨说（即批评）。三哥包饺子，开始装不进多少馅儿，包成的饺子边儿大肚儿小；后来多放馅儿，又包不严实，还未等下锅煮就裂口儿了；勉强包个馅儿多少正好，边也捏得牢固，可是又歪歪扭扭，很难看，逗得大家都笑……但是，谁挨批评也不生气，因为是学习是一年也不过一两次地改善生活——包的时候就已经想到吃的时候了……

饺子包完，我们又七手八脚地帮助呐呐摆供桌儿。在西墙上挂上家谱。家谱上边像系统表似地写着历代祖先的名字；家谱前面的"蔓子炕"（连接南北炕的，只有普通炕一半宽）上放一张炕桌儿；桌上摆上烀熟的猪头、烹饪好的鱼、苹果和糖果；还有三堆大馒头，一堆四个，三个垫底儿，在三个之上圆头朝下地放一个，又在这个朝上的平面上圆头朝上地放一个，又好看又牢固；在桌边儿的中间放一个香炉，香炉两侧放两个蜡台，上面各插一只红蜡烛……

刚摆完，就听村子里稀稀落落地响起了鞭炮声。呐呐说："到接神的时候了。"

"接神？！"我和三哥没接过，不懂怎么接；二哥跟阿玛接过，没有阿玛领着，到外边十字路口点着了烧纸就念叨死去的先人名字，"请回家过年"，怪害怕的；而呐呐又因是个女人，按老规矩不许参加……

呐呐拿了主意，说："咱家祖先都通情达理，孩子阿玛没在家，不用接，自己能来。"说完告诉二哥，"祖先已经来了，快点蜡，上香。"

二哥按吩咐划火儿点亮了两支蜡烛，又抽出三炷香在蜡头上点着，插在香炉里。

"开始给老祖宗拜年！"呐呐说完先在炕前屋地上铺个破麻袋，然后慢慢双膝跪倒，边说"给祖先拜年了！"边把左臂下垂，右臂慢慢抬起摸一下右鬓，慢慢放下，再抬起摸右鬓，再放下，反复三次后站起,又深施一个蹲礼。这是满族女人行大礼。

"该你们的了,按大小一个一个拜。要认真拜啊!叫咱们祖先看看咱们这一支,家不富裕,人可孝道。祖先高兴了,就能保佑你们长大成人……"

于是二哥拜完,三哥拜,最后是我。给祖先叩完头,二哥又带头给呐呐拜。乐得呐呐边笑边说:"好好好,都长大懂事了!"

这时,村里的鞭炮声已经不绝于耳了。二哥问呐呐:"咱们也放吧?"

"我们加小心就是。"二哥说着拿着鞭炮,点着一炷香,就向外走。我和三哥紧跟在他身后。只见他先把那挂鞭挂在院中间的灯笼竿的钉子上,用香火点着了药捻就往回跑。我和三哥也往回跑,还捂着耳朵。

小鞭儿先"刺刺"冒火花儿,接着便"噼噼啪啪"地响了起来。但因太少,只一两分钟就响完了。

二哥又开始放"双响子。"大人多是用一只手拿着一只手点火。炮响第一声时向下坐,然后凭坐力升入高空,又在空中炸响第二声。要不怎么叫"高声炮"或"双响子"和"二踢脚"呢!可是呐呐不断告诫"加小心,别崩着",二哥只好先把炮立在地上,然后蹲下去点燃药捻儿。有的点着了等你跑远了才炸响;有的你还未及站起就响了,吓得二哥往后一仰便摔个"腚墩儿"。把我和三哥都逗笑了。觉得真好玩儿,三哥想放,我也想学,炮却只有三个!我们都很扫兴,可怜巴巴地望望呐呐。

呐呐很同情地开导我们:"鞭炮挺贵的,买多了白费钱……愿意放,你们好好干活儿,学手艺,多挣钱多买些,可劲儿放。进屋吧!外头冷。"

本家的大人,听说爷爷回二叔家了都不来了。孩子们也只顾在家放鞭炮了。我们家这年过得很冷清。

可这时村里有钱人家还响着鞭炮声,还有小孩儿的喊声笑声,我们都不愿意进屋。但是拗不过呐呐,互相看了看,慢吞吞地向屋走去。若是阿玛在家,又像往年一样,领着大孩子去给本家长辈拜年了。可是今年……临走还嘱咐"别叫孩子出门儿",没人领,自己也不能出去了。小孩子不在乎应不应该给谁拜年,主要是满屯子跑,到

处叩头,有意思,好玩儿。

进屋后,没事儿。那时慢说家里没有电视、广播,集体活动也只是大秧歌、踩高跷、耍龙灯、舞狮子。而自从"九一八事变"之后,人们都没那个兴致了。听说东南街那家青砖墙圈起的大瓦房里,常能传出唱戏声,说是"洋戏匣子":有个圆盘子,放在能转动的圆托儿上,旁边有个摇把,用手一摇圆托就把圆盘儿带转了,上面再放个带针的圆球儿,圆盘就又敲鼓又打锣,一边拉胡琴一边唱。里边男的女的老的少的,都会唱……好听唱的,只能在人家墙外,房山头儿偷听。而像我们这样穷人家孩子,连去偷听,大人也不让,只能听听传说。

"快睡觉吧!"呐呐看我们哥仨蔫蔫巴巴的,边给焐被边说,"你爷爷病重,说不定明儿捎来什么信儿呢!"

于是,我们听话地脱了衣服就钻进了被窝儿,不一会儿就都睡着了。

第二天一早,还未吃饭时,西山村的十三四岁的大表哥儿子——郭文特来给"九姑奶"拜年了! 呐呐和我们都没想到。他是当村长那个二舅的弟弟——我们的六舅的孙子。六舅是农民,只是分点祖辈家产,比一般人富裕;为人忠厚,跟我们家来往较多。特别是自从二舅在守孝期内娶二房,我阿玛去发难,替他出了气,六舅更对阿玛赞赏了。

呐呐见娘家孙子来了,十分高兴,抓紧煮饺子,吃饭;饭后叫三哥跟表侄去给舅父拜年。

二哥说:"我也去,完了从那儿直接回东家干活儿。"

"也行,振刚不敢回来,就在你六舅家住两天。"呐呐说完,塞给文特一个大苹果,外加一把糖果。我们以为也会借光得个苹果,可是只捞着一把糖——对了,阿玛买得太少,去掉给祖先上供的就剩那一个了!

当我两哥哥跟文特要往外走时,呐呐又叮嘱说:"反正去了,就连你二舅、五姨家都去一趟。别忘了管嫂子叫姐姐!"

呐呐不说,我们还真忘了。外祖父家本姓那,曾是皇帝族属。听老人讲,也不知哪个朝代,选妃选到姐姐头上了,从此,小叔和小姑子对嫂子就叫了姐姐。叫嫂子违反民族风俗,也显得疏远了。

他们仨,过后听三哥说——一路蹦蹦跳跳地走着,说这道那又吃糖,似乎有生以来第一次这么开心,二三里地儿,不一会儿就到了。

六舅和六舅母看见二哥和三哥去了,非常高兴。二哥跪下叩头,不等叩完就被六舅母拉了起来。三哥又趁机跪了下去,结果只叩一下就被六舅拉了起来。接着,两个人给他拿吃的,水果、糖块儿、蛋糕、饼干一大堆。二哥对三哥眨眨眼。两个人谁也不动手。因为父母经常教导:到人家不能贪吃,十分亲近的,再三给时才能少接点儿。

六舅母看了他俩一眼,哈哈笑道:"是你呐呐不叫随便吃人家东西吧? 那是指别人家。你呐呐都是我们郭家人,你们一半是胡家一半是郭家的。在自个儿家,想吃什么就吃什么! 我想不到的,你们都应该要! 吃吧吃吧……文特跟他们一起吃!"

他们哥俩腼腆地笑笑,一人拿块没吃过的点心,慢慢吃起来。

第二天上午,忽听外边什么人一声喊:"姑娘来了!"

大家一愣,接着就大人孩子一起往外走。

真是呐呐! 一手挎个小布包,一手牵着我,正往屋走来。

孩子们只是感到惊喜。而大人看着呐呐的打扮却有种不祥的预感。只见呐呐结婚时做的,平常只在过年或走亲戚才穿的老式天蓝色旗袍,把下摆处的彩色绣花拆掉了,虽经用心洗过,捶过,仍露有拆花儿的针眼儿痕迹;头上戴的绢花也摘了去;脚上也把绣花鞋换个黑布便鞋;脸上苦笑着……看见哥嫂(姐)出迎,站住——拜礼,完了又叫我给六舅六舅母拜年。

六舅母心细,拉住呐呐的手,问:"家里出了什么事?"

"孩子爷爷去世了!"呐呐沉痛地说,"今儿一早来人送的信儿。他阿玛告诉今儿领孩子去。我把家托给邻居照看就来了,先给哥哥姐姐拜年,完了从这儿直去他二叔家。"

"时间不早,快进屋歇一会儿,"六舅说,"我这就套车,送你们去。"

"那可谢谢六哥了! 我还真担心,车马没在家,老小子走不动……"

"净说傻话!"六舅母嗔怪地笑着,"谁跟谁呀? 不在家也得取回来呀,若太远找不回来跟别人借车也得送你们娘几个。走,快进屋吧!"

"不进去了。等六哥套车工夫,我去给二哥和五姐拜个年。"呐

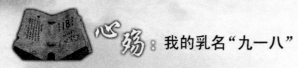

呐说着,把小布包交给了六舅母。

二哥问:"呐呐,我们也去吧?"

呐呐迟疑一下自语:"不去,以后听说了都得挑理;可都去,好像去要压岁钱……"

六舅临往外走时说一句:"想那么多干什么!"

可六舅母想了想说:"九妹妹说得也对。这么的吧,光领老四去。他们要问,就说老二老三跑出去玩儿了。"

就这样,呐呐只领了我去了二舅家。不知怎么的,我也胆胆突突的,不像去六舅家那么得意。

呐呐一开门就大声说:"二哥二姐在家吗?九妹妹给你们拜年来了!"

二舅正躺在炕上吸鸦片。新娶的二舅母站起来不冷不热地说:"这就是九妹妹老胡吧?"

"对。"二舅也坐了起来告诉呐呐,"这是你二——她是汉人,叫姐叫嫂都行。"

呐呐给他俩一人施一礼,然后叫我:"振强给二舅二舅母拜年!"

我便一边说"二舅过年好!"一边下跪叩头,完了又给二舅母叩头,被二舅母拉了起来。

二舅仔细打量一下呐呐的穿戴,问:"怎么打扮得这么素气?阿玛过世可是三年多了,不是我'办事儿'(结婚)那咱了。拜年穿这么素气,也学起他来了!"

呐呐忙解释:"今早听说他爷爷去世了。"

"哦!你这不是来拜年,是报丧路过啊!"二舅不高兴地说完便又躺下吸上了鸦片。

呐呐脸通红,急得语无伦次地:"不是。是先给哥哥拜年,然后从这上……"

"那,喜事丧事也该分开嘛!大过年的一身素装,真不吉利!"

呐呐的脸又由红变白了,气得顶他一句:"我像你这么趁呢!一会儿喜服一会儿丧服!"

"这是祖上有德……"

"我是老郭家人,不是你们硬把我推给穷人家的吗?听他阿玛说过,这咱不是清朝了,民国讲男女平等,都有继承权……"

"嘿嘿！还知道不少呢！可别忘了如今是'满洲帝国'！皇帝还是那个宣统！"

"你……！"呐呐被顶住了,拉上我就往出走,"怪不得你这么欢迎'满洲国'呢！呜呜……"呐呐边走边哭。

六舅母就担心呐呐在二舅家惹气,一直在屋外看着,如今见呐呐果然哭着回来,急上前扶住,又劝解又安慰。

"六姐,五姐那儿我不去了。过后你给解释解释吧！六哥车套好没？振泉、振刚咱们走。"

六舅套好了两匹马的花轱辘车。呐呐正要上车,二舅母跑来拿个纸钞票,也不知是多少钱,"这是二舅给外甥的压岁钱。"说着就往我手里塞。

呐呐一把抢过去塞还了她,说:"我们不是来拜年,是报丧,要什么压岁钱！"

"你二哥是气话,其实他很可怜你的……"

"他祖宗有德,我嫁给了没德的老胡家,活该！不用他可怜！六哥赶车走！"

二舅母举着那个钞票站在那儿,瞪眼睛瞅着马车出了院儿,一句话未说出来。我回头看,六舅母也没跟她说话,自己回屋了。

六舅把车赶得很快,看着呐呐一路上没断了眼泪,我们哥仨也没顾得上看一路风景。

六舅是个老实人,看着妹妹太伤心,知是勾起来很多心事,没什么话劝说,只是重复着一句话:"这都是命啊！我是个男的,不也不如人家有钱有势吗？好在九妹夫是正人君子,日子拮据点儿,可也不缺吃少穿……知足吧！"

"我不是嫌人家穷,不知足……"

"是,我知道。"六舅又解释,"他说那话太伤人了。可是这有什么法？财主、屯长,跟一般邻里亲朋净说上句惯了,不刺哒(责备)人不张嘴！"

"有什么了不起！还当一辈子屯长……"呐呐说到这,可能想起平常看不起自家的种种言行,又止不住流下泪来。

不觉间,大车进镇子了,老远便听到唢呐的哀乐声了。呐呐一想爷爷慈祥,感激、思念之情一并涌出,泪水更是流淌不止。临到二叔

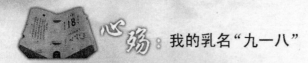

家时，她甚至憋不住哭出了声。我们哥仨，看着呐呐，想着爷爷，也跟着一起哭了起来。但车到门前一看；我们母子三人，乃至赶车的六舅，都被眼前隆重的丧事惊呆了！

六舅自语说："这么大岁数还头一次看到这么隆重的丧事！偌大的院子，叫两个席篷占得满满的：一个席篷中间是硕大的喷漆棺椁；棺椁前的两旁，站着两伙儿颂经超度的僧人；另一席篷是奔丧吊唁人的休息地和餐厅；摆满了桌凳，男女分坐两处；敲锣打鼓吹喇叭的，院内没地方了，两伙儿人分别坐在门外空地的两个亭台上。奔丧的男女，有的穿着全孝衣帽；有的男系白腰带，女戴白头巾；小孩都系孝带子，标明是第三、四代人。

仪式隆重，自然吊唁的人也多；加上本镇的和外地的看热闹的；足有好几百人……

六舅边看边想：为什么要弄这么……？ 听人议论治丧时间也特长——整整一七（七天），然后再步行送到杨千户屯西南山的祖坟下葬……为什么要这么……？ 是真孝还是……"

想到这，突然见到九妹妹大哭着领两个外甥进了灵篷，这才觉得自己已被他们落下了，自己也该去灵前叩头……

正好我阿玛把他找到，领去了灵篷……

# 八、二叔决定进关打鬼子

阿玛和二叔分别跪在灵床左右,陪灵守孝,对每位吊唁跪拜者都以大礼回敬。对我们母子,不用还礼,但看我们哭得那么撕心裂肺,他俩也都低头泪流不止了。

二婶走过来把呐呐搀起扶进了屋里。我们仨也跟进了屋。两个戴白头巾的妇女,走进来给呐呐穿戴孝服孝巾;完了又给我们穿孝,左袖上都钉一撮红缨……

这时,阿玛领六舅进了屋,也给他系个白腰带,然后告诉呐呐:"跟二弟妹一起,她做什么你就做什么,吃力的事多做些。"又嘱咐我们:"振全先回柜上(东家开的铺子)看看,你师父若给你假你再回来,不给假你就在那儿好好干活儿;三儿和四儿别远走,最好跟振宇哥哥在一起,可是别打搅他学习。"完了,他就领六舅到另一屋子休息了。

二哥回铁匠炉了,没回来。

我和三哥找到了二叔的独生子振宇哥。他本已十六七岁了,可以帮助大人干点儿什么的,但他总跟我们在一起,好像叔婶专门安排他陪我们玩儿,或者叫看护我们别出事儿。因为这个丧事要办七天。大人要天天接待吊唁客人,小孩子就只有一边儿玩去了。

一天,振宇哥领我俩去附近小河里去滑冰——我们第一次看到棉皮鞋底上安个长长的钢刀,特感新奇。他还特意找到他小时玩儿过的"冰车"和"站滑子",给我俩玩儿。

啥是冰车呢? 就是用木板拼成可坐一人那么大,在木板一面平行钉两根直木条,再在木条上顺着固定一条钢丝;再做两个一尺多长的头上钉铁钉的支棍;人坐在冰车上,两手拄支棍往冰上用力一戳,冰车便向前滑动了。"站滑子"呢? 原理跟冰车一样,是木板小到只

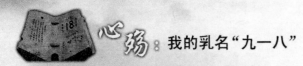

能站住一只脚；做两个，一脚踩一个，一根四五尺长的带铁尖儿的木棒，用时放在两腿中间往冰上一支，两脚下的滑子就向前滑动了。这个是三哥那么大的孩子玩儿的。我只适合坐冰车，滑不动或滑不快，但没危险。而最危险的是振宇哥的冰刀，手什么也不拿，两脚就像平时走路一样迈步，有时还一条腿抬老半天再把另只脚落地，我俩都看傻了。休息时，三哥说他是演杂技。

玩儿完往家走时，振宇哥说："今儿不知又来多少人，跟前儿小旅店都住满了。"

三哥突然问："你们那么多亲戚呀？"

"哪是亲戚，是阿玛朋友、同事——哎！对外人可别说呀！阿玛叫我领你俩出来玩儿，就是叫咱们什么也没看见，什么也不知道。"

"……啊！"三哥似有所悟地想了想又问，"办七天，请两伙和尚念经，又天天来客，这得多少钱啊！"

"那可不知道，反正为了这事，阿玛把几垧地全卖了。"

"地都卖了？那以后……"

"不知道。阿玛不叫问。"

由于每天都来新客人，二叔二婶干脆只接待客人，不能陪灵了。只阿玛和呐呐天天跪在灵旁左右，来人祭拜时叩头拜谢。

这些谜，后来长大懂事后才从阿玛口中得知其底：原来，二叔趁治丧之机请来不少在岗的、离任的、参加抗联的、在家专搞通讯联络的，甚至还有关内和北满的；就是没联络上三叔；对振五大哥没给信儿，怕他的上司引起怀疑。

这些人到一起，先是凭个人所知互相介绍各地抗日活动，进而言论形势发展趋向，最后当然是研究怎么办了。

小朋友们可能提出怀疑：日伪统治那么严，我二叔身边还有一个汉奸日夜监视，他们这样成群结队地集会，不怕暴露或者走漏风声吗？疑问得很有道理。但是我要告诉你个特殊原因：即是多年一直监视二叔那个汉奸，已被二叔感化说服"反满抗日"了！他对日本还在报功说："胡承烈团长腿伤好了以后就能跟皇军的干活"；而对二叔则又吐露日本军情，又帮助掩护二叔的同事。加上这毕竟是一个小镇，日本人也没有几个，有一连伪军日夜防备抗联突袭，更无暇顾及在家养伤的张学良部下军官为老父治丧的琐事。

同学们如果想知道,那些奔丧客人所谈当时中国各地抗击日寇的情况,老师可凭记忆和史料证实,简略地列举几项:

"九一八事变"后,咱东北军马占山在东北打响的抗日第一枪,大大延缓了日军北攻北安,南袭锦州的步伐,对全东北军民也鼓舞很大。马占山虽经诈降一次,重回黑龙江继续抗日后受些怀疑,遇到不少困难,但他千方百计组织了队伍抗日,还是给日寇很大打击。1932年4月末,马占山会同邓文、李天德进攻哈尔滨,捣毁马家船口和松浦镇一些建筑、机车库房等,又重新恢复了群众与官兵的信任。6月末,马占山委任的邓文、吴松林、李忠义三个军长率部先后攻占了克山、克东、通北、东兴、木兰、通河等地,促使日军集中14个师团围歼马占山部队,有力地牵制了日寇的实力。

在南满,"九一八事变"后,从东北被指令退到关内的原东北军将领闫宝航、高崇民、石化一、卢广绩等没听老蒋"不许抵抗"的邪,擅自联合发起成立个"东北民众抗日救国会",组织武装,不久便打散了凌印清、张学成等汉奸组织的"东北民众自卫军"。之后,又派耿继园、王绍洋、郑桂林等到辽西各地组建起第四、十三、四十八路义勇军。后来发展到两千多人,组成为"东北民众自卫军第一路军"。

原东北军军官高文斌组织起"辽北骑兵义勇军",最多时发展到上万人。

义县的冯子丹等也组织了义勇军。

丹东、岫岩一带原陆军团长唐聚武、警察局长郭景珊成立了"辽宁民众自卫军"。

赵大中、卢士杰在北镇山区也成立了"蒙边威镇第一义勇军"。

潘贯仁、苏振声等在大虎山也成立了"义勇军"。

甚至间山老爷岭的道士王子仁、田心斋都组织起"穷党武装"抗日了。

连绿林好汉高鹏振也在黑山县组成了抗日武装,迅速由二百多人发展成为两千多人……

日寇的侵略,老蒋的只和不抗,激起了各阶层各行业人士的爱国抗日热潮,可谓到处揭竿而起。到1931年底,各种义勇军便已达十几支了。此后,随时听到各地打击日寇的消息。

1932 年 1 月 20 日夜，大虎山血战日寇，击毙日本大尉以下 30 多鬼子兵；耿继周率部阻击日军进攻锦州；锦西的虎山部队在西坡村伏击日军，击毙日本石野、石贺等军官，并打垮县步兵和骑兵部队，使日寇惊叹为"满洲事变以来最大的悲惨事件"……

据不完全统计，到 1932 年 4 月，仅由"东北民众抗日救国会"组织的各地义勇军便已发展成 73 路，三十多支队；后划五个军区，官兵达十五万之多。

同年，中共北平市委特派冯基平、李兆麟等到东北帮助并领导抗日。从此，东北抗日斗争，逐渐有了统一指挥和计划的行动。

日本关东军首尾难顾，多次向国内请兵支援，在兵力和装备不断猛增之后，开始向我抗日武装全面讨伐。而我抗日武装也奋力抗击，不断取得胜利。

1932 年 9 月至 10 月末，日伪军集中围歼我军在安东（今丹东）、奉天（今沈阳）、海龙两条铁路沿线的唐聚武部；10 月至 1933 年 2 月，日军又集中兵力讨伐邓铁梅、刘景部；5 月至 8 月，唐聚武、王凤阁等联合反击日寇，一举攻占了新宾、柳河，捣毁了日本领事馆和监狱；接着逼近山城镇，不久便攻占了金州、辉南，击退日本增援的朝鲜伪军；8 月下旬，又把海龙日寇围得弹尽粮绝，使其不得不靠飞机投送火药和给养，用信鸽联络军情！9 月 15 日，义勇军又袭击抚顺，烧毁了公矿的油库。

气得日军拿平民出气，在平顶山一次杀害平民三千多，制造了震惊全国的"平顶山惨案"！接着全力围歼邓部。为保存实力，邓铁梅把队伍化整为零，分头进山，伺机出击。但因 1934 年夏，邓铁梅在养病中被捕，于 9 月带到沈阳杀害。其所属各部，也被装备先进的日军分别击败，伤亡惨重。

但是，其部下王凤阁、李春润一直坚持斗争；苗可秀更组织一支"少年铁血军"，有四百多人，与强敌展开了灵活的游击战斗。

在北满，除了马占山部队之外，1932 年初，清华大学学生张甲洲、张文藻回黑龙江省巴彦县组织了"东北义勇军江北独立师"。不久，中共满洲省委派赵尚志来任参谋长，只半年就扩大到七百多人。

中共满洲省委对东北抗日武装加强领导后，先后创建东北人民革命军三个军：第一军，于 1933 年 9 月 18 日，把磐石游击队改编成为第一军独立一师，由杨靖宇兼政委，主要活动在通化、柳河、浑江、辉南一带,建立了根据地,有兵工厂、被服厂、医院、武器库;根据地还组织了农民协会、反日救国会;到1935年已建立15个市政府、56个区政府,统归南满特区人民政府领导。

第二军,于1934年初,以东满洲游击队为基础改编为第二军独立师,师长朱镇、政委王德泰;当年冬分三路与日寇周旋;1935年5月,促使大荒沟伪军武装起义,从而独立扩大成正式第二军,王德泰升军长,魏拯民任政委。

第三军,在赵尚志领导下的珠河——哈东游击队,已开辟了五县十二区根据地,于1935年1月28日正式成立第三军。赵尚志为军长,冯仲云任政委。后又收编地方武装依兰的谢文东和吉林的李华堂部,合编为"东北反日联军总部",赵尚志为总指挥。他们广发公告:号召一切反日力量团结战斗,不断重创日寇的讨伐。

……

就是这一切抗日力量在中共满洲特委领导下,在广大人民大力支援下,有力地牵制了日军达五年之久,未能顺利向关内扩大侵略。

然而,毕竟因为我东北抗联装备不精、兵源和给养供应都有难以克服的困难;而日本侵略军,一方面在内地早有驻军,一方面不断从国内派援军,已经开始向华北扩张。而这时,又正值张学良辞职,老蒋仍然下力剿共,而共产党的武装力量,本来就人单物薄,却要一面抗击日本侵略,一面反抗蒋军围歼;被迫长征到西北之后,又使东北抗联与中共失掉了联系。缺乏党的统一领导,出现了许多派别……全国抗战形势不容乐观。

因此,二叔和前来"奔丧"的同事们,借到小杨屯祖坟查爷爷安葬地形之机,在小山坡上开了最后一次小会:丧事结束,立即参战。伤痊愈的归队,伤重不便或其他原因不能归队者,在军、民、敌三者之间做"交通员"(搞情报);原来部队溃散的,可选其他抗日武装参战;如果能与共产党联系上,则更可施展爱国抗日的抱负。

第二天是送葬日。紫红带图案花纹的大棺材由16人抬着;灵前是爷爷的长子我阿玛身穿重孝,高举"灵头幡";身边是二叔双手捧着爷爷的黑白胸相,准备安到墓碑上的;灵柩后是哀乐队;灵柩两侧是超度的和尚,手敲乐器,口念经文;接着便是送葬的直系族属、近亲、好友……按系列排列,男女老少,一半是全身白,一半是黑衣服白腰带,浩

浩荡荡,二百多人;鼓乐、诵经、哭丧以及知宾一路指挥,你喊他应……混合一起,惊天动地,远传十里之外。加上大队两侧有专人抛撒冥钞、纸钱……对当时的农村来说,可谓罕见的仪式了。因之一路经过的村屯无不跑出一些人来观看;小孩子们跟着走一段路,也不安心回走;路上的行人、车辆,在躲道让路的同时,也必停步观看……就这样,从姚千户镇到小杨屯的南山,只15里路,足足走了两个半小时。

当然,也引起了很多的议论:财主们自恨不如,嫉妒地冷笑恶语;穷人们,知道是谁家的,对于卖地送老人,都极力赞美子女孝顺;不认识丧主的,则认为满族人讲排场,没那么多钱也要打肿脸充胖子;甚至本家和亲族中不了解真相的,也既不理解排场过大,又猜疑二叔故意显阔,跟什么人治气……只有二叔自己最清楚,这么做的用意很多;阿玛只知二弟孝亲和"好脸儿"(怕人耻笑);他的同事们也只知二叔是为抗战义无反顾了,彻底离开故土,自然要倾囊行孝;二婶儿也认为从孝亲、"好脸儿"和"断绝后路"角度说,都太过分。

那么二叔这么大搞排场,时间延长,人数不断增多,到底还有什么用意呢? 就是为了转移日伪的视线,光看我大办丧事,无暇想别的了;同时因场面太大,人多事杂,无法看清其他细节。

到了坟地,土坑已挖好,下葬,掩埋,立碑、念经、奏乐、哭拜……很快便结束了。奔丧的同事们因为正事已议完,为了安全起见,大都就地散去,不回姚镇了;我们一家四口自然也回家了事;二叔因要与阿玛谈话,留在我们家不走了;他告诉知宾和二婶儿领其余人回姚镇吃最后一顿饭,给和尚、鼓乐队付钱等。

人都走了。二叔和阿玛,在呐呐做饭时,坐在西屋好一顿细唠。都唠了什么? 当时不叫我们听,过后,我长大了,阿玛一五一十全告诉了我。

二叔告诉阿玛:他已与张学良的弟弟——军校毕业跟共产党抗日的张学思联系上了。二叔看共产党是真抗日的,已决定去找他,全家都去。留下谁都没个好。"大哥你们也不能在这住了。我走了还不拿你是问啊?而且还得先走。你们去黑龙江省拜泉县找振五去。你先走了,振五又与我久无联系,即使找你们,问不出个所以,也只好作罢。我只卖地发送老人,留下房子就是做咱们的盘费。"

阿玛推辞说:"不用,我这房子够盘费。"

"不行,你这房子卖不上几个钱。你准备好。要走前,我给你送钱来——我先借钱,然后走时用房子抵债,免得卖房子风声大。大哥你看什么时候能走?"

"我想先一个人去看看,省得一大家人去了……不好办。"

"可也是。我这有他的地点,保存好,谁也别告诉。"二叔说着从兜里掏个纸条交给阿玛。接着又掏出一叠纸币,塞给阿玛。"这些做来回盘费吧!家里用,我还有。振五这几年干得怎样,不清楚,但他已结婚我可知道。总之,先不要增加他的负担……"

正事全交待清楚了,二叔却恋恋不舍地看着大哥,什么也说不出来了。他看着阿玛额头那深深的抬头纹;两个眼角的鸡爪纹;短发花白;鼻子还是那样又高又直,只是眼睛不那么亮了,眼皮也长了……心想:青年时养活老人,供弟弟读书,到壮年后又有了一群孩子;我跟三弟也没帮他什么,反把大侄子带走了没带回来……想到这,不禁鼻翼一扇动,落起泪来。

阿玛长叹一声,说:"这回走,不同以前。那时没啥仗打,这回是真地拼命去了……哥哥明白,也赞成你这样做。人常说:忠孝不能两全。万朋你可做到两全了:在家尽了孝,叫阿玛走得好风光;完了一心去保国抗日……振五若是在家,我还叫他跟你去。"

"他现在跟我一样在保国抗日,只是方式不同,甚至比我还复杂。以后就好了,你们团圆了。"

"借你吉言吧!"

正说着,呐呐招呼吃饭了。

简单的农家饭菜,二叔吃得很香。等大家都吃完,他便上路回家了。

阿玛把他送走了,回头跟呐呐说:"他二叔知道振五的地点了,叫我去看看他。这不,连盘费都给我了。"

思想简单的呐呐一听是大哥有下落了,阿玛要去看,别的啥也没问,光顾乐了,忙问:"那你多咱走?"

"没什么准备的,明后儿就走呗!"

"听说那边冷,你可得多穿点儿。"

"眼瞅着一天比一天暖和了,穿多了回来也是累赘。"

实际上多穿,也只不过里边多加个衫衣,外边多套件单衣。重要的是满族的风习得讲究:旧大布衫(男式旗袍)又洗洗捶捶;爷爷留下的黑

缎子对襟马褂，翻出又熨熨平整，黑色的红疙疸、八块瓦的帽头儿，必是爷爷的遗物；至于鞋和袜子是新做的，不必费心思；只是棉裤是旧的，已缝了"补丁"，又没有罩裤……好在有"碰腿儿"的大布衫遮盖着。

穿的准备好了，吃的也得带点儿呀！知道路上走几天？饿了现买得多少钱！带什么？不外乎玉米饼、窝窝头儿……对了，供老祖宗的馒头十五个全带上。

穿的吃的全备齐了，呐呐又犯难了：这么多年未看着大儿子了，听说还娶亲了，当阿玛的就空手去呀？可不空手又带什么呢？这么老远，总不能带大地出的园子摘的吧？穿的用的，自己都不够用，再说那能拿得出手吗？

阿玛猜到了呐呐的心思，便提醒说："儿子是亲生，知道家里拮据，不拿也没挑儿；对儿媳妇……就是花钱现买，你知道人家喜欢不喜欢？还是找找你老郭家陪送的嫁妆还有没有可做'念想儿'（纪念品）的吧！"

"哎哟！你看我这记性……"呐呐一拍脑门儿，便去翻炕琴，老半天，翻出一个小红包，剥去一层红布皮儿，露出一个小方盒儿，打开方盒儿又是一个红纸包儿，打开红纸，是一副古式的银镯子！

"哎！这个嘛！好歹是女人用的正经玩意儿！"

"可这太老旧了，年轻人……"

"不愿戴，收着也是婆婆心意嘛！"

"那就带上它。"呐呐高兴地又包上纸，装进盒儿，盒外又裹上布。

就这样，阿玛第二天吃过早饭就走了。

去看大哥是好事。可阿玛一走，出了远门儿，呐呐和我们哥俩都像丢了魂儿似的：没事儿，什么也不想干；到饭时，又没觉得饿；天黑了，也不困；互相看着，又都没什么话说……

还是呐呐想得开，对我们哥俩说句："咱娘们儿这么胡思乱想，会叫你阿玛心烦的！"马上铺被催我们快睡觉。"要想事儿就求你爷爷保佑他一路平安……"

于是，三哥向我摆摆手，马上躺下闭眼默念："爷爷保佑阿玛一路平安……"

**链接：如山铁证**

佳木斯市城郊，一家叫"北方佳宾"的酒厂内，有一个远近闻名的日军侵华物证陈列室，内有上万件宋金和老人历时40余年收集而来的日军侵华物证。它们记录着侵华日军的累累罪行。

这些如山铁证再次向世人昭示了侵华日军的凶狠和残暴，时刻警醒着我们莫忘强国的重任，莫忘历史的血痕……

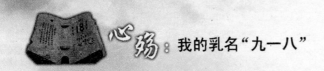

# 九、鬼子打来了

阿玛走的第三天便是正月十五，是元宵节。虽然一记事儿就跟着大人叫"元宵节"，却从未尝过元宵是个什么滋味儿。呐呐很会哄我们，今年元宵节阿玛没在家，怕我们不高兴，今天晌午竟独出心裁地煮了一锅黄元宵！听说元宵是黏的，里面包着豆面馅儿，还是甜的；而呐呐做的也是黏的，里面也有甜丝丝的豆面馅儿。我和三哥高兴极了！

可正吃着，二哥回来了；说是二叔去铁匠炉跟师父说我阿玛出远门儿，家里只有呐呐领两个"小不点儿"，给振全几天假回去看看吧！师父就叫回来了。

没等呐呐问什么，二哥又忙告诉我和三哥："振宇哥把你们玩儿过的'冰车'和'站滑子'叫我给你们俩捎来了。"

"在哪呢？"我和三哥放下筷子就要下地看。

"先吃饭！完了再玩儿。"呐呐阻止了，"你二哥走这么远，早都饿了。"

我们都听话地未动。但二哥没马上吃饭，又从手提小布包里拿出一些圆圆的白白的像小馒头又不分反正，上面还有浮面，直掉粉末。他告诉呐呐："二婶儿给咱拿的元宵。"

"元宵？"我和三哥都不以为然地笑了，"我们寻思是什么新鲜玩意儿呢！看，我们正吃着呢！"

二哥这才认真向炕桌上看看，立刻笑道："唬弄谁呀？那是大黄米面豆包儿！元宵是糯米面的，白的。"说着把两种放跟前儿一对，同时盯盯地看着我们俩。

我们俩立刻傻了，完了都转过头去看呐呐。

呐呐笑了，说："别看面、色儿不一样，你尝尝，一样好吃。"

二哥立刻用筷子夹一个放嘴里嚼起来了,说:"嗯!真黏,也甜……"咽下去后问,"呐呐你是搁什么做的?镇子里还没见有卖的呢!"

呐呐这时已经笑出了声:"是把大黄米豆包儿煮了……"

"呐呐唬弄人……"

"不唬弄你们能吃上元宵吗?"二哥正色说明,见呐呐要去外屋煮元宵,急忙劝阻,"呐呐,明儿再煮吧!先把这个吃了,怪好吃的。我看以后黄豆包不用蒸了,又费事。还没这么煮的好吃。"

呐呐同意地把元宵收起,继续领我们仨吃黄元宵。因为心里惦记那个"冰车"和"站滑子",我和三哥都没像往常那么吃饱,便下地去到外屋找到,乐得"吵吵八伙"地跑出门去。

二哥在"东家"练出快吃的习惯,三下五除二塞满了肚子,嘴里还含一个就下了桌,急忙找到我和三哥的帽子,走到门口把黄元宵咽了下去,喊一句"呐呐我领他俩去滑冰,一会儿就回来"就跑了。

呐呐忙嘱咐一句:"加小心,别摔着……"

我和三哥正在大门外比划着怎么使用两件玩具,见二哥跑出来,还对我们举起两顶帽子,我们便什么都明白了,接过帽子边戴边拿着冰车和站滑子奔屯西河套跑去。

不到一华里就到了河边。小河不大,水最多时也不过几十米宽,水少时,可以撸起裤腿趟过去;因为辽宁冬天雪少,加上冰滑,下点雪也被风吹跑了;所以它就成了左近村里孩子的天然滑冰场。夏天,它又是孩子们的游泳场和养鱼池。怎么说呢?水浅,小鱼成群在河里游,在岸上就看得清清楚楚。因为鱼太小,大人不值得费工夫,只有小孩儿,既游戏又有实惠。他们的打鱼法大体有两种:一种是一手提个小柳条筐,一手举个安有木把的粗铁丝,看见水里游来小鱼就用铁丝猛力一抽,待水花散去,水面就可能漂起打折腰、打断了头尾的小鱼。把它拾起放进小筐,打一上午,拿家去也够做成一小碗鱼酱的。还有个方法,更简单,还不影响玩水,即从家里拿几个大碗,里边放点豆饼或干粮什么的,碗口罩上纱布,中间抠个孔。然后把这碗放在水里,固定在河底上,别被水冲倒了。这时你就可以跟小伙伴儿们练"狗刨"(游泳一种土法)、打水仗。过半个小时左右,去把碗起出,里边总会有几条偷吃东西跑不出去了的小鱼。把鱼拿出来收拾好摆在

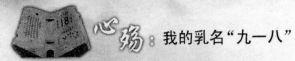 

河岸石头上晒鱼干儿，再把碗照前一样放好，再玩儿……

因为这，这条小河一夏不断人儿。冬天呢，只要冰能禁住人，别说白日不断人，夜间来玩儿的也不到三更不散伙，甚至成年人也不少。

今儿是正月十五，又未到农忙时，自然河冰上早已成群结伙的，比赛的，单玩儿的，乱成了一锅粥，吵成了大浪涛。哥仨只有两件工具，只能先紧着大的了，何况还有个先做个示范的理由。于是二哥玩儿"站滑子"，三哥坐冰车。你还别不服气，二哥两脚踩住小滑板儿，把带钎子的木杵用手往两腿间一杵，两脚刺……地滑出挺远，不等慢下来再杵一下，简直飞地一般；三哥坐稳了冰车，一手握一根带钎子的小木棒，同时支，车就照直行，左手支车就往右拐，右手支车又拐回左边来，又稳当又灵活……急得我在岸上又跟着跑，又大声喊要自己玩儿。可三哥才比我大三岁，也是十来岁小孩儿，哪里那么好说话，你要他就给？不是装未听见我喊，就是对我傻笑，故意馋我。

后来二哥看见了，滑过来，把"站滑子"让给了三哥，三哥把"冰车"让给了我。我这才痛痛快快地玩儿个够。不会不要紧，左转右拐不走正道到头儿，反正摔不着；不一会儿就熟练了，只是力气小，没人家滑得快；不过我自己又创造个刹车技术：快滑时想慢下来，把手中的钎子往车前一杵，只听"刺啦啦……"，把冰滑个沟，冰车马上慢下来，停住了……

二哥在岸上看着两个弟弟滑冰，越滑越得要领，也就不再担心出危险了，而且倒生了赞美之意。

"二侄子回来过节了？"突然身后一个人问出这么一句话。二哥不知问谁，但又下意识地回头看一眼。身后只有一位中年男子，而且正对他笑说。这话显然是问他了。他边点头答应边疑问地看着对方。

问话者笑着说："二侄子不记得了？我是跟你二叔当兵那个屯东头的王玉呀！'九一八'叫鬼子打散，你二叔受了伤我送他回来的。队伍没准地方，我也一直在家。前几天我还去你二叔家，帮助老爷子安葬了呢……"

"啊啊，记得记得。"二哥冷丁想起"事变"第二天夜里来家告诉二叔受伤回家那个大兵叔叔，便笑着往前迈一步问，"你也来滑冰啊？"

"我没有。是看我弟弟……"说着凑到二哥身旁，压低声音说，"这几天鬼子有行动，还是别往出跑的好。"

"怎么回事？"二哥一惊，"我二叔只跟东家说叫我回家住两天，阿玛出门儿了。"

"可能胡团长怕你走漏风声，叫你回来实际就与这有关系。"

"啊……那他们要干什么？"

"去年，赵尚志的部队在东北满把鬼子兵搞得焦头烂额，又收编了地方武装谢文东和李华堂，队伍扩大了不算，还发布告号召一切力量团结抗日。鬼子吓坏了，到处贴布告悬赏捉拿赵尚志等抗联领导。"

"今年1月，李延禄领导的第四军在猪蹄河伏击五百多日伪军押运的一百七十多辆军运汽车，把鬼子造苦了！死了八十多，伤了二百多，败逃时车也没保住多少辆……"

"唉！一个不剩才好呢！"二哥解恨地说。

"可他们不甘心哪！听说除了增兵对咱抗联大举讨伐，还为了断绝我军民联系，决定把他们认为与抗联有联系的村屯，小屯烧掉，合并大村，然后建立保甲制，十家一组，平时不许出入；农作物大部上交，只留人吃马喂，别的日用品全部按人头配给；一人出事九家同罪……用这个绝户法子断绝抗联的情报和给养……"

"那，咱这块儿也那么整吗？"

"很有可能啊！所以我来找我弟弟，万一……你也要告诉你弟弟们加小心啊！我去找我弟弟了。"他说完匆匆离去。

二哥毕竟才十五六岁，听了又害怕又没主意，正要招呼弟弟回家，却东瞅西望找不见影了。

说时迟那时快，突然传来了"屁驴子"（摩托车）的突突声，由弱到强——啊！从西山坡县道上冲下来一大群鬼子！

二哥立即大喊："鬼子兵……"

可是正玩儿得如醉如痴的青少年们谁也没注意。

他便继续大喊："鬼子兵来了！鬼子兵来了……"在岸上边跑边喊，"振刚……小铁棍儿……"

那个姓王的大叔扯住他弟弟急急向附近一片小树林跑去，同时

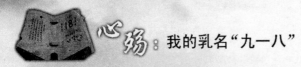

告诉二哥："快叫你弟弟！"

然而已经晚了。日本摩托队快到跟前儿了。并且发现这里人头攒动，已经引起了警觉，一部分停车卧倒隐蔽前进；一部分继续骑摩托加大了速度，并开始鸣枪。

滑冰的青少年们这才明白了自己的处境，于是立刻小的哭大的喊，一齐向东岸猛滑。结果，自己滑倒的，被人撞倒的，爬起来又因冰滑站立不住再次摔倒……简直滚成了一团。

鬼子看清是青年孩子滑冰玩儿，不那么紧张了；但因仇恨百姓与抗联串通一气，加之杀人成性，"哈哈"怪笑之后便对人群开了枪。

孩子们丢弃滑具，四散逃跑。鬼子更是怪笑不止，有的对"冰车"和"站滑子"感兴趣，也试着滑一滑，但不是跌个"狗抢屎"（向前倒），就是摔个"仰八叉"（往后倒），痛得直咧嘴。这时，头头在西岸吹哨大叫"阿兹马累（集合）……"鬼子们这才跑上岸，又骑上"屁驴子"沿县道继续向前奔去。

二哥因为没找到三哥和我，一直在岸边来回走，不停地喊。已跑散的，好在没人丢命，只有几个受伤的。有的是枪打的，有的是摔伤的。正在二哥十分着急时，三哥在下游河边大喊："二哥！铁棍儿在这儿……"

原来，鬼子来时，我拼命滑，没想到河里有一处未冻实，掉进了水里。听鬼子开枪，大伙逃跑，我干脆在水里未出来。鬼子走了，我往出爬，手脚全麻木了，幸亏三哥赶到了把我拉了上来。

二哥跑到时，我三哥又去往外拽"冰车"。

"呛着水没？"二哥问，"冻坏了吧？别捞那玩意儿了！捞出来以后也没用了……呐呐还能叫咱滑冰了吗！快回家，一会儿衣服冻硬了就走不了啦！"说着，他拉起我就往岸上走。

三哥到底把"冰车"拉了出来，只是两个带钎的小木棒被水冲走了。他自用的"站滑子"也没丢。二哥看看满河冰上扔了那么多"冰车"，一只手拿两个小滑板，胳肢窝夹着长木竿儿，不禁笑道："你是又胆儿大又舍不得滑冰家什……"

三哥笑着看看冰上的滑具，说："我去换上好点儿的吧？"

"行了，快回家吧！呐呐不知怎么着急呢！"二哥严肃地说着就往家走，"别看他们怕死跑了，要知你拣去了，管保要回去。"

辽宁虽然没有北大荒冷，可刚立春，全身湿透的我，也冻得直哆嗦，直打牙帮鼓。二哥一想，赶紧找个背风向阳处，叫我把湿衣全脱下，穿他的大棉袄，蹲在地上。两个哥哥把我的湿漉漉的棉袄棉裤，用力拧干，然后帮我穿上——这回不那么凉了。

在我们快到家时，仍未见呐呐出来找我们。我们想，她一定是自己关在屋里做针线活儿，没看见人们跑，也没听说这个事儿。这更好，我们一核计，干脆先不回家，又找个邻近的有钱人家的面向太阳又避风的院墙，叫我贴墙一站，后面烙着，前面晒着，不一会儿身上的衣服就冒汽儿了。每隔一会儿转一次身，再烙前身晒后身。也不知道过了多长时间，反正太阳也快落了，衣服也干点儿了，不细看，手摸，真不知是湿的。我们仨这才走回家去。

呐呐见我们回来了，笑着嗔怪地说："这下子可玩儿个够！我以为饭也不想吃了呢！"说着便下地去外屋做饭菜去了。两个哥哥急忙把我搁上炕躺在热炕头上烙衣服加取暖。呐呐见了问："怎么了？"俩哥哥一齐说"玩儿得太累了"。

这事一直过了两天，呐呐才从邻家听说，又后怕，又埋怨二哥："都因为你！没有你拿回那玩意儿，没有你领他俩去，能遇到这事儿吗？幸亏命大，老胡家祖上有德，要不出个好歹儿的，你阿玛回来，我怎么说！"说到这又摸摸我头，"穷家孩子就是长得结实，要不冻也冻坏了……"说到这儿，竟自落起泪来。

我们都慌了。二哥一再认错儿；三哥反复保证不再去滑冰了；我，只是投在呐呐怀里哭着劝她不要哭……

好一会儿，呐呐冷静一下了，说："振全明儿回'柜上'去吧！家里没什么需要你干的。你不在家，他们小，哪也不敢去。"

"不！"二哥声音发颤了，"呐呐，二叔叫我回来给你做伴儿。我以后再不领弟弟瞎跑就是。阿玛走得太忙了，柴禾快没了，米也该'推'（推磨碾米）了。干完活儿我再走。"

三哥也说："我再也不瞎跑了，光跟着二哥学干活儿还不行吗？"

我也跟着讲情："呐呐！看二哥多像你常说的孝顺哪！三哥也像你说的，懂事儿；我也学着给呐呐省心。呐呐！你就别撵二哥走了啊……"说着我竟大声哭了起来。我这一哭，二哥三哥也跟着哭了。呐呐一激动："你们都是呐的好孩子……"两臂一伸，把我们仨紧紧搂在一起，哭着说道，"你二叔要走；你大哥没信儿；你阿玛去拜泉说不上找着找不着你大哥；你们在家再有个好歹的……可叫呐呐怎么活呀……"

全家四口哭成了一团！

小朋友们！你们看得出：这不全是鬼子造的吗！要不，即使要穷也穷个太平啊！

顺便再说一句：京剧《红灯记》中李玉和唱词中的那一句："穷人的孩子早当家"，我总也不忘掉。因为不奢侈，不娇贵；一小就跟大人一起吃苦、劳动，磨炼人不懒惰，没饭吃没衣穿；不听话，不懂情理，在家受罚，到外面吃亏；加上邻里间大都好强，互相感染，比着干；因此，一旦机遇到了，大都有出息。要不古人怎么总结说："寒门出孝子，国难显忠臣"呢！

这是题外话，打住。咱们还讲我们胡家母子四人抱头痛哭一阵后，呐呐去做晚饭时，我二哥插空儿到外边给呐呐往屋里抱柴禾，完了扫院子；三哥也在外屋帮助呐呐往灶膛里添柴禾，倒刷锅水；一会儿又递给呐呐个木瓢，一会儿又给取来个油瓶子……真有点儿像手术室里的主刀大夫的小助手。

第二天，吃过早饭，二哥便学着阿玛的样子扛着搂耙子和扁担到野地、树林搂树叶拣树枝去了。三哥也跟了去。我也不想示弱，硬要跟去，被三哥骂回来了。那时我们之间怎么怄气，也不说脏话骂人。跟大人学的，父母亲间就从不吵骂；对孩子，不满意时也只骂一句"死鬼""瘟灾的"。因之三哥看我硬要跟他们去，也只骂句"瘟大灾的"，并喊呐呐把我叫回去。我也就不再坚持了，不高兴地回到屋里。

呐呐也不火上浇油，而是鼓励说："爱干活儿是好孩子。可你还小，你跟去了，干不了什么，还倒叫哥哥照看。在家帮呐干活儿。"

"能帮你干什么呀？"

"呐呐做饭，你给烧火，行吧？"

我笑了："行！管保叫灶膛柴禾满满的。"

"太满了不行，冒烟，还费柴禾。"

"还干什么？"

"我洗完衣服,晾干后,你跟呐呐学叠衣服。捶不动,叠好了用脚踩……"

"这我能学会。"

"再有,呐呐放桌子,你拿碗筷。"

"吃完饭,我还能……"

"盆你端不动,大碗里有剩菜容易弄洒。你替呐扫炕吧?"

"行!扫完炕,扫地!"

"对对!看我老儿子才六岁就能帮呐呐干这么多活儿了,长大管保比你哥哥强!"呐呐说完,抱住我的头,狠狠在脑门儿亲一口。弄得我怪痒痒的……

三天后,二哥回"柜上"了。

二哥干的活儿就落在三哥身上了。我也就慢慢学着三哥样子,接了他的班儿。

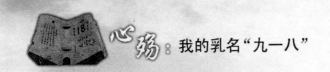

# 十、阿玛找到了大哥

二月十九日，正是爷爷去世七七，是上坟的日子。一大早，二叔的儿子振宇哥和本村当兵回来的那位王大叔，就背着供品冥钞来到了我们家。

那位王叔先解释说："我昨天去看胡团长，正好今儿陪振宇来给老爷子烧'七七'。"

振宇哥也解释："阿玛有事，叫我代表……"

呐呐问一句："还没吃饭吧？"就马上去做饭。

饭后我们全家三口跟他们二人一起去了南山祖坟，给爷爷墓碑上供、烧纸。呐呐先跪在墓前行满族大礼，并念叨："你大儿子出门儿没在家，媳妇来看你来了。希望阿玛不见怪，保佑你大儿子和大孙子平安……"

接着三个小哥们都跪拜，并各说各的理由：

振宇哥说："阿玛有急事脱不开身，叫我代表来给爷爷请安……"

二哥也学着说："方才呐呐说了，阿玛去看大哥没回来……请爷爷原谅……"

我跪在地上也想说说，可该说的他们都说了，我就只说："我是你小孙子，来给你送吃的送钱来了……"

纸烧完了。呐呐刚要张罗回家。那位王大叔远近看看没人，便走到呐呐身边说："我从胡团长那来，是有任务的。我看这儿比家里僻静，就在这说吧！"

呐呐虽无文化，但大家闺秀出身，通情达理，思路开阔，便悄悄往树下靠靠，说："有什么话你就说吧。听不懂也能记住，等他阿玛回来跟他说。"

　　王大叔很郑重地说道："第一件事，是时局变化太快，日本国内政变了，新上台的首相更好战，又下令向中国增兵十来万，又想在华北建立第二个'满洲国'，又想建个'蒙古国'，完了向全中国扩张。这都是因为老蒋一再让步：1933 年签订个《塘沽停战协定》，放弃了长城以北大片土地；日本得寸进尺，过了长城向华北进犯，于 1935 年6 月，又经老蒋同意由何应钦出面跟日本签订个《何梅协定》，答应人家九项无理要求；日本看这么容易得逞，接着又新提出十项条件。实际上整个华北的中国势力全被日本给解除了！1936 年 12 月，虽然张学良将军复职后在西安搞了兵变，经共产党协调，老蒋同意团结抗日，但暗地里仍然实行他那套'先安内（即剿共）后攘外（即抗日）'的祸国殃民的损招。这样一来，日本兵就可以向南方大举进军了。因此，胡团长不想等大哥回来了，决定先走。"

　　"他原来说怕他走后鬼子来找……"呐呐担心地问。

　　王大叔解释说："胡团长告诉，他已有安排，不会找家族亲属麻烦了。要不，怎么紧急他也不能抬脚就走啊！"

　　"是啊……那他打算……"

　　没等呐呐问他二叔要走的时间，王大叔接着说了第二件事："胡团长还叫我告诉你：大哥已经顺利到了拜泉，并且很快找到了振五。但是因为大侄子刚被从县里调转到乡下去，家里只剩娘俩，孩子还刚上学，一时不能往乡下搬，留大叔多住些日子……"

　　"不回来了？"三哥先着了急，"那种地……"

　　王大叔接着说："大哥捎回话了：地让给别人种，到秋给点粮食够吃了。零花钱儿，他隔三差五地往回邮点儿。"

　　"有吃的就行了，钱邮不邮的倒不紧要。"

　　"胡团长还再三嘱咐大嫂，"王大叔接着说第三件事，"孩子大了，一定要叫孩子上学念书。正好，家里不种地，也没活儿干。这笔钱他给出。"说着就从衣兜里拿出一卷子钞票，也没数，就交给呐呐，"学费书费都够了不算，添点新衣服也够。"

　　呐呐想推辞不收。振宇忙发了话："这是阿玛给你的，还说'太少'呢！跟你对他侍候吃穿、供上学比，阿玛说给多少都不算多。还有，"振宇哥说到这，忙从兜里掏出个信封，"这是阿玛卖房子钱，给你们一部分将来搬家用……是买房子人的欠条。大爷回来，一看就

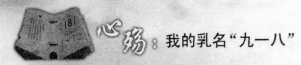

知道是谁,多少钱了。把它收好。"

呐呐很受感动:"二兄弟想得周到……回去替我谢谢你阿玛!"

"谢什么! 没听说吗……'给多少都不算多?'"振宇哥又转身对三哥和我说,"我放在你家那个书兜,连里边的书、本子、笔……都是我不用了的,给你俩上一年学也用不了。"

"噢……我要上学了!"三哥立刻高兴地拍起手来。

"呐呐我也上学!"

"上学的事,咱回家再核计。走,回家吃晌饭去。"

王大叔说:"这三件事我都传达完了。我回家还有事,做好准备,说不上胡团哪一天一声令下……大嫂! 走时就不来告别了啊!"

"可要处处加小心啊!"

"放心吧!"王大叔摸摸我的头,又跟两个哥哥摆摆手,转身就下山了。

呐呐看看振宇:"那你一个人……"

"我不走了,大娘!"振宇说,"阿玛说,我们要搬走了,这辈子都难说见着见不着了,叫我多陪你住几天,好好跟弟弟玩儿些日子。"

"真的? 太好了!"首先三哥表了态。

我没啥说的,只是高兴地抱住他一只胳膊。

呐呐笑了:"不耽误你学习呀?"

"反正要搬家了,已经退学了。"

说着话儿,四口人慢慢走下小山。

辽宁的农历二月中旬,等于阳历三月下旬,快到清明了,草绿了;树长叶了,榆树钱儿也一串儿一串儿的了。一路上,呐呐还挖了不少苣荬菜、婆婆丁、荠荠菜……

三哥也边走边拣干树枝,我就帮他抱着。

振宇哥,别看他比二哥都大,可却既不认识呐呐挖的野菜,也不能像三哥那样拣树枝,而且还问他"干什么用?"看看他,这看看那瞅瞅,一会儿呆呆地听鸟儿叫,一会儿看见野兔、松鼠,又撵一通……什么活儿也没干,倒累得呼呼直喘。我看着怪有意思的:他可能在家什么都没看见过,什么也不会。想到这,好像自己还高他一头,怪骄傲呢!

回到家,呐呐把三个孩子安排好,自己便去了本家两个因贫苦而友好的一个叔伯小叔子与阿玛同一祖父的弟弟和一个叔伯侄子家，求助于他们代耕那两垧山坡地。两家自然慷慨答应："什么租不租的，我们就替你们种就是。"

呐呐告诉他们："家里种子齐全，粪肥也有，缺的只是劳动力。不管你们怎么说，只帮忙，孩子阿玛回来，一定要好好回报的。"

三个孩子在家，振宇把书兜打开，拿出了我和三哥从未见过的课本呀、笔记呀、文具盒等等，看什么都新鲜，拿起哪一种都看不够。

振宇哥则一样一样介绍：这是小学一年级课本，这是国文，这是算术，乍上学时先学这个；这是二年级的……这是练写字的小楷本，这是学算术的算草本……

"我俩若都去上学，谁学习哪一样呀？"我问，"是不是我小，念一年的；他大，念二年的？"

这一下倒把振宇哥问住了。他想了一下，说："刚上学都学一年级。"

"那这本给谁呀？"三哥问完拿过一年级课本便不撒手了，"我先上学，得我要。"

"我都快七岁了，也要上学，我要……"

正争执着，呐呐回来了。看大哥哥领两个小弟弟看书，很高兴；后听说老三老四争着要上学，争一本书，就说话了："今年这么晚了，谁也不能去了，先在家学吧。过年怎么办再说吧。刚才我从振铎那听说，抗联一个军长叫杨靖宇，领着兵打败好几个县的鬼子，后来把本溪火车站都给抢回来了。"

"是吗？杨将军真厉害！"振宇好像很了解杨靖宇，肯定常听二叔说。

呐呐叹口气，说："鬼子在哪打败仗，哪块儿的百姓准遭殃……本溪火车站都挨打了，对全本溪都得大清查。你二姐她们那儿不知怎么样了……"

"她们离火车站可挺远哪！是小山沟儿。"三哥说。

"越是山沟鬼子越整得狠。"振宇说，"阿玛说，鬼子最怕山沟人，因为他们和抗联接触最多。"

"振宇说得也是，"呐呐说，"咱们这儿因为离奉天近，又没大山，鬼子就不常来。"

"因为这类地方不适合抗联……"

　　说来也巧，正当呐呐担心二姐他们的安全，跟我们闲聊时，只听脚步很重的走进一个人来。大家都甩过头去看时，正是二姐夫霍永贵，背个用被面裹住的大包袱，满头大汗。

　　"是二姑爷……"

　　"呐呐！"二姐夫放下包袱气喘吁吁地说，"抗联打完本溪火车站，又包围了本溪城。城外各据点的鬼子和'国兵'（伪军）到处搜查抗联联络点；把老百姓，小屯烧掉，归大屯；成立什么'保''甲''十家连坐'，选亲日分子当头儿，严密监视'叫互相监督。发现一家有问题，那九家都跟着遭殃……我们那儿也不能住了！我跟你女儿抱着孩子都来了……"

　　二姐夫说了一大套抗日形势，最后才露出二姐和孩子也来了。呐呐眉头一皱，忙问："那她怎没进来呢？"下地就往出迎。

　　"她走得慢，我先来说一声……"

　　"还'说一声'干什么！"呐呐边嘟囔边往外走，"一起进来还能不留你们……"

　　我们也都跟了出去。二姐自从"九一八"急急送人当了童养媳，也没回来几回。到年龄"上头"（正式结婚）时，也只是阿玛去过一次。听说现在有小娃子了，我们都很感兴趣，便一齐往出跑。

　　二姐夫感到抛下二姐一个人先到，不大对劲儿，也急忙走出去迎她。

　　我们刚出院门便看到二姐抱个孩子走得很吃力，右胳膊上还挎个衣服包。

　　"二姐……"我们大声喊她。

　　她听见了抬头一见，呐呐和两个弟弟，还有一个学生不太熟，又高兴又委屈，坐在地上便哭了起来。

　　二姐夫急过去接过孩子。我们把她扶起来。三哥把她的衣服包接过去。呐呐一手拉她一只胳膊，一手拍她身上的灰土，完了又给她拢拢散落的头发。二姐就势抱住呐呐就又哭起来了。

　　进屋后，振宇礼貌地自我介绍："二姐！我是振宇……"

　　"姚镇你二叔的孩子。"呐呐一旁介绍。

　　"啊！认出来了，长这么高了！二叔儿二婶儿都好吧？"回头指指霍永贵，"这是你二姐夫。"

　　"二姐夫好！"振宇鞠了一躬。

霍永贵是山沟人,对这种礼节性交流很不习惯,弄得不知如何是好,站也不是坐也不是,脸也一红一白的。我和三哥见了都不禁好笑。连二姐也笑着撇了撇嘴,转过头去也不看他了。她突然想到阿玛,忙问:"我阿玛下地了?你们今儿怎么都在家?"

呐呐这才把爷爷去世,二叔要走;阿玛先去看大哥,因为大哥转乡下去了一时半晌回不来了;今儿给爷爷"烧七七",顺便把地托付给东街五叔家代耕……一五一十说了一遍。

二姐听了,既为爷爷去世没来而遗憾,又为阿玛出远门儿扔下呐呐一人领两个弟弟而担忧;同时感到二叔要走,其中有不少难解之谜;因之一会儿鼻子发酸,一会儿长长叹气,最后问呐呐:"你姑爷可能都说了,我们那……我想搬这来住在你跟前儿……"

"正好,我们正念叨你们呢!"呐呐不等她说完,"一个是担心你们那儿不太平,一个是你阿玛不在家……"

"那地就别叫五叔代耕了,就叫你姑爷莳弄吧!"

"对对,要不我也得给别人'扛活'(打工)。"

呐呐又说:"地可以要回来自己种;你就另租个房子吧。一家不一家两家不两家的;不方便。离近点儿,你要跟他下地,孩子就送我这来。"

二姐看看二姐夫,说:"呐呐说得也对,明儿就看看跟前儿谁家有闲屋,只有一铺炕也行。"

"行,最好是跟谁家的老人住对面炕,又方便又省钱。"

这时,振宇说话了:"大娘!二姐来了不用我给你做伴儿了。阿玛交给我的任务我算完成了。可是跟两个弟弟没处够,那也得回去了。说不定,本溪这一出事儿,阿玛备不住要提前动身呢!"

呐呐说:"这倒是个大事,要不你真应多住些日子,以后还不知什么时候……"

"放心吧,大娘!我们一有准地方就告诉你。"

"上哪告诉啊?我们也要去拜泉了,你阿玛又不是做买卖有个铺面。这大娘都懂!唉……要不是小鬼子闹的,一家人哪能七零五散!"

"那,我就走了。"

"你一个人……叫你二姐夫送你去。"

"不用,这么远儿的路,没事儿!"

呐呐嘱咐二姐夫:"把他送进镇里就回来,别到二叔家——他们

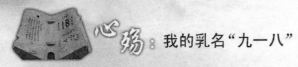

家来人去客总有人寻根问底儿的。"

"啊！行。"二姐夫便准备跟振宇出去。

振宇边说"再见！"边给呐呐鞠躬，又向二姐、三哥和我摆手。

我和三哥都跟了出去，送上通向县道的村路，也不愿回转。我俩磨磨蹭蹭走到家时，呐呐已经去五叔家辞退代耕和求他给二姐找房子了。二姐只一个人在家。孩子已经睡了，他是个男孩，已一周岁了，小名叫"掏住"。比我的"铁棍儿"还有讲究："铁棍儿"只是结实，折不弯，撅不折；而"掏住"是任凭你有天大本事，能飞善跑都跑不了。过去农村给孩子起名儿，多是为了保命，因为那时温饱都难，更甭想医药了，婴儿死亡率太高。

不久，呐呐回来了。看她喜孜孜的样子，肯定完成了所有任务。一打听，果然，代耕的事儿，交由二姑爷，需要畜力时找五叔；找房子问题，他家就闲一间屋，但呐呐说"亲戚礼道的，不好讲价钱。最后说妥了跟我家只隔一个大水泡子的老杨家；三间房闲个西头一间，正合适；说好了第二天就入住。"

第二天，三口人和带的简单衣被都搬过去之外，呐呐又从家里拿去一些炊具、食具和眼前需要的米粮油盐。

安顿完了，便开始张罗种地了。呐呐要去找五叔家借牲口，好拉犁杖。二姐夫说不用，"扶犁不费力，一学就会，叫你二女儿干。我在前边拉犁。呐呐就得辛苦你老给看孩子了。"

三哥听了，人拉犁挺有趣，便也自告奋勇："我给你当'外短儿'（即帮助拉）。"

"行！"二姐夫高兴地答应。

我没有任务，觉得很委屈，便问："我干什么呀？"

"要是太忙，我也下地。你就帮你二姐哄小外甥。"呐呐说。

"我不！他一哭，我哄不好不也得急哭呀！"我突然想起来了，说，"你们有扶犁的，拉犁的，还没有赶犁的呢？"

"哈哈……你用什么赶哪？谁叫你赶哪？"

我一想，可也是，是牲口才需要用鞭子赶呢……怪不好意思的。但我未死心，心想到时候，肯定有活儿干。

第二天，吃过早饭，因为二姐夫毕竟不是自家人，又是新来，呐呐也跟着一起下了地。二姐夫肩扛着犁杖；二姐身背种子；二哥拿着拉犁的绳套;呐呐拉着小掏住;我也不白跟着打浑,提着一壶水。

一路上,看着不少用马车拉犁杖种籽和人的;有用马驮着种子,人扛着犁杖的。像我们家这样,没有牲口全用人力的,也不止一两家。绝对没有的,就是拖拉机,畜力多和成组农具也没有。不是买不起,村里有大财主嘛! 也不是没发明出来,外国已有了;说到底,就是咱国家当时太落后,太保守了。要不怎么总被列强侵略呢!

老朽不时在记述历史事件中,常以现代视角做点提示,小朋友们不反对吧?

种地开始阶段,只是二姐夫、二姐和三哥三个人光用犁杖把垄豁个沟,完了往沟里播种,然后再把播完种的沟子盖上土,最后"踩格子",即用人把盖在种子上的虚土踩实,便于土地反润,种籽发芽儿。我只帮助呐呐采野菜,因为她背着小掏住不便动手……她选,我挖。后来,小掏住睡了,呐呐便可以腾出手参加种地了。睡了的孩子怎么办呢? 呐呐有经验,当年我和哥哥小时候,呐呐都这么做的:即选个干燥平坦地方铺上小被子,把睡熟了的孩子放在上面。为了防止蛇、蚂蚁咬孩子,除了叫大一点儿孩子看着外,还要在孩子的周围弄些沾烟袋油子(尼古丁)的蒿草。这样,蛇和蚂蚁一闻到烟袋油子味便远远避开了。不过,苍蝇不管这些,照样落在你的眼角、鼻孔和嘴丫子上,赶也赶不走。

我就按呐呐指派,仔细地用细草茎从呐呐的烟袋中透出呛鼻子辣味的烟袋油子,一根 根地摆在小掏住周围,然后坐在跟前儿,一会儿看看小外甥,一会儿看看地里多个人之后的耕种方法:三哥不拉"外短儿"了,在最后边扶"拉子"。呐呐向二姐扶的犁杖豁出的土沟里播种;犁杖铧子两侧拴两条绳子;绳子较长,超过播种人,两条绳子头儿拴在"∧"形木质"拉子"上。"拉子"的正中间安一直立的木竿,以备扶"拉子"的人用手操纵。这样,犁杖豁出土沟,播种人把种子播入土沟里;"∧形""拉子"又把播完种的土沟合上(盖土);扶"拉子"的人要用小步在盖好土的垄台上走,把土踩实,就叫"踩格子"。我不看孩子时就被指派干这个勾当。因为犁杖走得快,新盖的土踩得有空隙,休息时,大家一起再把新垄没踩着的地方补踩一遍。

当时农民种地就是这么笨重,麻烦。现在这么种的,除非在很小的园田上这么搞。大地里,即使没有机械化,也不这么弄了。

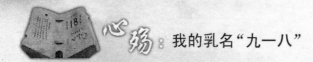

## 心殇：我的乳名"九一八"

**链接：东北人民的局部抗战揭开了中国和世界反法西斯战争的序幕**

胡锦涛总书记在纪念中国人民抗日战争和世界反法西斯战争胜利60周年大会上的讲话中指出："1931年'九一八事变'是中国抗日战争的起点，中国人民不屈不挠的局部抗战揭开了世界反法西斯战争的序幕。"在当时极其复杂的国际国内环境下，中共中央和中共满洲省委毅然举起抗日救亡的伟大旗帜，组建了东北抗日联军。战斗和分散在东北各地的反日义勇军和山林队，也纷纷加入抗日联军，抗日联军的战斗足迹遍及南满、东满、北满、吉东的广大地区。

东北的长期抗战歼灭了日本侵略军大批有生力量。仅据日方的统计，从1931年"九一八事变"至1935年年末，日本关东军的伤亡数字为：战者4 200人，伤病者17.13万人。1936年至1937年9月，日军死伤2 662人。由此可见，东北抗日武装的英勇战斗给予日本侵略军的打击是沉重的。

**日本关东军的草鞋**

在义勇军的大规模斗争失败后，中国共产党领导的抗日联军成为东北抗日战场上的重要力量。"剿灭"抗日力量，扩大侵华战争，日本军国主义逐步强化对东北的法西斯统治。东北抗日志士采取机动灵活的游击战术，给予敌人不断地袭扰和破坏，从而拖延了日军南下的步伐。

东北的抗日斗争有力地配合了全国总抗战。同时，东北广泛游击战争的开展，消耗了敌人大量的人力、物力、财力，不断动摇着日伪的法西斯统治。东北抗日军民的不懈斗争赢得了中国人民以及全世界一切爱好和平的国家和人民的高度赞扬。

在十余年的艰苦抗战中，以杨靖宇、周保中、赵尚志、李兆麟、赵一曼等人为代表的中华优秀儿女奋不顾身、赴汤蹈火，表现了一代共产党人的崇高品质和凝结在他们身上的伟大民族精神。

# 十一、我上的第一课是《芦沟桥》

由于二姐搬过来了，有二姐夫帮忙，家里好多事都叫呐呐省心了。

阿玛到年底也没回来。二叔一家已经悄然离去，不知道去哪儿了，但也没人来调查。呐呐对二叔临走前叫振宇来家做陪，特别是专为孩子读书留钱，十分感念。她的出身和头脑也使她对孩子读书很重视。因此，过了年就为孩子上学做准备。当时是春季始业，不出正月就开学。

可是她不能叫两个孩子同时上学，主要是怕费钱，除了不多的学费书费，穿的怎么也不能像在家干活儿那么对付吧？但叫老三还是老四去？这却犯了难。老三已经 11 岁了，应当去，可大点儿的能在家帮她干不少活儿；小的才 8 岁，正是该上学的年龄，孩子又聪明好学，在家又干不了什么。但叫他去是不是太亏了老三？经与二姐商议，最后决定叫三哥上学，干活儿有二姐帮助；对我，虽不叫上学，要在家跟三哥学习——花一人学费两人学习。老三得天独厚了，也得向老弟尽义务。这样定了，小哥俩儿都很高兴。

呐呐和二姐还特意为三哥毁大改旧做了件灰色大布衫（男旗袍）；书兜是振宇给的，书和文具也不用买。三哥只带一元二角钱学费便上了学。

开始那天，我看见左邻右舍的丫头小子，大点儿的小点儿的，都嘻嘻哈哈，蹦蹦跳跳地往东街老爷庙里的小学跑去，心里又羡慕又委屈。呆呆坐在大门口，两眼怎么也擦不净。但我没出声哭，因为呐呐这么决定有道理，我也同意了。哭出声怕呐呐和二姐说我"不懂事"。

正这时，邻居几个小朋友吵吵八火地要上河套看桃花水（化冻

流下的洪水）。我正无聊就去了。当时的天气，穿单裤不太冷，穿棉袄也不太热。我正是这身穿儿（穿着打扮）。跟着向西河的上游跑去。

这块河窄。为人们过河方便，河里搭一木板桥，不到二尺宽，支架也不牢固，走上去颤颤微微，嘎嘎吱吱。大家好奇，男女五六个，都要上去走走试试。但大都走了两三步就吓得叫着跑了下来。我一来劲儿，迈上板桥，就一气儿走到对岸。大伙儿一起给我鼓掌。我自豪地又上桥走过这岸。

"你怎么一点儿不打晃儿？"有人问我。

"你们还没等上桥先害怕了，那还不打晃儿！"我给大家介绍经验地说，"别看水离桥板只三四寸了，又直翻花，你不看它，光看桥板，二尺来宽还不够你下脚的？"

大家听着觉得很有道理，可是一到桥头就腿"打摽儿"（不听使）。只有一个女孩子"闯愣"（胆大敢为），上去就走个来回。我一看女孩子都比男孩子强，就又逞强地上桥跑给他们看，也暗示那个女孩儿：你敢跑吗？跑到对岸，又往回跑，刚跑到中间，只觉着头一胀，心一跳，就什么也不知道了。

后来听说，岸上的小伙伴儿们正为我鼓掌欢呼呢，忽见我身子一歪，"妈呀！"一声就没影了！

"哎呀！小铁棍儿掉河里了！"

孩子们吓坏了，急往下游跑，也没看见我的身影，一时哭的哭，喊的喊。有两个稍大点儿的就急忙往家跑，去找我呐呐："快！铁棍儿掉河里了！冲没了……"

呐呐正和二姐一起做针线活儿，急得扔下手里的针线就跟着孩子跑。呐呐和二姐呼哧带喘地跑到河边桥头，一边看着上游下来的"桃花水"越流越猛，眼见快没板桥了；一边听孩子们介绍我是怎么敢走又敢跑，后来掉下去就没影了……娘俩一想这下算活不了啦，一边哭一边喊，顺着河岸往下游跑："铁棍儿……铁棍儿……"

不知过了多长时间，我忽忽悠悠像梦中惊醒一样，猛一睁眼：我被大水冲上了浅滩。正四肢着地，水哗哗从身下急流；只觉得棉袄又沉又凉，头上正往下流水，刺得两眼好疼……

我这才想到我是从板桥上滑下水的。可回头往上游看，因河有弯,岸边有"柳树毛子"(未长高的柳条),根本看不见桥。当然小朋友也没见一个。这才感到害怕,我就拼命往岸边爬,一边爬一边哭,叫……

几乎在同时,我爬着爬着听到了呐呐和二姐的喊叫;她们边跑边看边喊的间隙也听到了我的哭叫。于是,很快会合在一起了。可是这时,我站起都费劲儿了。

呐呐急忙把我的棉被扒下交给二姐拧水,忙把自己的外衣脱下给我披上;接着又把我的单裤脱下,拧干。我这时恢复点儿体力和神智了,又忙夺回裤子穿上——都八岁了,在众人面前光腚多害羞呀!

这时,又有几个邻家叔婶们赶过来,发现我被冲出这么远,认为一定喝了不少"老汤"(河水),就急建议呐呐给我弄倒她怀里,叫我头朝下,往出控水。可是控了半老天一点儿没控出来。叔婶们摸摸我肚子也不胀,都奇怪得不得了:"掉水里,冲这么老远,没喝水……?"

有的取笑问:"你是坐船漂下来的吧?"

另一位大婶儿还真认真了,说:"反正一定是老天爷保佑,不坐船也兴许用龟了鱼了驮着的。大命人哪……"

二姐看我跟着傻笑,小声问:"你害怕没?"

我晃晃头。

"还能不害怕? 快到掉下去那儿'叫叫魂儿'(迷信:灵魂吓跑了要叫回来)吧!"一位大婶说。

呐呐这才急忙站起拉着我就往上游板桥处走。走到桥头了,也不知道谁碰巧拎一个水壶。正好借来,二姐把壶灌满了水,一手扶着板桥在水里走;呐呐走在桥上,弯身牵着我的手。她俩一替一声地为我"叫魂儿":"小铁棍啊跟呐呐回来吧!""小振强呀跟二姐回家吧!"

岸上的男女老少越聚越多,但议论的几乎都是:"奇怪! 冲这么远没淹死不算,还没喝一口水!"

"别说未喝水,若是别人早淹死了!"

"大难不死,必有大贵……"

"人家老胡家多少辈人没干过缺德事……"

……

因为河不太宽,离岸边较近,议论人声又很大,所以我听个一清

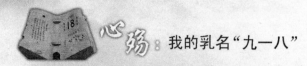

二楚。虽然有些迷信的话听不太懂，但总的印象是夸我是个能成材的孩子。于是一下联想到："连学都不能上，还'大贵''大命'呢！"

呐呐听到议论，比我懂，当然比我更高兴。看我低头不语，猜到了我的心事，就说："呐呐一定叫你三哥天天教你认字……"

可是后来，三哥放学回来总有活儿干，连自己复习都时间有限，更别说专门教我了。我很不高兴，但又没办法。一天，忽然想到：阿玛没读过书怎么会看书会记账呢？问呐呐。

呐呐说："听你阿玛说，你爷爷教私塾。他是老大，有养家责任，只能叫两个弟弟上学。他只好一干完活儿就抽空儿到你爷爷的私塾学馆，靠窗扒门地偷听。就这么的，时间长了，他学会不少字。"

"那我也学阿玛那么去学校偷听。"我说。

呐呐立即反对："那可不行！你阿玛是在咱自家，偷听你爷爷教书；你去官家学堂，偷听上边派来的老师课，那还了得！"

"怎么不了得？"

"轻了把你撵走，重了还不打你手板儿？还兴许找家来……"

"那么厉害？"

"那可不！你阿玛没在家，可不能到外边惹事儿！"

被呐呐吓唬一阵，有点灰心，可过几天又复发了偷听的想法。这回没问呐呐，就说出去玩儿，便在三哥走后，自己慢慢找到了学校。

老爷庙院里，有一大间房是学校，四个年级都在一个屋。一进院儿就听到学生的读书声，不用问就知道哪屋是教室。我悄悄走到窗前，扒窗一看，哈！右边年龄小点儿；一桌两人，左边是男生，右边是女生，但多数是男生……高年级的都伏在书桌上看书，有的写字；低年级的正挺胸抬头听老师讲课，不时"噢唠！"一声回答问题。但听不清说的是什么。再往前看：老师挺高的个儿，是大小伙子，穿得挺整齐，没戴帽子，留着分头；正一手拿书一手拿粉笔，比比划划地讲什么；讲几句又在黑板上写几个字……真有意思！我看呀看呀，谁也没发现我，我就更大胆地细看，不觉中又羡慕坐在那里听讲的学生，又喜欢讲课的老师……正看得来劲儿，忽听铃声响起，老师说声"下课！"学生由一个人喊道："起立！敬礼！坐下！"完了，老师便下了讲台往出走。我急忙退到房山头儿去躲避。老师出门往反方向走了，没发现我。可接着学生"呼啦！"全跑了出来，有的却看见了我。

这个问我"干什么?",那个说"是小偷";有的还要拉我去见老师……我又气又害怕。正这时,我三哥走过来了,一见是我,忙问:"振强是呐呐叫你来找我吗?"

我摇摇头说:"没有。"

"那你来干什么?"

"看你们怎么学习?"

"哈哈!学习有什么好看!"大家七嘴八舌地喊,"愿意上学进来大模大样坐在书桌前学呀!这么偷偷摸摸地……"

"偷偷摸摸看,关你们什么事!"三哥不高兴了,加上他上学晚,年龄比同年级大点儿,这么一说,那些小嘎子就都老实了。接着三哥又对我说:"快回去吧,一会儿呐呐找不着你该着急了。再说,你总在这偷看,老师要知道了饶不了你,也饶不了我……"

我前思后想,加上学生方才的起哄,我便扫兴地转身回了家。呐呐正忙家务,也没注意我。我便一个人呆在屋里回想在学校听课的事,越想越有趣,并且试着把老师在黑板上写的最简单的字,用手指在炕席上划拉;一会儿多一笔一会儿少一笔;有的很像老师写的,有的差挺远……最后总算自认有几个字像,但不知道读什么。午间,三哥放学回来,我就写给他看,问对不对。有的对有的不对,不对的他给我改对了。完了我又问他读什么,他都一一告诉了我。他突然问我:"这就是'头晌'(上午)去偷看来的?"

我点点头儿。

他笑着说:"你行啊!偷看那么一会儿,又没有书,又没当场练,就学会好几个字……"

"可我只看见怎么写,没听说怎么念。"

"那以后就像今儿似的,你光学写,我回来教你念……"他马上又压低声音,"呐呐不知道吧?"

我点点头儿。

他继续小声说:"加小心,别叫呐呐知道了该说(批评)咱俩了,也别叫同学看见,看见该起哄了;有的坏小子还备不住告诉老师……哎!我们又新来个老师!说是在大城市念大书的,家里还有当官儿的,可他偏要下乡教书。不知他……反正我觉得这样人都心肠好……"

"那,他要上课,我去偷听他也不能撵我。"

"我想也是。他不愿意当官儿偏要下乡教书，一定心向咱穷人……"

第二天，呐呐叫我跟她一起上南山去采野菜，没去听课。不过这回又跟呐呐新认识不少野菜。春天时候，采的都是苣荬菜、小根儿蒜、婆婆丁、车轱辘菜（车前子）、荠荠菜什么的；再不就是撸榆树钱儿、摘刺榆叶儿熬汤喝。现在夏天了，那些菜都开花打籽了，不能吃了。这会儿的山菜是蕨菜、柳蒿芽、野鸡脖子、猫巴哈……有的洗净了蘸酱吃，有的熬汤，有的用水焯一下挤净了水蘸酱吃，又省钱又好吃。这样，不少人家园子里就可少种青菜，多种些存得住的越冬菜和苞米。

收获不小，心里很高兴。晚上又听说新来的关老师正教一二年级，就更高兴了，几乎半宿未睡着。第二天吃完早饭，早早就溜出了大门，等着三哥他们都上学走了，就在他们后面跟到学校。

开始上课了。我扒窗户一看，这老师可漂亮了：长得漂亮，穿得也漂亮，说话声也漂亮……漂亮得都叫我纳闷儿了，这么漂亮的念大书人，跑到这地方真白瞎了！

他开始往黑板上写字了。我这回多个心眼儿，从家拿个三哥用过的笔记本儿，还预备个铅笔头儿；他写一个，我照猫画虎地学写一个，听清了念什么，就小声重复，用心记。听不清念什么，就先写下来，等回家问三哥……窗台就是我的书桌，看看屋里的学生，心想：我也不比你们差！特别是当看到有的笨蛋被老师提问得张口结舌、脖粗脸红时，我倒认为他应该跟我换个位子……

我就这样偷听偷看了好几天。忽然，有一天光顾专心学写黑板上的字了，没注意。那位关老师不知什么时候出来了，走到我身后。我却没听到脚步声，直到写完，自己满意地直起身来长舒一口气。这才发现关老师正弯腰看我写字。我吓得拿起笔记本就跑，被他一把拉住了。

他问我好几句话，我都没听清，也没回答。他就笑着拉我去他办公室。我看他笑了，心里也就不害怕了。这回他问我什么我回答什么。

"你叫什么名啊？"

"小名铁棍儿，大名胡振强。"

"好名！铁棍坚硬，振强不服输！今年几岁？"

"七岁。"

"这么爱学习怎么不正式入学？"

"家里没钱，只能供我哥哥一人。"

"你哥哥叫什么?"

"叫胡振刚。"

"啊……认识,那你就在家跟他学习,何必天天上这来……"

"原先是那么说的,可三哥回家一干活儿就没空教我了……"

"真是好孩子!"关老师感叹地仰头长出一口气,"这么的吧,你从明天起,进教室跟大家一起学。"

"我交不起学费。"

"不要你学费!"

"屋都坐满了,也没有……"

"我给你找个凳子。就坐在你哥哥那张桌的堵头儿。怎么样?"

"真的呀?"我乐得瞪大了眼睛,张嘴傻笑。

"不过,课本只能跟你哥哥使一个了。"

"行!"

"还有,你只是旁听生,不用交作业,不参加考试,不……"

"不!我都参加;他们干什么我干什么。只是……"

"只是什么?"

"……不能和他们一样交学费。"

"哈哈……交学费还叫你进屋干嘛!"

我也笑了。他用手指刮我一下鼻子:"好了,明天按时到校。"

这时铃声响了,放晌学。我也走出办公室,找到三哥,跟他一说。我俩乐得一直跑着回的家。到家后,把这事情一五一十向呐呐一学,呐呐也乐得反复地说:"好人有好报!好人有好报!"不知她是又说我们老胡家"有好报",还是说老师"有好报"。我的小心眼儿里,宁愿呐呐说的是那位关老师。

当天下午我未去学校,被呐呐留在家里,照我身材,又与二姐两人给我用三姐穿破的旗袍,改做一件大布衫,虽然有两块补丁,但经过洗、浆、捶,穿起来也怪帅气的。

第二天去上学,我先站在教室外边等着关老师。他看见我变了装束,笑着问:"你是满洲人?"

"老师怎么知道?"

"我也是,满人怎么穷也讲究出门办事要穿件'碰腿儿的';破旧没关系,要文明整洁……笑懒不笑贫。"说完拉过我一只手进了教室。

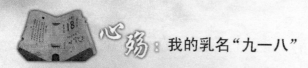

级长（班长）刚喊"起立！"看老师拉着我，愣住不往下喊了。正好，在大家都站着不出声的时候，关老师把我拉到讲台前，向全体同学说道：

"同学们：我给大家拣来一位新同学。怎么叫'拣来的'呢？他叫胡振强，家里没钱上不起学，经常到教室窗外偷听讲课。大家说：这种学习精神好不好啊？"

大家一齐喊："好……"

我看见原想把我拉老师那受处罚那小子也跟着喊"好"了，我也憋不住笑了。

关老师又说："所以我把他拣到教室里头，给他个座位，叫他在屋里跟你们一起听讲好不好？"

"好……"

"虽然不是正规生，但大家一定不要对他歧视，要关照，甚至在学习精神上还要向他学习！好了。大家坐下，胡振强也坐在你哥哥的桌头去听课吧！"

大家都坐下了。我也奔我哥哥走去。桌头儿已经放好了一把凳子。我便美滋滋坐下来，面冲老师，瞪起双眼，认真地听老师讲课，心里格外幸福和自豪。

因为是从半路插进来的，前边的课程，后来在三哥帮助下补上了。这样，语文和算术有了底儿，再学新的就容易多了。

关老师站在讲台上，先看看全班四个年级的学生，好像尽量地稳定一下情绪，以平和的口气讲道："今天不分年级，我要给大家讲一个共同需要学习的地理政治课。"

大家一听，都把原先准备的课本放下，坐直了身子，全神贯注地听老师往下讲。

"我今天给大家讲的课程名字就叫《卢沟桥》。"接着，他便娓娓道来，讲到重点还用板书。因为是我上学第一课，内容记得牢，原话记不清了。下边讲的，内容是关老师讲的，话是我的。

"在北平（今北京）西南 20 公里的丰台，是北宁、平汉、平绥三条铁路线的交会点，自古为兵家必争之地。丰台西约 15 华里是华北有名的河——永定河。这条河另一个名字叫卢沟。沟上有一座古石桥，是 1192 年建成的。它就是我国华北著名的卢沟桥。

卢沟桥建于 1189 年，是北京西南通往华北各地的交通要道

"这座桥 266.5 米长，8 米宽，桥身是 11 个石拱孔洞连接而成的。桥上两侧石栏杆共有 281 根望柱；每根望柱上端都刻有莲花宝座；座上雕有石狮，雄姿百态，大小共有 485 只。因为有大有小，面朝方向不一，立卧、吼叫姿态各异，游人细数几遍也弄不准雄狮的数目。游人常以此比试，作为乐趣佳话。

"由于古代建筑精湛，虽已七百多年，屡经洪水飓风，却无一处损坏。因此，古今文人墨客，凡经此桥，大多浏览不忍离去。尤其夜游此处，凭栏环顾，月残星稀，河水泛光，波影粼粼，若隐若现；待到雄鸡唱晓，东方由深变浅，由白变红，更是风光无限；因此久有'卢沟晓月'的美誉。于是，颂卢沟、吟晓月的诗词也就无以计数了。"

说到这，关老师甚至动情地吟诵起明代杨荣的《卢沟桥北上》来——那诗是这样写的：

河声流月漏声残，咫尺西山雾里看。

远树依然云影浅，疏星寥落曙光寒。

"后来乾隆皇帝御笔题写《卢沟晓月》，被雕成石碑，一直立于桥头。这更给卢沟桥增加一大亮点。"

接着，他继续介绍大桥附近景物和地理环境："在这座石桥北部，又筑一座大铁桥，长 940 多米，上面铺盖着连接平汉的铁路。过桥后，铁路分成三条支线：往右是经丰台接平津线；往左则直达北平；

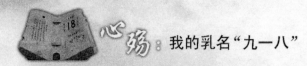

另一线开往通州。这座桥，这一带，不仅风景宜人，而且是交通枢纽，通往古城重镇的要道！

"离卢沟桥不远，是宛平县城。这个县城也非同一般小县。它东西长640米，南北宽320米，四周全是石条基础，青砖筑墙，中间用黏土石块夯成；墙顶上再铺砖面。城的四角皆筑有角楼炮台。全城只有东西两门，南北则是角楼炮台，日夜有工兵把守；在此既可扫视全城，又可瞭望大桥。所以它的不一般，就是起着控制卢沟桥，握住平汉、平津、平绥三大铁路交会的关隘作用。

"从战略上讲，"关老师讲到这儿，开始激动了，"守住这一咽喉要地，就保住了中国的华北乃至全国；失掉这一铁路交会之处，敌兵就会如山洪暴发，淹没华北，也冲毁全国！

"可是，日寇已攻占了丰台，围困了宛平，并且不断以演习为掩护试攻卢沟桥！"

说到这，他停了好一会儿没出声。学生们虽然大多年龄小，文化低，不大懂国家大事；但日寇制造了"九一八"，把东三省从中国领土上割除成立"满洲帝国"；并且还要进攻全中国，这都是清楚的。加上方才老师把卢沟桥讲得那么美好，那么重要，如今却又要被鬼子兵占领了。一个个小脸儿全都绷了起来，盯盯地看着关老师那激动、痛苦的表情；又担心，又愤怒，又辛酸……有的已经控制不住流泪了。

"七月七日"，关老师接着讲道，"借口一日军失踪，强行进行武力搜查，一场攻守卢沟桥的大仗就这样打响了！"关老师喘了两次，又接着讲道，"由于我军受蒋委员长的'求和避战，拖延退让'思想制约，尽管29军上下齐心抵抗，立誓宁死不做亡国奴；厨房做

中国第二十九军在卢沟桥抗击日军进攻

的馒头，上边都印上'勿忘国耻'四字；杀猪都在死猪身上写着'打倒日本帝国主义'；但是，最后还是被日寇增援部队打败了！撤退了！溃散了……哈哈……"关老师再忍不住地失声痛哭起来……

全班学生也跟着哭了起来。

"但是！"关老师猛擦一把眼泪，几乎喊着说道，"就在蒋介石在

庐山消暑的七月八日,中国共产党连续发出三个公报:第一个是通电全国,告诫全国军民卢沟桥之战日军向全国进攻打的第一枪,呼吁全面抗战;第二个是以毛泽东为首的七个领导人专致蒋介石的电报,要求精诚团结一致抗日;第三个是中共七个领导人专致卢沟桥前线29军军长宋哲元等四位将领的电报,表示赞扬,鼓励奋战,中共全力支持,全国一致拥护。紧接着,中共又派周恩来专程去庐山会见蒋介石,说服国共摒弃前嫌,一致抗日……我想,要真这么做,中国还有希望!"关老师又露出了笑模样。

同学们听到这,看看关老师,也破涕为笑了。

关老师看看手表,说一句:"这一课就讲到这吧!不留作业。能够向家长传达的,挑重要的说说:卢沟桥失守了;日本鬼子已向全国进攻了;但是中共坚决抗日,正在说服老蒋一致行动。这说明我们中国还是有希望的。不能传达的,就不要瞎说了。免得弄错了倒起反作用。听明白没有?"

"听明白了。"

"好。下课。"

……

《申报》有道报道

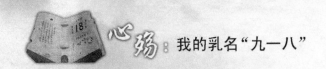

# 十二、关老师被抓走了

　　我被关老师收为免费"旁听生"，多数同学都为我高兴，但也有个别的产生了妒忌。一年级年龄最大个儿也最高那个姓杨的就是，一认为我未交学费，占他便宜了；二又见在课堂上有问必答，担心超过他；因此，总不像别人那么跟我友好，不是用斜眼看我，就是对我撇撇嘴。

　　我未理他。听三哥告诉我他的嫉妒心很大，我更加大了非超过他不可的决心。

　　学期末考试，老师告诉我可以不参加。我要求："旁听是没学费，老师照顾了，可学习，我不能在旁边看。那样，老师和我自己心里都没数。"话，当时肯定没说这么明白，但我记得是这个意思。

　　关老师听了笑笑点一下头儿，但是说："可以考，可是先打分儿，不排名次。"

　　"行。"

　　就这么参加了考试。考完贴出了名次榜。那个姓杨的排在第一名，乐得眉开眼笑，对我更是又挤眼睛又吐舌了。可是有人告诉他："胡振强比你分儿高。"

　　他不信，边说边向榜后看："他不是在最后吗？"

　　"那是不给他排名次，可名字下边的分数比你多了分儿！"

　　他看到榜后"胡振强"名下，"语文98，算术100"，想到自己"语文96，算术99"——真比人家少了3分！一下子呆在那儿了。我未敢到跟前去。但见他不一会儿一跺脚喊道："不对！一定是他哥哥帮助答的！"

　　"可他哥哥才考第二呀！"

　　"那，准是照书抄的！"他说着就去找老师，"老师不叫他考，又告诉他不排名次,考试时根本没注意他⋯⋯"

我也有点儿慌了,"我说没抄,老师若不信我怎么办⋯⋯唉! 有了⋯⋯"我刚想出个证据,关老师就被姓杨的找来了。

同学们一见,也都围了过来。关老师看看大家后问:"是你哥哥帮助答的吗?"

"他还没我答的好呢!"我低着头儿小声说。

关老师怕大家听不清,又大声重复一句:"他哥哥没有他答的好。看来不是哥哥帮答的了。"随后又问:"那你一定是照书抄的了?"

"我根本就没有课本儿⋯⋯"

"听见没有? 他没有课本,抄什么呀?"

姓杨的不甘心,又嘟囔道:"他哥哥有啊!"

老师一笑对大家问:"考试那天不是都不许带书吗?"

"对!"大家笑着回答。

"那么只有他哥哥带书,而且自己不抄,光叫弟弟抄了。咱不说会不会有这宗事儿,可又有谁当场抓住了呢?"

"没有! 不能! 瞎说⋯⋯"同学们乱叫起来。

我也随之轻松起来,抬起头跟大家一起相视而笑。

可是关老师却严肃起来了,向大家摆摆手,在同学们都肃静下来后,一字一板地说道:"没人家考得好就嫉妒;嫉妒不算还无中生有地栽赃——这是什么问题?"

同学们一时都怔住了,回答不出了。姓杨的自己也低下头不停地抠指甲里的泥土。

关老师看看大家,又对我点一下头儿,然后把姓杨的带回办公室了。

大家立刻爆发出热烈的掌声和欢呼,并且围上我:这个拽一把,那个杵一指,有的还打我一拳,最后竟把我抬了起来,往高了扔⋯⋯

大家正闹得火热时,只见姓杨的哭着鼻子从办公室走了回来。大家一下子静下来了。正好,铃声一响又上课了。

又过了些天,寒假快到了,也就是说 1937 年到来了。天,无疑地更冷了,雪下了几次没站下。同学们下课时没啥玩儿的,只好在教室里"猫冬"。

还有一件事,似乎也和寒冬同时发生了:关老师一连几天没露面儿,但还没离开学校。个别同学看见过,说他一脸的愁苦和愤怒。同学们以孩子的幼稚想法猜想:关老师说话办事都太认真,是不跟谁吵架了? 可是姓杨的好几天没说话了,这时却突然表情怪怪地冒出一句:"上回讲卢沟桥的事儿,上边知道,不让了!"

"啊?! 讲那个,又没说谎,不让什么……"

姓杨的被同学用语言和眼光逼问不过,又说一句:"上边说那是'反满抗日'!"

"……反满抗日……你怎么知道?"

姓杨的再不回答了。突然,门一开,关老师进来了! 大家又扫视一眼姓杨的,心里想:"看! 这不好好的,又来上课了!"

同学们"立、礼、坐"之后,关老师很严肃地又很从容地开始了讲话:

"马上要放寒假了。你们要回家了。我也要走了。可是你们回家明年春天开学还会回来,而我走了以后就不再回来了。"

"怎么? 关老师你调转了?"大一点儿的学生问。

"不是。因为我上次给你们讲了卢沟桥一课犯了法……"

"什么……犯—了—法?"

"犯法我不怕,我最怕不说真话,不干好事!"关老师很激动,"讲卢沟桥既然犯了法,我今天再讲一课'南京大屠杀'!"

"南京,大屠杀……"学生们都很震惊。

"这是我给同学们讲的最后一课,也兴许是我这辈子最后一次演讲!"

他很动感情。同学们也都对他瞪起了泪汪汪的大眼睛。

"南京,"他说着回身用粉笔写上大大的"南京"两字。"是我们中华民国的首都,革命先行者孙中山先生陵寝所在,全国政治、经济、文化的中心,四万万人口大国的心脏。可是由于领导人的昏庸,国家衰败,一个'九一八'事变,被小小的日本国轻易夺去了东三省! 马占山不听'不抵抗和求和谈'的指令,在嫩江桥打响了抗日的第一枪! 由于没有外援,力单势孤,最后不得不溃散……清清楚楚看到日军向关内扩张,政府却屡次让步,于是又于今年七月发生了日寇进攻全中国的第一战!

"打开了这一交通枢纽,日寇便如绝堤的洪水一般冲向了各地。一般城镇一个个被攻占不算。11月12日又夺取了上海全城!紧接着,松井石根统帅日军打开了进攻南京的北、中、南三大通道,集中八个整师,20万人,并有海军的数十艘战船,分九路围攻南京。

"我们国家元首这才着急,慌忙召集身边大将商议对策。可是,人人沉默不语!好久,才有一人叫刘斐的军令部作战厅长发言。话很简单扼要:'我不主张像对上海那样死守南京,最后城丢兵溃两败俱伤。'

"蒋介石听了一怔,环顾四周。白崇禧、何应钦这些高官大将全表示赞同。他心里很不是滋味儿,但自己又无什么良策,只好散会。

"散会后,独坐办公室苦思,正好唐生智来访。谈起南京问题,唐将军思想明确,态度坚决:'兵来将挡,水来土掩。他20万人分九路进攻,大不了一拼!最后纵然南京失陷,我等也对得起先总理在天之灵了!'老蒋听了十分高兴,随口赞道:'难得这份豪情!'并立即约他'来日开会,希望你详细谈谈你的想法'。

"第三天开会,唐生智果然慷慨陈词:'南京是我国首都,为国际观瞻所系,又是故总理陵寝所在。若不拼力死守,不但长敌威风,且我等文臣武将,死后有何面目去九泉之下,与故总理相见?'蒋委员长乘势赞同。但问谁人适合守卫南京,却又没人吱声了!

"你们看看,这就是我国的高官大将……'安内'(反共)一跳八个高,'攘外'(抗敌)却全成了缩头乌龟!而独揽军政大权的委员长也无法决定了!就这样,这次会又不欢而散!

"面对敌人的三面围攻,陆海空军轮番轰炸,我们的元首,我们的将帅,就是这样,这样……"关老师气得找不准可以确当形容之词了。

他停了好一会儿,同学们也都愣住了,整个教室静得连呼吸之声都听得出。

"第二天又召开第三次会议,"关老师接着讲,"成立南京卫戍司令部,任唐生智为司令,任罗卓英、刘兴为副司令;守城军共九个军,十三个师,三个旅,七个团,共计十五万人。决定后,唐等司令副司令分别指令布防,分三个战线抗击日军的进犯。开始阶段,半个多月,双方从容对峙,互有伤亡。但从12月4日开始,日军又增援了部队,

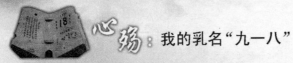

形势便急转直下了。先是句容失守,退守淳化、银凤山,后又被日军轰炸得满目疮痍,9日又败退进南京城里。

"日军分三路围攻,不久便攻破了中华门。接着中山门、水西门、光华门接连陷落。全城大乱。唐生智见大势已去,只好掏出老蒋事先拟好的撤退令,突围南撤。战死的、落江的,来不及跑被俘的不计其数。

"日军得意忘形。日将谷寿夫发令:'自开战以来,在东北屡遭偷袭,进攻又处处受阻,多次溃败,伤亡惨重;这一次攻占了南京,把支那军逼进了江湾,插翅难逃;正利我发扬军威,为我数万死伤将士报仇!灭绝守城官兵,扫除南京民众。见人就杀!论功行赏!'于是官兵架起轻重机枪,对居民疯狂扫射,扫光一街再扫一街……到1937年12月13日这天,南京官民尸体遍地,数以万计!对俘掳的军民数十万人密定'就地处理,不留战俘'!他们用绳索、铅丝把被俘军民捆绑至江湾、峡谷、隐密地点,集体射杀,然后浇油焚尸……据统计,这种残忍恶行共干了二十八次,杀死十九万多人!

"这还只是战斗中。战后一周,又屠杀了十三起,约十六万人;六周内共劫杀、烧杀、奸杀、集中射杀,共计约三十万之多……这是创历史纪录,震惊中外,何时提起都令人胆寒的大惨案啊!

同学们边听边打寒战,有的吓得瞪眼、张口、抱头……傻了似的。

"同学们!我由于有条件了解实情,作为一个中国人,能够为鬼子汉奸隐瞒吗?讲了芦沟桥要抓我'思想犯',我今天又讲了'南京大屠杀',你们判我'死刑犯'吧!"

关老师正说到这,准确说正喊完这一句,新调来的马校长就推门进来了,也许是早在门外偷听,就等他讲完才进来的。关老师看见他,立刻问道:"抓我的人来了?"

"讲完就回办公室吧!"

关老师临走时又向同学们告诫道:"这事到什么时候都不可忘记呀!即使几年后把鬼子赶出中国了,谁又能断定他们不死灰复燃呢?这辈子不忘,下辈子,永远不能忘啊……"

马校长又像劝阻又像责备地连拉带推地把他弄出了教室。同学们开始都吓怔住了,不一会儿,几个大点儿的学生站起就往外跑。大家这才想起去看看关老师到底被抓没有。大家先是悄悄地慢慢地向办公室走,后来胆子大些了,走得就快了。但办公室窗下,因玻璃有霜,看不清室内,听声音又无动静。大家正纳闷儿,忽一同学喊道:"那边有个小吉普!"

我们顺他手指方向看去,可不,一台草绿色军用吉普已经走出村路上了县道。但这车与关老师有啥关系呢?人们正思索中,马校长从大门走进来了。

"关老师呢?"大家急问。

"回家了。"马校长有些忧虑地说,"回教室,我有话跟你们说。"

大家边往教室走边疑问地自语:"回家了?他不是说……"

同学们六神无主地坐下后,马校长走上讲台,看看大家,又干咳了一声,然后说道:"你们还太小……不懂事,日本人进中国,什么原因,老百姓管得着吗?你们小孩子就更不用瞎想。'满洲帝国'都快建立六七年了,从马占山起,一直未断地打,可除了死人、烧房子、并村、抓人……还不是越来越巩固?如今整个中国都快全被侵占了,连国家元首都没办法!共产党坚决抗日,可人又少武器又只靠夺敌人的。蒋介石现在不打他们,只把他们牵制在几个边远之处。不管怎么说,他们还能给鬼子点打击。可我们读书人,只凭几张嘴,能起什么作用?像关老师,爱国,我很钦佩,可是只讲一次'卢沟桥事变'就有人捅了上去;明知前景不妙又讲一次'南京大屠杀'……可起到什么作用了?你们一些小孩子听懂了又能怎么样?弄不好,学着他的样子也到处讲,跟他一样,叫人家多抓些个'思想犯'而已……"

小孩子们听了他这么一讲,又觉得对,又感到不对。当时我更糊涂,只觉得关老师是好人,不该被抓;抓人的不是好东西;可是后来懂事了,就像你们现在,对马校长的这番讲话的是非正误,都会清楚。一句话:被侵略是不该反抗的,因为会造成人死物伤;国家事,平民百姓是不该管的,因为不起作用;没有武力战斗,就甘心当亡国奴;宣传教育也不能搞,因为要受惩罚……说到底,不抵抗、不反对、甘心受气、挨杀,争取侥幸保个活命,才是正理!这样想问题,这样去生存,距离当汉奸,同鬼子一起欺压、杀害自己同胞,还有多远?

可是,当时我们,包括三四年级的同学,觉得马校长是为大家好,是同情关老师,因此都答应了他的要求:不要把关老师讲的事向家长和外人讲。下课了,也就放寒假了。大家高兴不起来,在回家的路

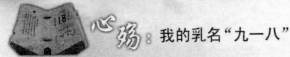

上，我的脑袋里总出现：关老师的亲切，对学生的争议处理得好；讲的卢沟桥很感动人；特别是知道因为讲卢沟桥要被抓了，还讲了南京大屠杀；直至被马校长叫走，还回头喊着告诉同学"要永久记住……"这些影子，还有他的声音，一直在头脑中转悠。

三哥一路上也没说话。他肯定比我更理解关老师。也许我们家有抗日的，常听到抗日的壮烈事件。我俩未听马校长的，在二姐和二姐夫都在我们家时，我和三哥你一句我一句地把关老师的为人和所讲事件，以及后来被抓走，都讲了。

二姐和二姐夫只是叹气，觉得处境更难了，前途无望了。而呐呐，虽也有这种同感，但更多的是赞成关老师，担心关老师受害，甚至为关老师的安全祈祷。

阿玛还未回来，为了不叫生活太困难，呐呐把西屋租给一家开豆腐坊的。这一来可得些房租钱；二来豆腐坊常给我们豆浆、豆渣什么的。从中选好的人吃，不好的喂鸡、猪。

春节是我们三口和二姐家三口一起过的。这样，又亲切，热闹，听呐呐说还省事省钱。还有一个原因，快生产了才知道：二姐怀孕了，不能干重活儿了。因此，呐呐动员三哥别上学了，在家帮二姐夫种地。可是我，关老师走了，"旁听生"肯定得免了。于是呐呐决定：我顶三哥位置，还交一份学费；并且调过来——叫我放学教三哥学习。

开学那天，三哥去问了马校长。马校长果然回答说："叫你弟弟免费旁听是不合适的，他不走也不能继续了。这学期你不念了，你弟弟拿学费上学，当然可以。"

但是关老师不在了，新老师没到，一二年级课由马校长代教，不知怎么的，上课时我总是提不起精神。这一来，那个姓杨的可高兴了，处处压我一头。我很上火。一天，天上突然飞来一架小飞机，在周围绕了两圈儿，扔下两个长圆筒状之物。马校长喊："炸弹！快卧倒……"

同学们有的在外边当地卧倒，有的跑进教室书桌底下。可是"炸弹"掉在东岗坡下，没发生多大爆炸声。人们又都松了口气。

可是大人们想得更多：不像炸弹，是什么呢？于是三三两两地跑去那里看。我们学生也跟着跑去了。

原来这炸弹不是铁做的，是陶瓷的；也没炸出大炕，只是陶瓷不抗摔，全成了碎片。特别叫人纳闷儿的是，周围什么也没炸坏。树呀，农民放在地里的农具呀……都完好如初。人们一边细看一边疑问，突然发现陶瓷碎片附近很多苍蝇，还有死老鼠和活老鼠。活老鼠很快被大家一喊就都跑远了；而苍蝇却直往人头上落，轰打走一群又来一群……搞得大家很没趣，都先回了村子。

我为了哄小外甥玩儿，还拣两个陶瓷碎片拿回了家。小外甥很高兴，二姐也夸我"有舅舅样"。干了好事心里本来就舒畅，被姐姐一表扬，就更高兴了。干脆叫二姐帮忙，把两个陶瓷片用小锤子一个修理成个碟子状，一个砸成个四方形……

不料，还未种完地我和二姐都病倒了。但症状很怪：开始时每天下午浑身冷得捂上几床被也直打"牙巴骨"，每次两三小时；严重时一天犯两次；不冷时浑身无力；吃不下饭，日渐消瘦……

我不能上学了，二姐也因此"小月"（流产）了。呐呐忙得顾了这个顾不了那个，还有个两岁外孙子，一天累得腰酸腿痛，愁得头晕眼花。

其实，不光我们一家，不少家大人孩子都得了这种怪病。农村没医生，抓药也得进城，因此大都硬挺，听天由命。

大约过了一个来月，才传说这种病叫疟疾。再细琢磨，得病人都是去看陶瓷炸弹者，于是人们都睁大了眼睛互问："不是鬼子放的毒啊？"

当时老百姓还不知道日军搞的细菌战，也不懂什么叫细菌战，能想到"是不是鬼子放毒"，就已经表明"九一八"之后，愚昧的老农聪明了许多。

后来，听说：身体差的，病重的，死了好几个；只有身体健壮的大人和孩子才幸免于难。

二姐"小月"了，自己算挺过来了。我也没死——但是呐呐却连劳累带上火，病倒了！我和三哥都不上学。二叔留的学费还未用完。二姐和我们哥俩一起要求呐呐用这钱治病。她硬说"不用治！"我们想给阿玛捎信，可又不知道具体地点……

有小鬼子在，中国人还有好时候吗？

**链接1：南京大屠杀70年祭**

新华社南京12月13日电（记者徐机玲　石永红　蔡玉高）13日午10时，凄厉的警报再次响彻古城南京上空。8000名来自江苏省南京市各界的代表及海内外友好人士在南京举行大规模和平集会，悼念30万名同胞在侵华日军发动的南京大屠杀中遇难70周年。

悼念仪式在侵华日军南京大屠杀遇难同胞纪念馆集会广场上举行。广场左前方是高高耸立的标志碑，上刻"1937年12月13日—1938年1月"，右前方为和平大钟。

悼念仪式由南京市市长蒋宏坤主持。各界群众首先高唱《中华人民共和国国歌》。之后，在警报声中，全体人士向南京大屠杀30万遇难同胞默哀。《安魂曲》中，人们向遇难者敬献花圈并鞠躬。

南京市民代表、南京艺术学院学生任洁宣读了《南京和平宣言》。

宣言说："南京人民渴望和平、热爱和平……坚决反对任何歪曲历史、混淆是非的倒行逆施；坚决反对战争暴力，反对恐怖主义，反对任何形式的危及平民生命和财产的非正义行为。"

200多名南京大屠杀幸存者及遗属、抗战老战士、港澳台同胞，600多位外国友人参加了悼念仪式。这些外国友人主要来自日本、美国、加拿大等7个国家，其中日本友人为最多，共有400多位。

85岁的南京大屠杀幸存者施怀庚坐着轮椅参加了悼念仪式，他说，我曾经亲眼看到日本兵打死了身边的一位同伴，那情景到现在依然历历在目，我们永远忘不了那些悲惨的历史。

"要记住历史，不要记住仇恨。"在刚刚竣工的纪念馆新展厅中，醒目地悬挂着已故南京大屠杀幸存者李秀英对青少年的嘱咐，这是南京大屠杀幸存者的心声，这也是中国人民的心声。

"希望中日两国人民能一直友好下去。"80岁的南京大屠杀幸存者向远松说。

来自日本的退休教师古泽千代胜已 80 岁高龄,他说,到南京来就是为了纪念南京大屠杀的受难者,在日本时就经常向学生进行历史教育,希望他们能记住历史,能有反省意识。

悼念仪式结束时,南京大屠杀幸存者、南京青少年代表、新馆建设者代表共同敲响了和平大钟,在悠扬的钟声中,3000 只和平鸽飞向天空,寄托了南京人民渴望和平的心声。

**链接 2:南京大屠杀时的惨状**

侵华日军将这些被他们杀死的儿童放在干柴上准备焚烧

南京,惨遭侵华日军砍杀的中国人头

**链接 3:南京大屠杀最后的人证**

70 年前发生在古都南京的那一切,是中华民族历史上最惨痛的一页,是任何一个中国人不该忘记、也决不会忘记的民族记忆。

70 年过去了,当年这段历史的受害者、幸存者、目睹者不可避免地慢慢老去。在过去的十年中,当年曾在南京军事法庭作证的李秀英、罗谨、潘开明,第一个公开慰安妇身份的雷桂英等历史的重要证人已经逝去。不难想象,其他的重要证人,也将在下一个十年终将远去。

从 11 月 20 日起至今,20 天来,记者赴南京完成了 30 多位幸存者的现场人物肖像,力求从影像的角度,留住这最后的人证。

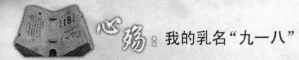

## 心殇：我的乳名"九一八"

11月29日起，南京燕子矶华工新村，幸存者常志强老人家，采访开始了，一瞬间，沙发上的老人仿佛承受着难以估量之重压，她身躯紧缩，牙关紧咬，双拳紧攥，关节似乎会随时碎裂，面部肌肉极度地扭曲，抽紧，是抵抗与生俱来的痛楚？还是在纠结悲伤难言的思绪？她喉结重重地蠕动，嘴唇连续几次开合，几次翕动，却未能吐出一个字……

灾难已过去70周年，受难者淋漓的鲜血似已消退，受伤者撕裂的创口早该愈合。然而，回忆的烈度仍如此碎裂人心。

每一个讲述的开始，都是这样一种决绝的表情。风烛残年，生活清苦的他们，却很清楚自己作为一个幸存者的历史责任和意义。

### 链接4：日本至今不敢正视历史

在日本，无论是书籍、历史教科书、报刊，还是学者和政治家，现在都将南京大屠杀称为"南京事件"，其用意无非是淡化大屠杀的血腥色彩，摆脱突出侵华日军加害行为的所谓"自虐史观"。日本东京书籍出版社10年前出版的历史教科书中曾称"南京大屠杀"，但在日本国内一些人指出"记述加害行为是'自虐'"之后，该版本历史教科书中的记述也都改为"南京事件"。

在侵华日军当年制造南京大屠杀事件时，日本报纸都竞相报道了日军军官的"百人斩杀人比赛"。而在南京大屠杀70周年之际，日本媒体对南京大屠杀的相关报道却并不多见。总的说来，70年后的今天，日本媒体在南京大屠杀事件上普遍陷入了沉默。

在日本众多媒体中，《朝日新闻》可以说是唯一对南京大屠杀进行大篇幅反思报道的日本主流媒体。11月，《朝日新闻》连续几天以专题形式，对南京大屠杀事件进行报道，篇幅约有5个版面。

据了解，日本中小学的历史教科书中关于侵华战争的记述很少，对南京大屠杀的记述则更少。以采用最多的东京书籍出版社出版的历史教科书《新社会——历史》为例，对侵华战争和战争时日本社会体制的记述仅有两页，其中对南京大屠杀的记述是："日军占领了南京，在此过程中大量地杀害了包括妇女和儿童在内的中国人。这一事件作为'南京大屠杀'受到了国际社会的谴责，但（日本）国民不知道。"

在南京大屠杀 70 周年之际，日本右翼势力大肆开展活动，举行演讲会和研讨会，甚至拍摄电影，否定南京大屠杀，试图以此来挽回日本所谓的"名誉"。

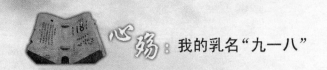

# 十三、阿玛回来要搬家

·

1939 年元旦刚过，也就是旧历年快要到来时，阿玛突然回来了。全家这个高兴啊！二姐夫看着阿玛比以前胖点儿，穿着也好多了，笑着说："老爷子这两年一定过得不错。"

二姐却说："呐呐可受苦了……"

三哥和我因为年龄小，只在一旁傻笑。那时的孩子，不像现在，高兴了可随便撒娇。我们不敢，明知阿玛买的小食品是给我们的，因为他不知道二姐他们搬这儿来，我们没听大人叫吃，也不敢动手。

呐呐由于高兴，从坑上坐起来，问这问那，半老天也没躺下。我们都说"呐呐的病乐好了！"

当阿玛打听清楚，呐呐是怎么病的，我和二姐得了疟疾，连续叹了好几口气，说："鬼子的细菌工厂就开在哈尔滨。你们这里都没听说……"

呐呐告诉他："二叔心急先走了，说不会连累咱家，可真没人来问。"

阿玛说，他知道。听说给留个要房钱的字条，另外给了孩子读书钱，小振宇把学习用具什么的都送给了我和三哥。他很感慨地说："还是亲弟弟呀！"可再想到他到哪儿去了，何时能回来，又觉得很辛酸……

晚上，听阿玛跟呐呐说："过了年，咱全家都搬到那儿去。你不是总想大儿子吗？再说，北大荒，地多人少，好过；去那儿以后能比在这儿强。再说，他爷爷不在了；他二叔又走了，他三叔又到处走，谁知道什么时候'犯事儿'！何况村里对咱家还胡猜乱想……"

呐呐说："跟儿子团圆了，又离开了姑娘！"

"姑娘是人家人，又都不小了。你想领人家去，人家也不准愿去……"

后来又听说要卖房子,年前还要请亲族好友吃顿饭……再说什么了,我睡着了,就不知道了。

第二天,阿玛领呐呐去给爷爷"上坟"(扫墓、烧纸)时,我偷着问三哥昨晚听见阿玛说话没。他说也听见几句,但没有我听得多。总之都对搬到北大荒很感兴趣:"大哥'做事儿'(有职业)挣钱,咱俩还能多念几年书呢!"

果然,跟我们偷听到的一样:从祖坟回来后就开始张罗卖房子了;同时准备了不少好吃的,真地要请客。

记得是过"小年"那天,呐呐和二姐从早饭后一直忙活到下午两三点,做了两桌子好菜。都有什么菜?我们没吃过也没见过。在阿玛开始接待客人的时候,我和三哥都躲到二姐家去了,顺便跟小掏住玩儿。

二姐夫因为来两年多了,人都混熟了,按照阿玛指点,去各家请客——事先约好了的,到时候再礼貌地请一次。

西山村的六舅和五姨夫是阿玛亲自请来的。

因为二姐家就跟我们家隔个大泡子,从南向北看,可清楚了:我们家的大门,小院儿,三间房,人来人往,房门直冒热气……像是办喜事样热闹。但是没大人话,谁也不敢回去。

不过,临要开饭时,二姐夫回来叫我们了。他说:"阿玛叫你们三个都过去,在西屋单放一桌,跟你二姐一起吃。"明白没有?小辈儿的不能跟长辈人同席,更别说小孩子了。

东屋那两桌也是长辈的一桌,呐呐先是服务,后也被叫上了桌。

再说明一点,就是西屋豆腐坊,到"小年"也停业了。掌柜的过东屋喝酒,雇的伙计都回了家:正好我们几个"坐席"(集体吃喝)有地方了。

阿玛嗓门儿大——对,我的大嗓门儿就是老人家的遗传。他在东屋劝酒说话,我们听得清清楚楚。听得高兴入神了连筷子都忘动了。

"本家的大哥二哥!"阿玛说,"老爷子去世后这屯子姓胡的就你二位大了;还有西山的六哥五姐夫是至亲;加上各位从小的老朋友,还有你们那桌小伙子们,万山我二年多没在家,全凭大家帮助照看

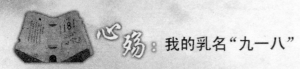

了！我特别感谢呀！大家知道，我先供两个弟弟读书，后又养了六七个孩子，总算没饿着，冻着。平常就没少麻烦大家，早想请请各位老哥哥老弟弟，还有小侄子们……这一次，既是请大家喝个感谢酒，又是万山跟乡亲的分别酒……"

"怎么说？你还要走啊？"有人问。

"不光我要走，全家都走……到黑龙江省拜泉县大儿子振五那儿去。"

"啊……我倒忘了打听振五了，他在那一个人，没跟万朋回来……"

"小人物，不像万朋是团长，回来也没有好日子过，他回来干什么？离开家这些年，庄稼活儿干不了啦；在那儿，好歹有熟人引荐能混口饭吃。已经结婚了，有个小女孩，过得还像个日子样……"

有一人吞吞吐吐地接道："咱老百姓啊，谁他妈当政也得自己下苦大力……实在饿得不行，小鬼子的饭就不解饿了？"

又一个人接着说："怪不得胡大团走了，鬼子汉奸没来找你们麻烦。敢情他们知道你家大'掌柜'（与大少爷同义），跟他们干呢！"

"是这么回事儿吗？"有人不认同地反问，"依我看，振五那孩子给他们当什么差也不能是真心的，非是给抗联当耳目不可……"

"好了好了，"阿玛阻止说，"连他亲爹都闹不准他是个死心踏地的汉奸，还是抗联卧底的密探，你们瞎猜那个干什么？反正像方才老王大兄弟说的：饿了，鬼子饭也得吃。喝酒喝酒！"

互相客客气气地，你喝酒他倒酒……有一人又提起了关老师："咱村小学校那关老师……唉！"

"怎么的了？"阿玛问。

一人回答："是他妈个硬汉子，不光敢在课堂上讲'七七事变'，后来明知有人捅上去了，等着挨抓时，又讲一回'南京大屠杀'……"

"哎？他讲两回都是，关内的；平时听到的又都是咱南满的。胡大哥！你在北大荒待二年多，振五又天天跟他们打交通，你一定知道不少北满的抗日勾当……"

"对对，你一定知道不少，讲讲，讲讲……"

不少人都要求阿玛讲北满抗日斗争事例，听声音，似乎有的干脆放下了碗筷儿，静待开讲。

阿玛笑笑说："我这个汉奸老爹能有'反满抗日'分子讲得好？也不能对路啊！"

"别瞎说了！只要你的心还是中国的，就不能站在鬼子那边儿'日满亲善'。"

"可要那么讲了，不又出个关老师了？"阿玛笑着问，这也是叫大家"口供"（激励大家别往外传）。

"哪说哪了！谁他妈往外传就不是他爹揍的！"

"对，你就挑叫咱们痛快的打鬼子事情讲。我就不信，上边不叫抵抗，底下就没人反日！"

"说起来，北满人稀山多，各地都拉起了抗日队伍，叫'义勇军'的，叫'救国会'的，叫'抗联'的……真把小鬼子弄得顾头顾不了腚。"阿玛开始讲了。

"黑龙江省东边有个饶河县，在大前年就成立了'共产党县委会'，又很快组织老百姓建立了'人民群众反日会'。听说参加'反日会'的有400多人，里边还有朝鲜人100多。这'反日会'下边还有'青年救国会'，'妇女联合救国会'……"

呐呐问："妇女也出去打鬼子了？"

"那倒是个别的。可她们为抗日军人做衣服做鞋，送干粮、侍候伤员……这不比直接打鬼子差。"

"有意思！接着讲。"这是六舅的声音。

"听说1935年……就是咱民国二十四年八月间，饶河的反日武装发展大了，硬是成立个'东北人民革命军第四军第四团'，在九月十八那天还发表个《宣言》，说'游击队在广大人民群众帮助下，不怕牺牲，英勇战斗，从枪械简陋，力量单薄发展成强大的抗日武装。现已将游击队改编为东北人民革命军第四军第四团，下决心把三千五百万东北父老同胞从血海里救出，把万恶的日本鬼子赶出中国……'这《宣言》，老百姓听了，可受鼓舞了！鬼子汉奸听了，又气又怕。"

"赶劲！"人们听完这个更愿听了，"接着讲，后来呢？"

"后来？哼！有不少青年参加了这个队伍，他们有一股在去抚远、宝清的路上，跟鬼子和'国兵'（即伪军）干了好几仗。'国兵'先是净往天上放枪，后来干脆缴械投降了。这又使这个队伍扩大了四

个连；另外还收编当地武装'山林队'，成立了一个独立营。"

"太棒了！"

"来，喝一杯庆祝庆祝！"

于是又听到倒酒的，碰杯的，一阵喧哗。

"听说'七七事变'后，共产党发表《宣言》号召全国人民'为保卫国土宁可流尽最后一滴血'……"

"老蒋要像共产党似的，他妈的就不会出个'九一八'！"

"别打岔，听万山讲。"

"革命军在这《宣言》鼓舞下，一边打仗一边宣传，不久就策划一支'国兵'哗变。一下子解决了全部队的冬季服装和给养，还新建一支骑兵！12月12日反日寇讨伐，突袭七里河镇那天，打死日军指挥官两人，士兵七十多人……"

"该！真解恨……"

阿玛接着讲："缴了二百多枪支，4挺机枪，1挺重机枪，1门迫击炮，然后从抚远安全转回饶河。到年末，听说有个叫周保中的共产党大官儿，代表上级到饶河开个会，根据情况在饶河成立个中共特委，统管跟前好几个县镇。"

"这饶河真厉害！"

"厉害的还在后头呢！"阿玛讲的兴致更高了，"他们还专门成立个少年连呢！去年9月间，少年连接到一个情报：有一日本军官带些工兵，从抚远乘船到饶河的挠力河视查。军部就派少年连一个排去伏击敌人。他们赶到挠力河边小山包儿——西风嘴子时，敌人的船刚过去。他们便埋伏在那里等待敌船回来。第三天，日本少将田野武雄和随员坐船回来路过这里。他们正耀武扬威地手举望远镜四下瞭望，被我们少年兵一阵猛打，少将和38名随员全部见了阎王！汽船也造瘫了。船上的1挺机枪、27支步枪、10支短枪、4 000多子弹，全部缴获。少年连无一伤亡，临撤时还用纸写个'告示'警告小鬼子：这就是日本侵略者的下场！贴在船上。日军知道后，吓得很长时间不敢轻易出动。"

"太解渴了！"

"还有更解渴的呢！"阿玛又想起一个事件，"有一次，我们抗日军在五顶山被包围了，子弹打光了，用石块反击冲上山的鬼子。大石头,用人往下推,砸压敌人;小石块就当手榴弹对准敌人撒。敌人始终未冲上来。夜里,我军悄悄下山后,敌人又分几路向山上偷袭。摸到山上后,一顿枪炮,有来有往,冲锋反冲锋,折腾了一夜,死伤多人。天亮一看,都是他们自己人!”

“哈哈……妙!”

“以后不该再叫他‘鬼子’,他们也不‘鬼’(精明)呀!”

“那叫什么?”

“叫‘混蛋’——清黄混合的‘臭蛋’”!

“哈哈……对!叫‘混蛋’!‘臭蛋’……”

“方才他呐呐还问‘妇女能干什么’,除了做后勤,也有不少参加了战斗。”阿玛讲到这心情沉重了起来。“去年秋,有一个女指导员叫郑志民,化名冷云,领七个女兵,里边还有朝鲜姑娘。为了掩护主力军突围,任务完成后,自己却子弹打光了,无路可退。冷云就领大家一起跳进了跟前的牡丹江支流乌斯浑河……‘八女投江’的英雄故事到处流传。连敌人听了都瞪圆了眼睛说不出话来。”

建国后,在牡丹江岸石雕的《八女投江》塑像,至今拜谒人不断。好,现在还接着听我阿玛那天继续讲他从北大荒带回的抗日传说!

“少年兵、妇女兵不算,还有儿童团呢!”阿玛说到这儿,大家都惊异地问:“小孩子也抗日了?”

“那可不!‘九  八’后不长时间,黑龙江省东边有个大兴安岭,就成立个抗日儿童团,当时只是为抗联做点儿服务工作,到1936年——‘七七事变’前一年就正式参加战斗了,不打仗时就做宣传。今年冬天,一次在集贤县正演节目,突然来了一队鬼子骑兵。20多个儿童团员分组向四个方向撤退。其中一组中有个女团员叫李敏,是全团最小的,才十二岁,也跟着爬过笔架山。到一个小山村后,她冻得都不会说话了,后来连喝老乡给熬的两碗苞米楂子粥才缓醒过来。后来碰上了鬼子组织当地农民的‘棒子队’(无枪),儿童团硬是用玩具枪(演出用的)把他们吓跑了!然后才又爬山越岭找到了李兆麟、周保中领导的抗联六军指挥部。”

在此,笔者再向小朋友插一句:这位小战士李敏后来跟部队撤到苏联,1945年又跟苏联军队打回东北,还受了苏联奖励,后来留在黑

龙江省工作,从省政协副主席岗位离休,至今健在。让我们向她致敬,祝福!

阿玛讲高兴了:"还有一个小女孩,十四岁就给抗联当侦察员。部队通过她提供的情报打了好几次胜仗。后来被敌人察觉出了,她躲到宝清县一座姑子庙当了一年多假'姑子'(女僧),才又找到自己的部队。她的名字叫周淑玲。"

二姐听了这二位小英雄故事,很受感动,刚要说什么,听阿玛又接着讲道:"到前年,听说全东北抗联已发展到 11 个军。每军 3 个师,每师 3 个团……第三军后来发展成 7 个师。第六军也有了 5 个师……因为这,老百姓南满北满都传唱一个小曲儿——"

阿玛说着说着还哼唱起来了:

"十大联军十万人,
抗日救国一条心。
步炮联合除倭寇,
铁骑纵横灭妖风。
但愿民族早解放,
白山黑水庆升平。"

"哎!你再唱一遍,我记下来。"

"还是先别记吧!"有的担心出事,"小心点儿好啊!"

"都这么小心,谁还打鬼子,谁还编歌唱?"

"可咱们这儿跟北满不一样啊……"

"有什么不一样?就因为咱们这在他们眼皮底下?我看倒应当利用这个'灯下黑',也学学人家山沟人,弄出点儿花花点子折腾折腾小鬼子——'混蛋'、'臭蛋'!"

"我看行,将来好好核计核计。"

……

听大家的不同议论,阿玛又打断他们说:"以后的事儿以后再说。今儿在我这儿只喝酒。来,倒上倒上……"

连聊带喝,直到上灯时分才结束。

六舅和五姨夫年岁大了，没叫走，住在我们家了。因为分别二三年，又快要分别了，老哥仨很晚也未睡，唠这儿聊那儿，家里外头，有说不完的话。呐呐把阿玛带回的茶叶给沏上。我因为愿意听他们说话，就总给他们倒茶。

六舅向阿玛提个疑问："我说九妹夫，你在酒桌上说振五吃上日本饭了，这是……就是真的，也不能……"

"六哥！"阿玛解释，"我是宁可叫人们传说我家出个汉奸，挨骂，也不想叫人们知道振五是抗联派去的。挨了亲人骂是暂时的，又没危险，'抗日反满'是光彩；可人多嘴杂，叫人告发了，别说鬼子会一直追到拜泉；就是你们这些亲戚、家族都得受瓜连。"

"噢……我就寻思这里有个'事儿'嘛！"六舅放心地说，"不过，这黑锅也挺难背呀！"

"没办法。"阿玛叹口气，"要不我们要全家搬走呢！人走了，事也就了啦。"

"那，到拜泉可就……"五姨夫也担心地问，"成真汉奸了？"

"成真就成真呗！多咱鬼子完蛋了，再恢复名誉吧！"

"可谁知道他们什么时候滚蛋啊！"

"快不了。现在都快吞掉全中国了！"

"我总觉着他们早晚得完蛋。"

……

往后又说了些什么？因为他们水喝足后，我回东屋睡觉了，就不知道了。

第二天吃完早饭，把六舅和五姨夫送走后，阿玛对我和三哥说："什么时候搬家，没你们小孩子的事儿。过年一开学，你们接着念书。这卖房子、去姚镇子要账，都得时间，再有你二哥学徒得满三年，咱不能违反契约。"

我和三哥一听"还上学"，还"一起念"，乐得立刻嘴都合不上了。我俩互相看了看，马上去取书包翻起课本来。

我偷看看阿玛，他也乐了，完了又和呐呐互递高兴的眼神儿。

阿玛问过二姐夫，要继续住这里，地就归他种了。他说还回本溪老家去。因此，两垧山坡地也得卖。可是怕一半会儿卖不出去，怕影响春耕，只好留二姐他们住到秋后，地照常种着。

春节后开学了,我和三哥一起去上学。马校长还以为我们去旁听呢,说:"关老师叫你免费听课是犯规矩。"

我急忙说明:"不是旁听,是真正上学。"

"拿学费了吗?"

"拿了,一元八。"三哥忙掏出交上去。因为当时有个规定:一个学生一学期一元二,若一家两个学生,就再交半费;所以交一元八。

"好了,胡振刚上二年,你上一年。"

"我也上二年。"我着急地要求,"一年的书我都念一半儿了,还考个最高分儿呢!"

"那你有病耽误半年呢?"

"我在家补了,上学接着补,能跟上……"

当时跟前儿还有别的同学,也为我学习好,能跟上做了证明,说了好话。

马校长看看三哥,说:"那你就多帮帮他吧!"

"嗯!"三哥立刻答应。

"要回答'是'。'嗯'什么!"

"是!"三哥马上重说一次,"我一定帮他。"

上课了。还是四个年级一个教室。第一课由马校长亲自讲。

"今天不讲课本儿,讲时局大事,四个年级一起听。"马校长神情严肃地说,"反满抗日的武装,南满被日军讨伐没多少了。现在北满闹得很凶,主要在松花江下游一带。1937 年,海伦、北安一些地方都受过抗联的袭击,后来在依兰一次遭战,日军和国兵牺牲 50 多,在宝清一次战斗,抗联抢夺日军一百多条枪,在桦川还俘掳一个运输连……光黄金就损失数万两,战马抢走二百匹。还有饶河,抗联占了上风……"

同学们都听得不得劲儿,互相看了看,继续听他讲:

"特别是这一次次失利后,汤原县格金河镇还发生一场好几千人的大暴劫……纪念'九一八'六周年。他们游行,示威,喊口号,割电线,推倒电线杆、炸桥梁,拆铁道……

"所以,关东军与'满洲帝国'政府共同制定了限制民间反满,打击部队抗日的一系列法令:如《米谷管理法》,城镇居民口粮要按人口和年龄每月定量配给;《粮谷出荷法》,农时种地要按亩定量上缴,只按城镇标准留下口粮和下年种子；还有《特产管理法》《并村法》《成立保、甲制》；无论城乡，都实行'十家连坐'，即十家一小组，互相监督，谁外出了，哪家来客人，都要报告，一家出问题九家受惩处……

"因为日本关东军的主力都到北满讨伐抗联去了，我们南满就要严格执行各种法律，使老百姓和抗联彻底断绝联系。听明白没有？"

"明白了！"回答得不整齐。

马校长瞪眼看看大家，不高兴地说："今天先跟你们打个招呼，以后还要细讲。村里将来上边派人来一样一样落实。你们是'满洲帝国'的国民，是学生。只有遵纪守法，按照'日满亲善'要求，与大日本'一斗哭一心'（日语'一德一心'），好好按课本学习；别的什么也不要问，什么也不要说！我们学校不叫'十家连坐'，但要搞'级长管年级，一个年级分两组，同桌一条心'，出了问题，从同桌到小组到年级，直到整个班，一步步往上追。听清楚没有？"

"听清楚了！"

"好了。下课！"

"起立！敬礼！解散！"

马校长开门走了。同学们却没一个像往常那样喊着跳着往外跑。

我回顾一下全班，都呆坐在自己凳子上，不知所以。我当然也未敢动……

过后大家一过话，都认为跟关老师正相反，也都感到以后学也不好上了……

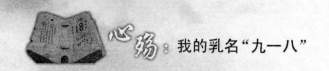

## 十四、全家躲到了"北大荒"

卖房子、卖地、到姚镇为二叔讨债，跟铁匠炉老板核计"满徒"事宜……阿玛几乎天天出门儿，这走那去地不着家。地，只能由二姐夫一人耕种，除草忙时，二姐和呐呐也去帮忙。我和三哥只能休礼拜天帮家干点儿活儿。

虽然走前准备工作大都未完成，日子也未定，但顶晚在秋季这是板上钉钉儿的了。因为太晚去，骤然降温十多度，受不了；早点去，天渐冷，人还能适应。这样，呐呐和二姐还得忙着赶做针线活儿：搬到新地方，大儿子成家后第一次见面，大人孩子怎么也不能像平常那么缺这少那，破破烂烂啊！宁可在吃的上，在别的方面节省，衣服，必须大人孩子都要穿上新的；料子差没什么，只要是新的。因此，娘俩整天忙活。好在小掏住四岁多了，能自己玩儿了。

光阴似箭，一晃儿我们一个学期又要结束了。这次考试，因为是正式学生了，可以上成绩榜了。姓杨的是二年级的级长，可能平时忙于监督同学，向老师反映情况，耽误些时间，成绩榜上前三名都没有他！而我和三哥一个第一、一个第二。你没看他又气又羞的样子呢！眼泪没流多少，鼻涕却拉成了长线儿，逗得大家直笑。

我和三哥因为成绩领先，加上下学期走人了，没参加大家对他的嘲笑。

暑假期间，正好有不少山菜山果可采。呐呐为了给大儿子大媳妇带点家乡风味儿，就又领我们采，又教我们采；看我们全内行了才叫我们自己去采。

蘑菇生得早，我们就先采蘑菇。榛蘑最有味道，但又小又少，得钻进榛子丛中，扒开荒草枯叶儿才能发现。草蘑多又长得大，找到一个，跟前儿必有一大片，大人管这叫"蘑菇圈"。另外还有松蘑、油蘑,柞树蘑——属这种蘑长得大,质量粗,吃着没味儿还难嚼。鸡腿蘑好看,秆高盖儿小而薄,也好吃。

采回去,呐呐和二姐便分类修理根子,擦掉土和沾在上面的枯叶儿,然后用线穿成串儿晾晒。

草本山菜已长大老了,大都不能采了,只有野苏子叶可摘,拿回家蒸干粮时用它铺帘子,把它的香味渗透进干粮中。

山果:杏子过时了,李子成熟了,梨还不熟,山里红也没全红。但是山坡上一丛一丛的"狗奶子"(即枸杞)可以采了,因为它虽粒小,却较甜,边采边吃,回到家就剩不多了。后来听阿玛说它是一种补养药,吃多了上火,我们才光采不吃了。

榛子是最受人们欢迎的坚果。但不仅成熟较晚,在采摘上当地还有个约定俗成的规矩。人人自觉地遵守:即不到"处暑"(末伏期间一个农历节气)那天不许采。每年一到"处暑",头一天晚上就都准备好柳条筐、小麻袋,有的还赶着驴……一过半夜,山前山后的男男女女都打着灯笼上山,恐怕去晚了就采不着了。因为不光自己吃,采多了可以出卖。

榛子,大家都吃过吧?市场上卖的有两种,小的是山上自然生长的;大的是人工改良的。可你们见过长在榛子棵上没成熟的榛子是什么样吗?可有意思了:未成熟时是浅绿色,半包在托叶中,指甲大小的圆粒,活像动物的眼睛。成熟后,它也随着榛子棵叶一起发黄了,离开托叶单独翻看,大部分表皮较细,光滑,只是结在榛子棵上那一部分,不像其他水果有个把儿,而它是有圆疤,色比较浅、质不太细、面儿不太光。我们淘气地把它偷偷比作到岁数老人头顶没了头发的脑袋。这是不礼貌的,"偷偷"地比,也不对。

我们辽宁生产花生,全称叫"落花生"。北大荒没有。主要因为辽宁的土中有沙,松软,适合它成长;北大荒黑黏土,不适合它成长。为什么呢?这和它的名字有直接关系。它叫"落花生",实际真地是花落时长蒂随之下垂扎入松软的沙土中(当然也需及时趟一下,往垄上填点土),在土中像土豆那样长大,不过它的果实在硬壳儿里。

说起落花生,在今春种植时,我还犯个错误呢!直到长大以后才敢向大人坦白交待。那天阿玛和呐呐领我种花生。阿玛刨埯儿(土坑),呐呐往埯里撒种。一埯三四粒;我帮助盖土,把土拍实。到午

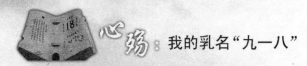

间了,阿玛和呐呐回家吃饭,叫我在地里看"老鸹"(guā 即乌鸦)。等他们回来给我带吃的。那天三哥也不有什么事儿没参加。我听话地拿个长棍子,一见来"老鸹"就抡棍子又哟喝,"老鸹"就吓飞了。要不它们会落下一埯一埯地刨出花生种子吃掉,那就白种了。可是,我把老鸹看住了,我自己却嘴馋了——平常很少吃到。每年产几十斤,不是卖钱就是留着招待客人。像现在,想吃了不是买油炸的、烘干的五香花生,就是买生的自己炸、炒、煮,随便吃。那天,因为知道它好吃,又平常吃不着,眼前满地都埋下了花生,岂不是解馋的好时机!但我不能像老鸹那么残忍,没人性,一粒不留全吃掉,我得既解馋又不能叫它绝产,于是我一掩抠出一粒再盖好,吃完一粒再抠另一埯的……足足抠了一条垄。当然垄不太长,一垄也就几十米长,一米四埯,也挺不少哇!等阿玛和呐呐吃完饭回来,给我拿苞米面大饼子,我都吃不下了!当时谁也没注意。可是到出苗时,阿玛发现了,怎么有一垄每埯儿都缺一棵苗呢?种子坏了?不可能啊!叫老鸹扒了?那天叫小铁棍儿看一晌午呢……

但我怕挨揍,总躲着。时间长了,他也就淡忘不提了。但我心里一直觉得惭愧,又偷嘴又撒谎,可又不敢坦白。一直到成人后,阿玛都老了,有一次我借给孩子讲"落花生"的生长过程,顺便交待了这一"历史污点"。阿玛却笑笑说:"我当时就猜到是你干的。"

"那怎么没揍我呢?"我笑着问。

阿玛说:"不是要搬家了吗?何必弄得孩子哭老婆叫的。"

我当时心想:平常把阿玛看得像个"黑老包",对错事分毫不让,原来特殊情况下也有宽容!

话再回 1939 年秋季,一切准备就序,二哥也回来了,大姐也来了,只待到要走的日子。那个时代人都迷信,个人重要活动都要看日子、时辰,何况全家迁移。

具体日子不记得了,但记得那天是六舅出的两马花轱辘车,把我们送到姚镇火车站。

临走时,家族、亲友欢送,惜别情景别提多么热闹了。有的笑,有的哭,特别是大姐和二姐从早到走,泪水没断过,两人换着抱小掏住,一直送到村外县道。呐呐更是,对娘家和婆家兄嫂、姐妹没有不用泪水告别的,对两个女儿就更不用提……

我和三哥,看着这场面也心酸,可想到搬家,又换了新衣,又将坐火车、汽车,经过奉天大城市,最后住到拜泉小城镇……心里总是乐不够。因此,我们俩坐在马车的最前边,一边儿一个,不断用点什么捅辕马的屁股,催她快走。

因为事先买好的火车票,到站没等多久火车就来了。好家伙!这么大这么长啊!没有马牛拉着走这么快!这哪像车呀,简直是连脊的一排铁房子!我和三哥都高兴了。二哥在这学打铁,天天看见,早已不感新奇了,阿玛已经坐过了,更有了经验;呐呐实际跟我和三哥一样;但是大人,又是女人,自然要尽量表现沉着。肩上背着衣服包,还一手抓我一手抓着三哥,生怕被人挤丢了。二哥跟阿玛在前边,先上去找座位,放东西。

别看上车的人多,秩序可好了,因为检票的、巡查的,不管穿什么色衣服都是个"当官儿"的,面孔严肃,说话生硬,更有隔个几分钟就走过来这看看那闻闻的,像猎犬似的日本兵!看谁不顺眼就叫出队伍,到一边去又审问又翻东西,没事了一扬手:滚蛋!若有怀疑,立刻带走……你说谁还敢不老老实实排队,接受验票,按顺序上车?

不知道你们第一次坐火车是什么感觉。我作为一个穷苦农家孩子,登上一阶一阶的铁梯子上车一看,最漂亮的房子——我当屯长那个二舅家的,也没那么漂亮。两面一排大玻璃窗,每个窗下都有个小桌;桌两侧是坐椅,长的坐三人,短的坐两人,房笆(天棚)上还有大圆泡儿——经打听,是电灯……我们坐下后不久,车"噢噢……"一声就开动了,先是一会儿"咣当!"一声"咣当!"一声地慢走,后来越走越快,"咣当"声也更勤了。往窗外一看:好呀!一切东西都飞快地往后跑,高的树、电线杆子和好几层的高房子(楼),还一个一个往后倒……看得直眼晕……。

车上的座席没坐满。我和三哥互相递个眼神儿就先后离开座位,悄悄向一头走去:啊!到头了,是屋门,过了门有乘务员室、有厕所。我当时想:车上的厕所,这么多人的屎尿都带着?到哪个站再往出倒?进去看看——哈!原来便池子没底儿!我们不敢远走,又往回走,走到头儿,和那头一样。我试验着再往前看看:经过一道房门又是一个长屋子……啊!也是这样一个一个大长房子连成的!可它用什么连上的呢?那得多结实的绳索才不会扯断啊……我正这么胡

思乱想呢，三哥也看看那摸摸这呢。二哥来找我们了。没等看够看明白就给拉回原座了。坐下，还听阿玛"狠哆"（hēn duō——斥责意）一句："走丢了正好少俩吃闲饭的！"

我们再未敢动。

不一会儿来检票了。后边还跟个鬼子，专对青壮年验"良民证"。阿玛和二哥都有，看看我们是一家人，没再问就过去了。可走到车门口时，遇见一个没"良民证"的，只听鬼子喊一声"八嘎牙路（混蛋）！"便给带走了。大家看了，都不禁伸伸舌头，咧咧嘴。这一来，我俩更不敢瞎跑了。

不一会儿车慢下来了，到个小站，停一两分钟又开走了；到奉天大站，也没到晌午。

阿玛领我们下了车，出了站，又进一个用砖石砌的大房子，等着去哈尔滨的车。阿玛买完票了，说得日落时车才能来。他在屋里看东西，叫二哥领我们俩到门口去"卖卖呆儿"（看热闹）。呐呐有点晕车了，不想动了。只我们哥仨出去了！

"别往远走哇！没啥看的就快回来！"阿玛大声告诫。

我们一起应声，急急向大门走去。出门一看：啊呀！这就是大奉天哪！就是日本鬼子拿下咱中国的第一座大城市啊！房子一所比一所高，远望真像一座座小山；人，到处都满满的，好像开大会，又像去"赶集"（农村定期到一处买东西），男男女女，挤挤擦擦。车，有拉人的斗子车，拉货的大汽车；载人的大汽车，还有不大的小汽车，听说都是鬼子汉奸坐的；还有"屁驴子"（摩托车）；还有一种怪车，不用人拉、马拖，像是一节火车，还没有车站，也走铁轨……

我们正看着，问着，猜着，对什么都新奇，感到无限幸福的时候，突然，人们都紧张地往车站这边跑。怎么了？原来从那边走过一队鬼子兵；前边一人举着白底红球的"膏药旗"；队伍里的兵全都肩扛闪亮刺刀的大枪、屁股后挂个悠荡着的刺刀库儿，一个个用力摔着脚丫子："咔！咔！咔……"

我们仨没敢看完就回了候车室。呐呐听我们讲这个情况后，更哪也不叫去了。

约四五点钟时，我们吃些家里带来的干粮，不久又上车了。因为天越来越黑了，窗外什么都看不见了，所以很快就睡着了。

　　不知是夜里几点钟，突然被查票的惊醒了。三哥看查票的离我们座位还挺远，就先去了厕所。抽查"良民证"的小鬼子看见了，以为他有什么问题要逃避呢，便张牙舞爪地追了过来。三哥不知道是追他，进了厕所就关了门。鬼子在厕所外边叫边踹门。好一会儿，三哥先开了门，完了两手忙系裤带。小鬼子狐疑他想动武，便一脚踹了过去。三哥一点儿防备也没有，一下子摔倒在厕所里，头撞在了墙上，左胳膊肘卡在了便池上，两处都出了血。而他的右手还提着裤子呢！实际上，鬼子已经觉察到三哥不是"坏人"，确是一个未成年人入厕。但由于霸道势力作怪，仍然"哇啦哇啦"揪住不放。

　　这时查票的和乘警走了过来，跟他做些说明。三哥连伤痛带害怕也哭了起来。阿玛听到后也赶了过来，又给看车票、"良民证"，又说是自己孩子上厕所大便，并且还指给他们看——裤子还未系上，便池也有便痕。小鬼子才借梯子下台，又嘟囔一句什么转身要走。但见周围有人看他，又瞪眼大叫一声"八嘎！"后见查票人已向下一个车厢走去，他才跟了过去。

　　阿玛把三哥领回座位。呐呐又给擦血包伤，又心疼地埋怨："本来躲都躲不过来，还非在这个节骨眼儿上'茅房'（厕所）……"

　　从这事以后，我们几乎寸步不离自己座位了，到什么站也没兴趣看了。第二天在哈尔滨换车，也未出候车室卖呆儿，一直到第三天下午，到了铁路终点——拜泉的邻县克山，找个小旅店住下。想到明天就要坐汽车到新家了，大家的心情才放松下来。

　　晚饭后，阿玛听小贩儿"卖瓜籽儿"，便招呼过来要买。呐呐说："买那玩艺儿干什么！孩子会嗑吗？"

　　她以为是我们辽宁人吃的那种黑瓜籽。不会嗑的，一流口水，滑溜溜的更咬不开硬皮吃不着瓤了。阿玛说："不是那种黑瓜籽儿，是毛子嗑儿——就是咱们各家园子都有几棵长得挺高开大黄花那个向日葵籽儿。"

　　"那个籽好吃吗？"我们也问，以前真没吃过。

　　"又好嗑又好吃。"完了告诉小贩，"称半斤。"

　　小贩子从口袋里把瓜籽儿倒到秤盘子上，约完往炕上一倒——呀！可不真是向日葵籽嘛！但我们还未敢动手拿。看阿玛嗑给我们看了，真挺容易嗑，看样子还挺香。这才你一把我一把地拿起学着嗑

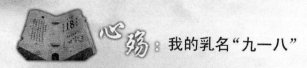

起来。哈！这一嗑，还嗑上瘾了，半斤瓜籽一会儿就嗑光了，还觉得没吃够。

"今儿晚了，睡觉吧！"阿玛说，"以后到拜泉有的是。"

于是，这才打开行李睡觉。因为连续两宿没睡好觉，中间有点事故，又造成精神紧张，这一放松，大家便睡着了，而且一觉睡到大天亮。

阿玛先去买了汽车票，便早早吃点东西上了汽车站。坐汽车也是第一次，甚至到这以前连到跟前看看都没有，我细看一看，跟火车一比，轱辘是胶皮的，长度连半截火车车厢也不够，车皮也没有火车的厚重；不用铁道，能走土路……里边也没有火车宽、高，座位也很挤……但"嘀嘀！"一声叫，走起来，拐弯抹角，倒挺灵活，只不过没火车稳当，又颠又晃……但也比马车强百套！于是，一路上净往窗外看了。看着看着，我又发现个与咱辽宁不一样的地方：村屯太稀少了。走了好长的路，两旁不是大田，就是荒草，小坟地也零零星星，不像辽宁的一有坟就是一大群坟茔；路过的小村子，房子也不好；破了不修，柴禾垛也乱糟糟，不像咱辽宁那么整洁……

克山县在拜泉县北，百多里远，汽车上午便进了拜泉县城。因当时家里没电话，个人无手机，远离两个来华里又无法联系，约定几时到达，所以没人接站。阿玛路熟，领我们全家五口，雇个马拉车子拉东西和好晕车的呐呐；我们四个步行，不远就到北二道街东侧，一家大车站旁边一个小草房——这就是大哥胡振五租住的居宅。也许呐呐把他们想得太高了，看到房子又小又旧，还是租的，心里为大儿子的生活处境很感不解，也有点儿怜悯。

正好大嫂领小女孩在家，一见进来这么多人，又让坐，接东西，又倒水……热情是热情，礼貌也说得过去，可就是好几样满足不了需要——坐，没那么多凳子，炕也小；接东西，因地方窄小没地方摆；喝水，碗不够，水也没那么多；只好张罗现烧……因此，也许还因为她想到家里一下子增了近两倍人的负担，话都是热的动听的，可表情却热不起来，动作也没那么自如……这，我都是从呐呐的脸色转变后，慢慢悟出的。特别是过后还听呐呐说过："不该来……"

大嫂一边安排午饭，一边到左近借电话通知大哥。

不管鬼子得意与否，一个警察有事要回县城，距汽车站远可借马骑；赶不到汽车站，半路也可截车坐；所以，大哥第二天上午就回来了。

大哥,父母的骨血,对母亲又多年未见了,进屋就鞠躬,嘴上呵呵笑,两眼直涌泪;三个弟弟(四弟根本未见过)都礼貌地喊着"大哥",一齐行礼,他更是真诚亲热,摸完了二哥三哥的头,搂住我就不松手了。

这时我看大哥,上中等个儿,不胖不瘦,一身警服,佩戴着腰刀,大盖儿帽子,白手套……好威风,从小心眼儿里钦慕,恭敬。但是,小孩子就是小孩子,我一高兴竟然问了这么一句:"大哥! 大伙儿都说你当了汉奸,三叔又说你是抗联人……到底……"

"什么?!"大哥听了一惊,立刻松开了搂我的胳膊。

阿玛也气得狠狠斥骂:"闭上你的狗嘴!"

呐呐也吓得一把拉过我去小声说:"小孩子不懂的事,可不能乱说……"

大嫂却在一旁敲了"边鼓"(配合意):"这刚来就提出可以叫生死的大事,往后这日子就天天提心吊胆了!"

"行了行了!"大哥阻止了大嫂,又安慰父母地对我轻声说,"是关怀大哥啊? 但这可是不能对外人说的大事。"

"我懂得。'反满抗日',我们关老师都挨抓了;可给鬼子干事的,大家都骂。等鬼子完蛋了就更那什么了……"

"对对对!"大哥又一把将我搂到怀里,"我老弟真聪明! 大哥告诉你——只告诉你一个人,他们都是旁听:大哥绝对是好人。好人不怕误会,也早晚会被大家认可。"完了,他便回头问阿玛:"你在家乡……"

阿玛简单解释:"你三叔回去了你没回去,一定有两种可能……你二叔进关抗日,怕连累咱全家……我只好暂时叫乡亲误会了。要不,我们也来不了这儿,你也在这儿呆不长。"

"实在不假。"他连连点头,并且看一眼大嫂,"完全正确! 好了,今天咱们自己家,这事以后到任何场合任何时候都不要再提了。好不好?"他说完又挨个儿看看大家。

大家全都应合。大嫂的态度也改变了,还格外叮嘱一下她的刚会冒话儿的小女儿:"香子! 方才爸爸说的话听懂了吗?"

小香子狠狠摇了摇头:"不懂。可是我也不说。"

"哈哈哈! 不懂都不说,更好了!"大哥高兴了,开始打听阿玛和呐呐一路上的情况,简单问了三个弟弟的学习,最后对大家说:"这是我还在县里时候住的。转到乡下那里还没找房子;我一个人在办

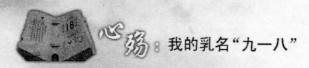

公室住。你们来了,正好住这里,她们娘俩跟我下乡,年节回来团圆。弟弟们该学习的学习……"

阿玛未等他说完道出了自己的决定:"都搬到这儿来,不光怕受你二叔连累,还有你呐呐想你想得常用饭勺子敲门上槛'叫魂儿'……"

大哥扑到呐呐怀里,哭道:"是儿子不孝!"

阿玛接着说:"振全一天书没念,学铁匠已满徒。你能快些找个铁匠炉去'吃劳金'(打工)就行;老三不算小了,就在家帮我做点什么吧。这么大一家人光靠你哥俩怎么过得来? 老四还小,书读得不错,就叫他接着念吧! 也快些托人找个学校,耽误日子多了该跟不上了。城里的课程一定比乡下的课……"

"爸爸放心!"大嫂高兴地插话,"二弟弟和四弟这两件事儿,啥(什么)都包在我身上了! 管保三天之内上工的上工,入学的入学。"

"那可太好了。"阿玛和呐呐齐声赞赏。

我和二哥也说:"谢谢嫂子!"

大哥也高兴地连笑说:"这是帮了我的大忙,我也得对你深表谢意了!"

"那你说咋(怎么)谢?"

"奖励你马上出去,到饭馆叫几个菜,再买点材料自己做点儿。多少年没这么团圆了,今天好好庆祝!"

呐呐忙劝阻:"自己家人,随便做点儿得了。上饭馆儿……得花多少钱呐!"

"呐呐! 振五从小没惹你生过气,今儿可不听你话了!"大哥对呐呐撒娇地一歪脖子。

呐呐笑了,说:"振全跟嫂子去帮助拿东西。小香儿快到奶奶这儿来,放你妈妈去买菜。"

"嗯呐!"小香子听话地向奶奶扑去。

于是,各有一分工,都开始了行动。只有我这个闲人,又有闲空儿琢磨起了闲事儿:一打昨晚到克山,一路坐汽车,加上方才嫂子和小侄女说话,除了调味不同,有些用词儿也和辽宁不一样:我们的"什么"他们说"啥";我们的"怎么"他们说"咋";我们答应"啊"或"嗯",他们都说"嗯呐"……不知还有多少话不一样呢! 这,将来上学,大家不知怎么笑我呢……

# 十五、听大哥讲抗日故事，真好

晚上，因为房子太小，大嫂领小女孩到朋友家"借宿"去了。一铺炕，六口人也睡不下，只好用凳子搪个床给二哥另住；大哥夹在父母中间；我挨呐呐；三哥在炕梢儿。

躺下后，家长里短唠完，大哥问阿玛："三叔最近在哪边儿啊？"

"还是你阿玛到这来以前去那一趟，快三年了，没影也没信儿。"呐呐先回答了。

大哥自语地说："这块儿他也很长时间没来了……现在形势很紧。一方是日伪军对抗联讨伐更激烈了，在松花江流域建立南北两个战区；一方面，抗联里边，个别不坚定分子和原来收编的地方武装，叛变投降的不少……"

"叛变，投降？"阿玛听了也很气愤，"真他妈不够咱中国那个'两撇儿'（即"人"）！"

"去年6月，抗联一军一师的师长程斌，就率他的部下叛变投敌了。"大哥说，"不光带过去不少人、武器，还供出我军的秘密；完了给鬼子带路，帮助日伪军讨伐。我们损失很大，只好保存实力，向东边山区转移……"

"还有什么人投降？"阿玛又问。

大哥叹口气说："今年初，收编后委任八军军长谢文东，九军军长李华堂，都先后率部投降了！"

"他们原先就不是好东西！"

"可当时主张抗日了，我们及时收编，扩大武装力量也是对的。"

停了一会儿，大哥一改郁闷的情绪，乐观地说道："可是，坏事也能变好事。他们这么你叛变他投敌的，倒激发了抗联同志的斗志。程斌投降后，部队向东转移的一路上，屡战屡胜！光在桦甸柳树河子

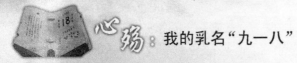

一战就击溃伪军 500 多人，缴获大量武器粮食。"

"人要是来一股劲儿，往往一个顶俩！"阿玛说，"要不人们怎么常说'逼上梁山'呢！"

大哥继续高兴地说："最著名的抗联将领赵尚志，因为与党中央失去联系后直接归驻在苏联的共产国际的中共代表王明和康生领导，实行左倾，赵尚志两次被开除，但抗日决心不动摇。今年六月从苏联回来，他积极领导第三、第六、第九、第十一军奋力西征，一路从萝北打到八道河子，从富锦打到马石；另一支则向讷河、德都、北安发展，不断取得胜利。由李兆麟将军领导的六军教导团，在向绥滨发展的途中，袭击鹤岗矿山、商店，一举解决了官兵全部冬季服装！后来进入小兴安岭，建立了黑、嫩两江地带的根据地。休整时，李兆麟还有陈雷等领导、利用老曲子填写四段抗日新歌！"

"新歌！怎么唱的？"我突然感兴趣地问。

"你还没睡呀？"大哥问。

阿玛却说："小孩子别大人说什么乱插嘴。"

我吓得立刻缩进了被窝里。

可大哥今天太高兴，竟然小声哼唱起来：

"铁岭绝岩，林木丛生，

暴雨狂风，荒原水畔战马鸣。

围火齐团结，普照满天红。

同志们！锐志哪怕松江晚浪生！

起来哟，果敢冲锋！

逐日寇，复东北，天破晓——

光华万丈升！

沈荫蔽天，野花弥漫，

湿云低暗，足溃汗滴气喘难。

烟火冲空起，蚊吮血透衫。

兄弟们！镜泊瀑泉唤起午梦酣。

携手吧！共赴国难。

振长缨，搏强奴，山河变——

万里熄风烟！

荒田遍野，白露横天。
野火熊熊，敌垒频惊马不前。
草枯金风疾，霜晨火不燃。
战士们！ 热忱踏破兴安万重山。
奋斗呀！ 重任在肩。
突封锁，破重围，曙光至——
黑暗一扫完！

朔风怒吼，大雪飞扬。
征马踟蹰，冷气侵人夜难眠。
火烤胸前暖，风吹背后寒。
壮士们！ 精诚奋斗横扫嫩江原。
伟志兮！ 直面敌顽。
团结起，赴国难，破难关——
夺回我河山！”

听到这，大哥不唱了。我又问："接着唱啊！"

"都'夺回我河山'了，还唱什么？"

"啊……真好！ 教教我吧，大哥？"

"你睡觉吧！"阿玛又斥责我了，"学会好上学校唱去啊？ 小鬼听说了，不扒你的皮！"

"我是傻子啊？"因为觉得太委屈了，我大着胆子驳了阿玛一句，"学会了连歌片儿都烧掉！"

"你别说，阿玛！"大哥好像很感慨，"我老弟确实懂事很早！ 才几岁呀！ 还不到九岁吧？"

我美滋滋纠正他："虚岁九岁……'九一八'生的。要不怎么小名（即乳名）叫'亡国奴'呢！"

"哦？'亡国奴'？"大哥很惊疑。

呐呐忙接过去解释："是你阿玛生气他生得不是时候……早不叫了，叫'铁棍儿'——都是铁的。"

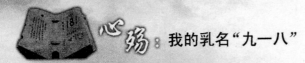

"啊,是这样……"大哥感叹地长出一口气。

阿玛接上又警告我一句:"以后可不能这么叫啊!"

"小弟懂事,不能说这小名了!"大哥说,"小弟是迎着国难降生的,怪不得这么有志气!"

"可阿玛说我是'丧门星'。'九一八'是我给带来的……"

阿玛也笑着质问我:"你怎么知道我那天说这话? 准是你呐呐的破嘴……"

呐呐说:"就你什么都对! 全屯人都说铁棍儿掉河里冲出一里多远连一口水都没喝,是大命人,你却认为不叫他下生就不会有'九一八'!"

"哈哈……"大哥解围地大笑道,"实际阿玛也抬高他呢……什么人能带来'九一八'呀! 玉皇大帝、佛祖释迦也没这么大神力呀! 哈哈,老弟厉害!"

我趁热打铁地要求:"那你明儿把这歌写给我!"

"一定!"大哥毫不含糊,"学会后就像你说的,'把歌片儿烧掉'!'不当傻子'——到哪都不唱!"

"嗯呐!"

"哦? 刚来一天就学会'臭迷子'(对北大荒人的蔑称)话了?"

我更来了劲儿:"咋的? 啥学不会呀?"

"啊! 会这么多了?"

"还有哪……"

"行了行了! 别给个梯子就想上天。睡觉睡觉。"

大哥也附和阿玛的话说:"对,睡觉吧! 阿玛呐呐这一路上都累坏了。"

于是,再无人搭话了。不一会儿就听见阿玛"打呼噜"(鼾声)了。可是我一点儿都不困,还想那首抗日歌呢……

第二天,大哥果然说话算话,一笔一画地把歌词写在我的笔记本上。歌名叫《露营之歌》。有不认识的字,他还教了我。

大嫂也说话算话,在朋友家吃完早饭领小女儿回来就说:"二弟今天就可以上工,就在北大街路东。掌柜的姓吕,胖子,五十来岁,挺随和的。"

没提我上学的事儿,我以为得一个一个来,先办完二哥的上工事要紧。二哥又高兴又性急，当天就想去看看。

"好啊！那就先去看看吧！"大嫂说，"相不中再重找。"

阿玛忙说："哪有相不中人家的！就怕人家相不中咱们！才17岁，说是已满徒人家信哪？"

"这个我可没细说。"

二哥很自信地说："管我多大岁数呢，不信就试试呗！"

"二弟有志气！那咱这就去。"大嫂说着就领二哥出去了。

我觉得怪有意思，若真"试试"，看二哥怎么办。于是，我也悄悄跟他们后边去了。真离不远，是一家敞着窗户的铁匠炉，生火、烧铁、打器具……都在一个屋。我离远看着他们进去后，大嫂把二哥向胖掌柜介绍一下，二哥给掌柜深深一鞠躬。掌柜的跟二哥说了几句话后，二哥便走过去，替司炉一手拉大风匣一手用铁棍子捅火。只几下，掌柜的就笑着招呼他放下风匣，递给他个大铁锤。掌柜的就是"掌钳儿"（主锤）的，用大钳子从火炉中夹出一块红红的铁块，左手用钳子把铁块放在圆圆的铁砧子上，用右手拿的小锤子往红铁块上敲了一下。二哥便站在他的对面甩起大铁锤往红铁块上打一下；先慢后快，把红铁块打得火星四处迸溅。二哥毫不在意。不一会儿，便把红铁块打黑了，也成型了。胖师傅又把它放回炉重新烧红……只见胖师傅放下小铁锤，笑着一扬手，可能是认可了。二哥也笑了，又一鞠躬，可能是感谢收留。这时远躲火星的大嫂也走上前笑着与胖子说几句什么，完了就招呼二哥回走，可能是决定明天上工。但是，二哥不走，想接着干到收工。胖子仰面大笑，马上同意了；回头对大嫂摆摆手，意思可能叫她"放心，请回"。大嫂临走又跟二哥说了两句话。二哥点点头便又操起了大铁锤。大嫂便一个人走了出来。我急急跑回了家。

大嫂进屋高兴地说："行了！"

"老二怎没回来呢？"大哥问。

我一旁连珠炮似地把方才怎么先试拉风匣，怎么抢大锤，掌柜的怎么同意明天上工，二哥硬是留下接着干，把胖掌柜乐够呛……一口气儿说个全。

阿玛、呐呐和大哥一起问："你也去了？"

大嫂却怔住了："他没去呀！你怎么知道这么详细？"

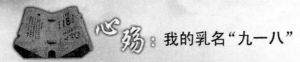

我调皮地一笑："我们老家人都说我是大命人，有神保佑。昨晚大哥又说我是天神派来到中国给人添乱的，这么点儿小事儿还不都在心里呢！"

"机灵鬼！你准是跟在我们身后，藏在门旁偷听了。是不是？"大嫂说着就来"胳肢"（搔痒）我，吓得我满屋跑。

呐呐笑着喊我："振强别闹了，快听你嫂子说说你二哥的事。"

"妈！不用说了，老弟弟说的一点不错，也一事没落下（丢掉）。"说完，却把脸绷起来补充一句，"不过老弟上学的事现在还没找着说话算数的人。一般的都说开学这么多天了，跟不上影响班级成绩。单独补课，老师又嫌负担太重，所以说没有特殊条件，只能等到明春开学了。"

"特殊条件？"我问，"是我学习成绩特殊？"

"不……是有能管学校的大官儿说话。"

"那就别费力跑了，明年开学再说吧！"阿玛说，"岁数也不大，先在家复习一冬。"

阿玛在我心中，可谓是一言九鼎。我心里虽很遗憾，嘴上也没敢说什么。

就这样，我这年半秋一冬没能上学。

两天后，大哥领大嫂和小孩子去乡下任所暂住，然后再租房子搬家。阿玛带着三哥走向偏僻街区蹓跶，准备选一处房前房后有园田空地的地方搬过去，种菜或养猪，弄点收入好养家糊口。"不能劳累大儿子降低生活水平，更不能光靠二儿子那点工钱。"阿玛跟呐呐说，"再说，十七大八了，也该攒两钱娶媳妇了。听说，鬼子规定，男子一到二十必须应征当兵。不够格的连去三年劳工。他二十后，不当兵也得去劳工，娶媳妇就更难了……"老人对子女想得就是周到。阿玛与三哥边走边唠。三哥还告诉我很多。我当时还想过：三哥也要为家里下苦力了，全家就我不挣钱倒花钱，将来一定好好念书，好好干事儿；就像呐呐常说的："人要受恩有报，不能丧良心。"若不，大家就会看不起……因此，我在家除了帮呐呐干点家务活儿，就是看书，学那支《露营之歌》。看书，多识不少字，学歌儿像一天天在长大。歌词虽然仍有不少字不认识，或会发音不懂意思，但"顺趟接"，也每次都感到写歌的人和歌里写的事，无比高大，叫人从心往外尊敬。也试想过：假若自己遇上那事，去了那地方，能不能也像他们那么不怕饿，不怕冻，不怕死……但久久拿不定主意，不那样是孬种，若那样也真够受的！不过，越来越崇拜那些人，有机会应当帮助那些人的想法，是越来越坚定了。正因此，在我试着背诵、默写几次后，便实现了向大哥保证的誓言：把它投入呐呐煮饭的灶坑，烧得连灰都随火苗化掉，变成烟儿被抽进灶炕喉咙眼儿，通过炕洞从烟筒吐到天空，被风吹散，被太阳晒化……我这才长舒一口气，彻底放了心。

一天，阿玛和二哥从外边回来，一进屋便高兴地告诉呐呐："找到个最合咱们要求的房子，在西北街，三间草房，大儿子回来住也够用。房子西和北有一片菜园，还有一眼水井。租金不比咱这闹市区小房贵多少。"

呐呐听了非常高兴，说："这可好了，我还能有活儿干了。要不，总在这儿除了一天做三顿饭都快闲死了。"

"这样，赶快搬过去，今年秋就可以整地种菜，比在乡下种地强得多。"

从这天起，阿玛又多了几样活动。到旧物市场买破旧农具：整地、除草的、浇水的、摘菜的、挑菜的，以及约分量的大小秤……需要啥买啥；坏的，买回自己修理。再有就是总跑菜市儿，看什么菜好卖，什么菜不好卖，什么菜值钱，什么菜不值钱；到市场卖菜的都有什么人；应守什么规矩；官方的都常去什么样人，管制得严不严；摆固定摊床好，还是挑担子随时移动好……这既证明农民当时的胆小怕事，也透露出阿玛头脑的聪明灵活。

一切俱备，只待收拾新居设备，整理现住的家具，选个日子搬家。

北大荒冬天来得真早，还没立冬就开始下雪了。阿玛破例不等"好日子"就张罗搬家了。三间房，一头开门，住人屋子分里外间，正好把大哥的东西放里间儿，我们从辽宁带来的和新家公用的物品放外间和厨房（当时叫"外屋"）。简单安排好，阿玛便领三哥开始上园子整地。好在下点小雪未存住，大都融化了，地还未冻。于是，阿玛领三哥把靠水井周围平地上打池子修畦，在其他地方起垄；该种的，如小葱等就抓紧种；不能种的，趁上冻前灌一茬水，来年墒情好，种什么都会全苗。阿玛和三哥天天在园子里忙活；呐呐屋里活儿干完也去帮忙。

\143\

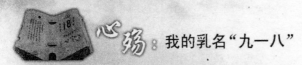

我干不了啥，也不好意思在屋里躲清静啊！便也到园子里，一会儿给这个递个工具，一会儿给他们送点水喝；或者阿玛和呐呐有什么小事儿不值得自己放下活计去做的，便支使我干。这样，一天天的，也怪惬意的。

人忙时短，转眼间快到小年了。突然一天中午，大哥一家三口都回来了……他们先回了原来住房，看换了房户，正想找人打听。受阿玛托付传信儿的邻居老刘看见了大哥，就详细告诉了新居地点。他又去铁匠炉问了二哥，就更毫不犹豫地来到了这里。

大哥和大嫂看看房子、园子，很赞赏；待看到把居室里间留给了他们，就更高兴了。夫妻俩把家具重新调整一下，就到外间跟老人说话来了。

我领小香子继续在菜地里玩儿。

经过几个问答，原来大哥又调回县里工作了。不过，后来才知道与其说上调不如说是停职反省。什么原因呢？大哥在那个乡，是山沟贫穷的地方。抗联以前常去，后来因并村，粮谷"出荷"、日用品按人配给，没什么可支援抗联了，便转移了。当地农民不能帮助抗联了，加上自己也越来越贫困，就更对日伪仇视了，拿摸、偷抢勾当便越演越裂。前不久日本去了一个小分队，抓了不少嫌疑犯，监押在大哥管的派出所。审讯时，因为大哥心慈手软，日本人很不满意。在一次争论中，一个级别低于大哥的小鬼子竟然端了大哥一脚！大哥当即就不让了。经过与上级交涉，最后判定：下级打上级不对；所长对犯人审讯不严更是错误；打人的鬼子带过立功；犯错误的所长回县反省……

"看来开除是肯定了。"大哥说。

阿玛为安慰儿子，也庆幸远离了鬼子，便说："更好，省得成天价提心吊胆的，干什么还不挣口饭吃。"

"可是这一来，"大嫂也插话说，"那边任务不好完成了，自己的前途也葬送了。"

"也没大妨碍，"大哥退一步说，"只要身在敌占区就有任务可完成，何况我就不信，不当警察连个小雇员（伪满当时最低职务）也做不成。再说，我根本就没把当警察当个什么身份……走一步看一步吧！"

呐呐一旁听着，都听懂了，只是没有主见可参与，一声未吭。三哥和我是小孩子，又只能被警告"一问三不知"。

剩几天就到春节了。小鬼子也真够歹毒的，偏偏在除夕之前对大哥宣布了开除！大哥把帽徽、肩章和佩刀摘下走出警察署，直接到了市场，买副食、水果、鞭炮和大人孩子应换的新衣袜，还特别给呐呐买了两朵漂亮绢花……喜气洋洋背包提兜走回家来。

没注意大哥装束的阿玛呐呐乐得嘴都合不拢了；我和三哥也光顾抢看鞭炮了；二哥也放假回来了，因没多少钱，光给小侄女买件花"护大襟儿"（小孩用的像主妇围裙）和一顶带绒球的小毛线帽子。

可大嫂一见大哥帽子没了帽徽，肩上没了肩牌儿，腰上没了佩刀，心里咯噔一声，眼泪立刻流了下来。到底是年轻妇女，对丈夫的官职看得特重。

大哥使劲儿地瞪她一眼，然后把头一歪，叫她回里间去，别叫父母看见，扫大家过团圆年的兴。

但这还是叫细心的呐呐发现了。她悄声告诉了阿玛。老人家偷看看大衣帽也明白了，但装作不知，照样高高兴兴地张罗怎么接神、放鞭炮，怎么供祖先，上什么供品，如何拜年……

形式确实从未这么多彩，人员更是多年未这么齐全。但人的情绪，除了五岁的小侄女之外，人人都那么表里不一……这就是我们家在我出生十年来的第一次团圆年——内容之复杂，情绪之矛盾，人与环境的不协调；不同辈分、不同经历及不同性格的人种种的不同。情况使当时作为小孩子的我，琢磨不透，即使今天作为亲历其事的古稀老人，也难以评说这政治与经济；外人议论与自家人的想法；当事人的使命与敌我双方对大哥的疑心和态度；乃至以后能不能深追大哥的"错误"原因……统统难以抉择，无法心安！

我们家比一般"亡国"的人们，更苦痛……

### 链接1：李兆麟远征中创作《露营之歌》

李兆麟

李兆麟，辽宁省辽阳县人。1910年11月出生。原名李超兰，曾用名李烈生。1932年加入中国共产党。是东北抗日联军创建人和领导人。

"九一八"事变后到北平，参加抗日民众救国会，在平西一带进行抗日救亡活动。1932年被党组织派回家乡组织抗日义勇军，开展反日武装斗争。不久被派到本溪煤矿从事工人运动。次年8月调中共满洲省军委工作，先后赴海伦、珠河等地参与创建抗日武装。1934年起任珠河反日游击队副队长、哈东支队政治委员、东北抗日联军第6军政治部主任。曾与赵尚志指挥打宾州、克五常堡，与李延禄配合袭击洼洪、攻占林口，指挥老钱柜等战斗，创建松花江下游汤原游击根据地。

1939年5月任东北抗日联军第3路军总指挥，率部开展松嫩平原游击战，攻克讷河、克山、肇源等县城。他重视政治工作，善于宣传鼓动。1938年12月，他率领北满抗联第三批远征部队，冒着严寒穿行于林海雪原，不少战士手脚冻伤。给养断绝时，用雪水煮橡子、榆树来充饥。野外露营时，围在篝火旁取暖、睡眠。远征部队历尽险阻于月底到达海伦。远征中，他和他的战友创作了著名的诗歌——《露营之歌》，共四段，其中一段写道："朔风怒吼，大雪飞扬，征马踟蹰，冷气侵入夜难眠。火烤胸前暖，风吹背后寒。壮士们，精诚奋发横扫嫩江原。伟志兮，何能消灭。团结起，赴国难，破难关，夺回我河山。"这首诗歌既真实又生动地反映了将士们气壮山河，艰苦卓绝的战斗生活，又起到了鼓励部队斗志的作用。

1940年底，当抗联部队遭受严重挫折时，和周保中等组织整训部队，继续坚持战斗，曾任东北抗联教导旅政治副旅长。

抗日战争胜利后，以中共代表身份任滨江省副省长兼中苏友好协会会长等职，在党内为中共哈尔滨市委常委。

在内战即将爆发之际，李兆麟深知国民党的卑鄙和凶残，但为了党的事业，为了东北同胞的利益，他早已把个人安危置之度外，坚定地说："如果我的血能擦亮人民的眼睛，唤起人民的觉悟，我的死也是值得的。"于是积极执行国民党的内战阴谋。

1946 年 3 月 9 日，李兆麟在哈尔滨被国民党特务杀害。时年 35 岁。为纪念他，哈尔滨市将道里公园改名为兆麟公园。

**链接 2：转战于深山密林的抗联将士**

**图片来源于《北疆尽朝晖》（中央文献出版社）**

东北三省被侵华日军占领后，英勇不屈的中华优秀儿女在中国共产党的领导下进行了顽强的斗争，在冰天雪地里，在白山黑水间，他们留下了无数可歌可泣的战斗足迹。图为转战于深山密林中的东北抗日联军。

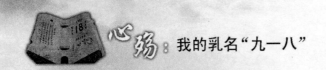

# 十六、我因没学过日语降级了

春节后，大哥又找个地方上班了，是西南街街公所，有点儿像现在小城里的居民委员会，半官半民。他给人家当雇员，没固定业务，叫干啥干啥。跟以前比，虽然当八九年警察才闹个"警尉补"，一杠一花，但也是警察的最底层的小头头儿啊……"真够惨的！"熟人都这么看。

可是我，还不如大哥呢：去年正读二年级，因为正在学期中间，不收；今年1940年了，我都十岁了，正该读三年级，可是因为农村小学没条件学日语，一个字母都不会，说什么也得叫我从头儿来——上一年级！

"太委屈你了，"杨老师同情地说，"可是将来上边一检查，三年级学生不会日语，我们的饭碗也丢了！"

我一听，确实不假。大哥只因为审讯小偷不狠，还叫下级鬼子踢一脚呢，后来又开除了。当老师的班里有学生不学日语，那还了得！什么原因？是学生不学，还是老师未教？还是家长不叫学？追起来得有多少人受刁难啊！于是我决定去了一年级。一见全班都是比我小两三岁的男女生，看我年龄大个儿也高，都笑我。我眼泪又止不住了。脑袋明白，心里却难受……

回到家，阿玛听说，二年白念了，气得说一句："宁可不念也不学他们的屁话！"

我一听，更糟了，连学都不叫上了，脑袋"嗡！"地一下，成了一片空白，什么也不想了，什么感觉也没有了……

那天，大哥不知道因为什么没上班，把我拉出去，走到园子北边，坐在城壕的坡下避风的地方，慢慢安慰我，开导我。

"你还太小，还不懂得人一生是要遇到很多想象不到的沟儿坎儿的。你这才是多大个挫折呀？不就是三年级降到了一年级吗？可有文化还管他几年级？我是几年级？当兵，干警察，做听差，我啥事拿不起来？咱二叔几年级？当了团长，如今又……"

"可听阿玛说，二叔净跳格升级，我这是降级！"

"对，降级没有升级光彩。"大哥先肯定我的想法，完了又叹一口气，"可这又因为什么？是你太笨？是你未好好学习？以前不知道，自从你来这，只两三天我就知道你比我，甚至比咱二叔都聪明；不光学文化，就是对人对事，也很懂事……"

"那都是呐呐告诉的。"

"师傅领进门，修行在个人。有人教固然重要，可自己不认真学认真做也一事不成。"大哥说到这停了停，往远处看了看，心情沉重地说，"家，是个小环境，可以教孩子成熟得快。可社会、国家是个大环境，它既可以使你飞黄腾达，也能够叫你一败涂地。别说一个人，一个家庭也是这样，一个国家也如此……

"去年，希特勒攻占了波兰。英法也对德国宣战了。日本的野心是占领中国，然后北攻苏联，南打印度、缅甸、新加坡等等，想独霸亚洲，因此暂不参加德法英等大战。如今加快了占领中国的步伐，不断向中国增兵；在东三省又强制征兵，叫你中国人打中国人！现在讨伐抗联规模更大了，仅去年5个月时间就发生360多次战斗。""去年冬，在松花江沿岸的肇东、肇州、肇源三县，又进兵，又派武装'开拓团'（名义是移民，实则帮助军队监视农民和探查抗联，必要时也参加战斗），对抗联大讨伐，对民众大搜捕。抗联则化整为零随时偷袭。小鬼子在这三县抓起1 000多民众当场就杀死三百多。抗联更是不断偷袭，双方都损失惨重。所以后来，他们把这段形势称作'三肇事件'……最后，抗联不得不分散撤退到中苏边界，有的在中国一侧山林中，有的进入苏境，进行休整。因为中国抗联牵制住日本无力进攻苏联；苏联也靠我们提供日军情报；所以，他们对抗联也给了不少帮助。

"在南方，南京失守后，鬼子又强渡黄河，进攻济南。老蒋命令韩复榘死守。韩复榘认为'你南京没守住，我守济南不是找死？'干脆没听他的，率部撤出了。从此，日军一路大举南进，东攻……抢掠，烧杀……人还讲什么前途！家还有什么安定！连国家都……"

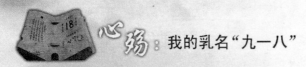

大哥痛心地叹口气，接着劝我：

"所以，振强听大哥的：阿玛是气话，恨日本鬼子。你以后别在他跟前儿读日语。你已有二年基础，语文算术暂不用多少精力，课上课下主攻日语，不过一星期你就会成班里的尖子。至于学好了日语，当前是为了学习成绩，往后也会有用。语言是人类交际工具，多会几种语言没坏处。他是坏人，你能用他的语言反他；他是好人，你能用他的语言学他。还有，别总想学了二年，八年才读完小学。学历不代表全部才干。有人没读几年书，甚至没上过学，一样有文化有才干——自学也成才！"

"大哥！我懂了。"我站起来郑重其事地向他表示，"一定按你说的，不再想降级事儿，努力干实的，念书，要当尖子学生，将来'干事儿'也不落人后边！"

"好弟弟！我相信你……"他像对大人一样，还跟我握了握手！

他有事，先走了。我悄悄走到正在整理菜地的三哥身边。他看我笑笑，没说话，不知想的是我将与他一起干活儿了，还是接受大哥什么指点了。我也没出声，便伸手帮他打零儿。

不多时，阿玛从地窖里装满两大筐鲜菜，拿起扁担准备挑菜上市场，并叫三哥拿着秤跟他走。他们每天都这样：边莳弄菜地，边抽空卖菜。阿玛挑菜担子前面走，三哥肩扛着秤杆，后背当啷着秤盘、秤砣；到市场后，阿玛卖菜、秤菜，收钱；三哥站在菜篮子前看菜；卖完一起往回走……

这次，他们又走了，也没叫我——确实像大哥说的：阿玛不叫你上学是气话。干活儿没算我就是证明。

等他们走了，我把园门关好，也进屋翻起书包来，因为下决心从明天开始，向"尖子"奋斗了，得把明日正式上课的一切好好准备一下啊！

第一天上学，天还很冷呢。我穿上呐呐临搬家时给做的蓝色棉袍，戴个有面儿有毛、中间未絮棉花的长耳皮帽子，走出去不一会儿就冻透了；背着靖宇哥给的那个旧书包，缩着脖儿，抄着手，大步流星地向学校走去。全县城有四个初小，东南西北一方一个。我去的这个在西北街，叫鉴衡的小学，在城隍庙南院；一排大砖房，前边是大操场。操场前面有个木制的大讲台。讲台后边是一根很高很高的旗杆……我还头一次见过这么大这么好的学校呢！因为上次跟大嫂来请示入学，很拘束，哪儿也没敢细看，所以今天有种说不出来的得意。因为我去得早些，学校院里还没有多少学生。他们看见我，很眼生，又很好奇，便都停止游戏，围上我问这问那。

"你是刚来的吗？"

"是。一年一班在哪屋？"我点头答应又问他们。

"不是'俺'本地人……"有人小声嘀咕。

一个稍大一点儿男生说："上一年？你几岁了？"

"十岁，因为……"我想解释一下，有人便抢着怀疑："我看你有十四了！他四年级还比你'乃'（矮）呢！"

"谁十'是'（辽宁土音）啊！我本是'山'年级，因为不会'义'语……"

"哈哈！啥味儿啊？'十四'说成'十是'，'三'年说成'山'年，'日'语说成'义'语……"

我不高兴了，反击道："那你们还把'俺'说成'暖'，把矮说成'乃'了呢！还有不说'什么'说'啥'，不说'怎么'说'咋'，动不动就'嗯哪'……"

"哈哈……一股苣荬菜味！"

"苦参（shēn）参的！"

"你们好，'臭迷子'……"

刚要争斗起来，一位男老师骑自行车进来了。同学们见了立刻甩开我向老师敬礼——戴帽子的行举手礼，没戴帽子的和女生一样行鞠躬礼，口里同时喊一句日语话"狗哈腰狗崴一马嘶（早晨好）！"

一个最爱挑逗我那个男生喊的是"狗哈腰死！"

老师听了下车奔他走去问："你方才说什么？"

"狗哈腰死。"那男生回答。

"我是你同事、下级，还是老师？"那位老师问，又面向大家，"课堂上没讲过吗？'欧哈哟'下边加个'嘶'是对同事、下级说的，后边加个'狗杂一马嘶'是对上级、长辈、老师等尊敬的人说的。"说完又回头看看那个同学，见他低头不语，又看了看我，"对了，你好像行礼没有问早安？"

"他今天刚来。"同学们说。

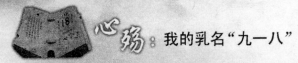 

我也说："从辽宁农村刚搬来，没学过……"

"啊……那以后好好学吧！在哪班？"

"一年一"

"才上一年一？你是刚上学吗？"

"不是，应上三年级了，就因为没学日语。"

"啊……耽误三年哪！没办法。别灰心，好好学习。"

"是，老师！"我正式回答，并行一举手礼。

老师很高兴，说："我先教你一个日语单词：'是'叫'哈一'听清了吗？"

"听清了！'哈一'……"

"走，跟我进屋。"

"是……不！'哈一'！"我说错了又马上改过来。

"哈哈……"大家都笑了。

那位教三年级的男老师，刚把我送进一年一教室，教我们的杨老师便来了。她是女老师，那天就很同情我，今天一见我就高兴地向我走过来了。我立刻立正喊一句："狗哈腰狗崽一马嘶！"

"咦？你不是会日语吗？"

"哦！刚才跟这位老师学的……"

那位男老师说："该上三年了，还很聪明，一定不能错。"

这时，铃声响起了。我刚要进教室，杨老师说："先到操场集合，听不清口令看别人怎么做你就跟着学，过几天就好了。"

学生从各个教室跑出，加上原来就在院里玩儿的，很快便在操场按年级班次站好了排。一年级在最东边，我站在最后。老师都站在本班队前。由于心情紧张，耳朵也嗷嗷叫，基本未听清值周的学生喊什么口令，反正在后边跟人家学吧！先是升"国"旗，一边有人把红黄白黑满地黄伪满"国旗"拽到了旗杆顶上，一边有人领着大家一齐唱"国歌"。我不会唱，但也小声跟着哼。接着，校长读皇帝陛下《回銮训民诏书》（即访日归来颁布号召"日满亲善"的"圣旨"）。再往后是"遥拜"——向四方转身，鞠躬，拜日本"天照大神"、拜"满洲帝国"皇帝……最后，校长训话。一切结束，列队进各自教室上课。

我边跟着进教室边想：这城市学校可比俺乡下学校讲究多，也啰嗦多了。这可能因为条件不同？还是离日本鬼子远近不同？

上课了，老师讲《满语》（即语文课本），我都会。但我不能傻坐着，我就把《满语》课本打开立在桌上，偷着看《日语》课本。可看了半天没看明白：字母都像中国字零件儿，又不能按中国字音去读。心里很乱，就想：小日本儿，起人名学中国人，字也用中国的，为了跟我们有区别就多用一种字；这文字也用中国的，还拆开用……长大后再回忆起这时的想法，就又添一个观点：认为他们这么做，"是既了解自己是孙子，又不想承认中国是祖宗！"这当然是由对侵略者"杀人精"的痛恨引起的，并非对全体日本人民轻视。

上《算术》课，我也不用听，还是用学《满语》时的办法，假装听课，实际专看《日语》。但是越看越烦，可烦也得看，要不，明年还得念一年级……

后来上《日语》课了，我可是拿出全部注意力听讲了。因为是从字母学起，老师啥也没讲，只是把课本上的日语字母，写在黑板上一个，领着念一个。

写个"ア"就张口喊"啊——"

写个"イ"就上下牙合拢，开唇，说"衣——"

……

老师作完示范就领着学生一个字母一个字母地念："ア：啊——"

同学们也跟着"啊——"，同时有人小声嘀咕："它有点儿像咱中国字的'卩'，可又是撇（丿），不是竖（丨）……"

我听了很受启发，在跟老师读第二个字母"イ"的时候，我立刻想到它是"单立人儿"，像"你、他、代、仁、什"等等，都是"单立人儿"旁。好了，我把每个字母老师用中国字和偏旁比一下，像什么就用什么做它的拐棍儿，一定能学得快，记得住。于是，我就一边认真学发音，记笔画，一边苦思冥想：它像中国哪个字儿，像哪个偏旁。

譬如：老师教"ウ"时，我就在它旁边写上个"宝字盖儿"（宀）；教"エ"时，我更快地标个"工"字；老师又领念"ォ——欧……"时，我乐了：完全是中国的"才子"的"才"字！于是又把"才"标注在它旁边了。就这样，一直到下课，共学了十个字母。我大部分都标上了中国字和字的偏旁；少数的没标上，留以后琢磨，或问我大哥。

午休时，家离学校近的回家吃饭，离家远的带饭盒。我家离学校

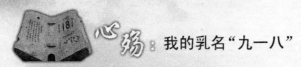

不远也不近，因为一下课就有几个同学围住我逗我说话；还有两个早上来时碰到的上班生都要听我辽宁口音的"苣荬菜味儿"。我虽未带饭盒也没走成。

"嘿！胡振强，这是什么书？"本班一个同学指着《日语》问。

我很不在乎地如实说道："义语呗！"

"哈……'义语'！"他放下书又在画板上写个"人"问我，"这字念啥？"

"念'银'！"

"……'银'？哈哈……"

另一个上班生又写个"热"，问："这个字呢？"

我又照答不误："叶！"

他又写个"肉"，我又答："念'又'……"我当时想，不因为"日语"我已是三年级了，能叫你们考住！

这时一个上班生就把我方才读那几个字连成一句话，故意学着辽宁口语（其实学得一点不像，夸张带歧视呗），大声说道："义头太叶，晒银又……"

"哈哈……"在跟前儿的同学又笑又鼓掌。我那天倒来个沉着劲儿，没害羞也没生气。等他们学完了，我也在黑板上写字考了他们：先写个"俺"。本班同学不认识，上班生轻蔑地读道："念'暖'（nǎn）呗！"

我又写了个"矮"，他又念"奶！"

我又写了个"暗"，他又念"难！"

我又写了个"爱"，他又念"奈！"

我又写了个"饿"，他又念"呐！"

我又写了个"熬"，他想了想念了"孬！"

最后我也给他连个句子："暖（俺）屋太奶（矮）又有点难（暗），本来奈（爱）呐（饿），只孬（熬）粥。"虽然词不达意，可把他们的"臭迷子"土音折腾一遍。他们听后便翻了脸，说："你骂人！"

"一报还一报，你先说我的！"我未示弱。

"你个苣荬菜味儿'苦参参的！'"

"你个'臭迷子'大舌头嘟唧的！"

"你'四十'不分！"

"你'矮奶'一样！"

……

正吵得有劲儿，几乎要动手时，杨老师突然走进屋来，问："你们干什么？你是哪班的，跑这儿跟小同学吵架？"

我趁他被问住了，抢先说明："他不叫我回家吃饭，逗着我说'苣荬菜味儿'……"

那同学不服气地嘟囔："他还骂我们'臭迷子'了呢！"

我又说："辽宁人有辽宁口音，黑龙江人有黑龙江的味儿，凭什么偏拿我取乐？"

"问你哪？"杨老师问那个上班生，"我们中国大，各地口音不同，这叫方言，是很自然的事儿，谁也不低气！"

"他'四十不分'就是不对。"他仍坚持自己的理。

我也不示弱："你们'矮奶'同音就算对呀？"

杨老师把对吵架的气，转成了对知识的思考，说："其实，你们俩说得都有理，两方面都有错。"

大家一听，以为老师和稀泥了，都哑口无言地你看看我，我看看你。杨老师顺手掏出本袖珍小字典，说："来，叫字典给你们评评理。"说完，她翻翻小字典，便在黑板上写起来："唉、挨、矮、艾、安、俺、岸、肮、昂、盎、熬、遨、袄、奥……"然后回头对大家说："咱们黑龙江人大部分都在这些字前边加个'了'声母。（当时没有拼音字母，只有注音字母）你们把'唉'读成了'nāi'，挨读成了'nái'，只是声调不变；把'安'读成了'nān'，把'肮'读成了'nāng'，把'熬'读成了'nāo'……人家胡振强挑得不对吗？辽宁人就没这类错误。"

"那他'四十'不分，有些字调也挺侉的！"上班生和本班生都争着说，因为都是本地人嘛！

杨老师笑笑，说："所以我方才说你们都有的对又都有错。"她又按小字典在黑板上写道："思、死、四、松、耸、送、搜、叟、嗽、苏、俗、速、酸、算、虽、岁、孙、损、缩、所……"然后边读字音边解释字义，因为一年级多不认识，最后面对我，也扫视大家，说："读这些字时舌头是伸直的。还有很大一部分字，如'湿、十、史、市、杀、傻、山、善、伤、上'，等等，字比平舌音的多，字母都是舌尖卷起的。这在辽宁人是很熟练的，结果大部分人把平舌的(z、c、s)母字都读成(zh、ch、sh)卷

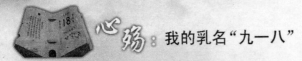 

舌音了。所以，大家连我在内，读字说话都要注意按字典的正确读音改正过来。听明白了吗?"

"听明白了!"

"以后还光看别人毛病吗?"

"不的了!"

要搁今天，大家一高兴非鼓起掌来不可。那时不兴，对师长只尊重服从，不能平等地赞同。

杨老师说完，铃就响了，上课了。上班生跑回去了;我们也都回到自己的座位。

我除了在《满语》课中注意改正我的辽宁读音，在《算术》和《满语》课时仍然用书挡着脸，在琢磨《日语》的字母的读音和写法。上《日语》课时更加细琢磨字母像哪个中国字和中国字哪个偏旁了。

**链接 1：日军在华主要集中营揭秘　被指是"人间地狱"**

**沈阳集中营：盟军高官的"地狱"**

沈阳集中营又称"奉天俘虏收容所"，下辖两个焦虑收容分所，是二战东方战场战俘营中规模最大的。从1942年11月11日到1945年8月15日之间，100多名盟军高级将领和高级文官分别被关押在这两个俘虏收容分所，过了一段地狱般的生活。

太原集中营

**济南集中营：细菌实验的"货源"**

济南集中营成立于1940年5月。1942年底由驻济南日军第十二军管辖，用以训练战俘，输送劳工。因济南驻有日军华北方面防疫给水部的派遣支部，所以济南集中营的抗日军民常被作为日军细菌实验的试验品，成为日军细菌战研究的"货源"。

**太原集中营：日军医院的"血库"**

太原集中营建于1938年6月，对外称"太原工程队"。战俘在集中营除了干杂活，还在市区修路、筑桥等。日军还把战俘集中营当成军队医院的"血库"，经常将一批批身强体壮的战俘送到第一军医院抽血，大量战俘因失血过多而死。

**塘沽集中营：转运劳工的"驿站"**

塘沽集中营初建于1943年，数以千计的中国劳工由此被送往日本本土做苦力。据统计，日本从中国强掳劳工169批，塘沽运送的有86批。押上船的人数为38 935人，从塘沽上船约有20 686人，塘沽集中营成为日军转运战俘劳工的最大"驿站"。

（摘自《解放军报》）

**链接 2：东北抗日联军编为苏联远东方面军88旅**

1942年7月16日，抗联领导人周保中、李兆麟同苏联远东方面军司令阿巴那申克大将经过协商，决定将留在苏联远东境内的东北抗联部队加以扩充整合，编为"东北抗日联军教导旅"，以"培养东北抗日救国游击运动的军事政治干部，锻炼优秀游击战士，使之能在东北解放战争之际，积极有力地配合友

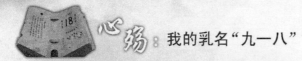

军作战"。1942 年 8 月 1 日，由东北抗联改编而来的抗联教导旅在苏联伯力正式组建，番号为苏联远东方面军独立第八十八步兵旅，对外番号八四六一步兵特别旅。图为 1944 年，被编入苏联远东方面军 88 旅的中国抗联将士与前苏联哈勾夫斯克(伯力)、瓦西里·伊万诺夫等  人合影。前排右三为周保中、左二为李兆麟。

# 十七、走错路，被鬼子撵"拉了"裤子

记得刚进四月，突然有一天上午，正上课，紧急集合的铃声响起。各班老师紧张地追赶着学生"快到操场集合！"

集合未等结束，队伍还未站好，校长已经站到台上了。他这一上台，各班老师更抓紧整理本班学生队伍了。只听"克腰子克欤（立正）！""哈七拉——米给（向右看齐）！""挠利（结束）"……粗一声细一声，大一声小一声的日语口令，响个不停……

接着，值周学生喊一声"吼——抠哭（报告）！"向校长报告集合完毕。校长扫视一下面前的全体师生，说了话："今天，正当上课时候紧急集合，是因为有一重要喜讯要向大家传达。"

师生们都蒙在鼓里：什么"重要喜事"这么"重要"？这么值得"喜"庆呢？不禁互相看了看；有的学生还小声互问了一下。

"静一静！"校长大声喊道，"现在请县教育科司学给我们报告喜讯。"他说完下了台。

啊！"喜讯"是够"重要"的，县教育科特派人来报告……只见一个中年男子，打扮得军不军民不民，文不文武不武的，鼻梁上卡个近视镜，在接受全体"敬礼"之后，干咳了一声，掏出一张白纸念道："在1932 年 3 月由'大日本帝国'帮助东北建立'满洲帝国'之后，又相继于 1937 年 12 月在北平建立了'中华民国临时政府'和'蒙古国自治政府'，又于 1938 年 3 月，在南京成立了'中华民国维新政府'，特别是今年——1940 年 3 月，在'大日本帝国'帮助下又建立一个面积更大、人口更多的，亦即把北平的'中华民国临时政府'和南京的'中华民国维新政府'合并成为正式'国民政府'。设首都为南京，'国旗'在原青天白日的旗角附一小黄旗，上书'和平反共建国'；原国民党副总裁汪精卫任国家主席兼行政院长；陈公博任立法院长、温宗尧

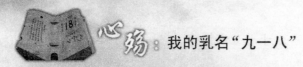

任司法院长、梁鸿志任监察院长。王揖唐任考试院长;政府以下还设有'军事委员会''参谋总部''军事参议院''军事训练部''航空署'等机构;'和平救国军'下辖三个方面军,收编原国民党军、东北军的起义官兵和各种地方武装、共数万人枪……"司学念到这里停了,显然没有读完,但往后为什么不读了? 他读的是正式文件,还是他按上级指令个人起草的,以防口述不全面或出差错? 校长、教师们乃至高年级学生,先是静静地以疑问眼光盯着他看;接着互相小声交流了起来……

"好了! 就报告到这。"他终于说话了,"希望学生以班为单位组织发表感想,庆贺。以上(即结束意)!"然后下了台。

校长带头举手鼓掌。大家也就都鼓起掌来。接着,校长又代替值周学生亲自领师生喊起了口号:"庆祝新'国民政府'成立!'大日本帝国'班在(万岁)'!'满洲帝国班在'……"

司学没等校长喊完,招招手便向校外走去。

校长也停下口号,去送他出了校门,回来后,对等在操场的师生一扬手,自己回了办公室,也未布置怎么讨论。

恰好,铃声又响了,既是下课,也到了午休。于是,学生当场解散。

各位小朋友:看出点儿门道了吧? 当时的教育界,即使是被看作是"亲日派",心里也不完全忠诚于鬼子。你看那个司学,"完成任务"而已;再看校长、也是做个表面文章。至于教师、学生,就更是各揣心腹事或一阵糊涂一阵明白。

像我这样的当时的低年级小学生,主要就看老师和家长的影响了。

在回家的路上,憋在肚里一泡屎,本应在下课时便出,因为紧急集合,又听要闻……突然走到"兴农合作社"(平时都叫它"坑农活作孽")大门前。因为院内有厕所,后门出去就快到家了,我便急着进了院儿。没想到一个鬼子出来喊:"不喜(许)净(进)!"我边跑边说:"上厕所! 憋不住了!"

"叭嘎——"他骂一声便追了上来。

我加快猛跑,厕所去不成了,离家又太远,正好跑到用刺网围成的院墙外边就离家不远了——从刺网下面钻过去，他就没法撵我了。说时迟那时快，跑到刺网前，我往底下一趴，加上快跑的冲力，"喇溜——"就滑了出去。刺网外是一人来深的壕沟。这原来没去想，折个半空翻儿，落在了沟底，好在是虚土和野草，没摔坏，不过摔"拉裤子"了……满裤裆热乎乎黏咕嚷的！我急忙把裤子脱下。

撵我的鬼子正跑到刺网跟前儿，看见我手提着直淌粑粑的裤子，"哈哈"大笑！

我一急，立把带屎的裤向他一举，说："都怪你——"

"摇——戏！一气捧摇喽戏（太好了）！哈哈哈！"转身便回去了。

我气得小声骂他一句："你才真的'叭嘎'呢！'叭嘎牙路'又'苦辣'（都是骂人话）……"然后用蒿草把裤子上的屎刮了刮，又往草地上蹭了蹭；又用一把细草狠擦几下屁股；然后又把两手在草地上狠擦几下……心里叹气，又怕回家挨骂……一边流泪一边爬出壕沟，往家走。

到家时，呐呐正忙做饭，没注意我；大哥大嫂没在家；三哥跟阿玛干活儿没回来。我放下书包，急忙找条裤子，换上后，我又急去拿洗衣盆，从水缸里舀水。忽听呐呐问："什么味儿？这么臭……"我水没舀够就往外走。

呐呐看出我在躲她，急忙撵了出来，一见盆里的裤子就"啊？"了一声，"拉裤子了？"

我站起来委屈地小声说一句"叫鬼子撵的"后"哇……"一声便大哭起来，对鬼子的后怕、气愤，十多岁学生"拉裤子"的害羞，加上对阿玛呐呐的惧怕……一股脑儿释放出来，越哭声越大。

只听呐呐大声说："别哭了！手上的粑粑都蹭脸上了！"说着先拽我把两手伸入水盆搓洗。"这水不干净。再去拿个洗脸盆舀水洗洗。"把我推走，她便蹲下洗起裤子来……

我洗完手，呐呐洗完裤子，阿玛和三哥回来吃饭了。呐呐未说，我也像没事一样，照常吃起午饭来。

晚上，大哥回来了，我要向他报告学校传达的"要事"，还未等我说，他便问："你要说的是日本又扶植汪精卫建立'新民国'吧？"

"你都知道了？"

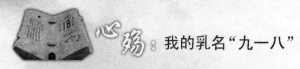

"又建立个'新民国'？"阿玛很吃惊。

大哥说："你们小学生都传达了，我们街公所大人能不宣传吗？"

"是怎么回事儿？振五！"

"哎！日本人为了'以华制华'——既占领殖民地，又美其名曰帮助中国富强！"大哥心情沉重地讲了下去——

"实际这事，早在1937年12月就在北平成立个'中华民国临时政府'，接着又撤销'蒙古军政府'，另成立个'蒙古自治政府'，还建立个'蒙疆联合委员会'，任德王为主席。接着在上海建立'上海大道市政府'、'南京自治委员会'、'杭州自治委员会'、'扬州自治委员会'等市、县伪政权四十多个……基本上攻占一个城市建一个伪政府。第二年（1938年3月），在南京又成立个'中华民国维新政府'，采取什么三院七部制，任梁鸿志为行政院长，下设七个部；把咱东北四省分为十九省。在这些亲日汉奸统治下的伪政权下边，还建立了名目繁多的亲日伪军；什么'保安队'、'治安军'、'绥靖军'、'和平建国军'、'和平救国军'……共约60多万人，都在日军控制下，替他们占领攻下的城镇，帮助清乡、扫荡、进攻抗日根据地……

"1938年末，原国民党副总裁，亲日老手汪精卫，早对抗日前途失去信心，又总梦想取代老蒋统治全中国，后来就委派亲信梅思平、高宗武、董道宁给牵线，经日本间谍今井武夫、影佐祯昭引导，先逃往越南河内，然后转向上海，与日本上层密谈。最后决定把华北的'中华民国临时政府'和南京的'中华民国维新政府'合并一起，并包括其他省、市伪政权，就定南京为首都，于1940年3月建立个'国民政府'。打什么旗、建了多少部、院，编成了三个方面军……这，你在学校都听到传达了吧？"

"听到了。"我说，"可是传达那个教育科司学好像没说完就走了。完了，校长也没按他说的组织各班讨论……说是'重要大事'，正上课时紧急集合，可是过后又都不提了……"

"所以，你纳闷儿，不清楚这里边的奥秘。是不？"

"像是明白点儿，可又说不清。"

"这就说明你很有头脑了！鬼子的喜事，就是咱们的坏事。凡有一点儿中国人味儿的，谁会认真传达、庆祝又讨论哪？所以我常说：别看小鬼子这么嚣张，没费多大劲儿占了东北，只几年攻占半个多中国,如今又把攻占的大半个中国单建个汉奸掌权的'二满洲'。他们早晚得彻底垮台!"

"大哥你说说,这么厉害怎么会彻底垮台呢?"三哥一旁也问了一句。

"振五你今儿就给他们好好讲讲吧!"阿玛也提出了要求,"可你们一定要哪听哪了! 不许跟别人吐露一句!"

"他们都很懂事儿,不能。"大哥安慰阿玛,也是进一步激励我和三哥,然后喝了一口水,对全家人娓娓道来。

小朋友们注意:大哥接着说的就是"第二个要闻"。

"我们都知道,蒋介石统领大军时对日本节节败退;可对共产党自建的正规军和游击队却不断围剿吧? 可是人家共产党以大局为重,一面通过谈判应付老蒋,一面想方设法打击日寇。

"在日本进攻关内期间,中共领袖毛泽东就预定:将因武汉会战形势发生重大转折。所以于 1938 年 9 月,在延安召开了中央扩大的六中全会。在会上,他做了《论新阶段》的政治报告,认为:从'七七'事变以来,经过 15 个月抗战,中国已有很大进步,但还未达到反攻致胜程度。日军虽遇挫折,仍有余力;国际上虽已向中国道义和物资援助,但整个国际形势还未到有利之时;故战争是有长期性、残酷性。但是,中国地大物博,人多兵多,作战潜力雄厚。而日本恰反,其优势只具暂时性。它不但被拖在了中国,还须北防苏联,西对美国,南对英法,用于中国的兵力已所剩无几,再无能力进攻了。因此,中日战争开始进入相持阶段。只要中国坚持持久战略,一定能获全胜。

"会议最后拟定《决议》,提出十五项紧急任务:一是坚持抗战到底,克服悲观失望情绪;二是诚心拥护蒋介石抗日,争取国共合作,共同对敌;三是扩大军队,提高战斗力,制止日本进攻根据地;四是发展敌后游击战,建立巩固、扩大抗日根据地;五是提高军事技术,建立军火工厂,准备反攻实力;六是实行民主政治,改进政治机构;七是扩大民众团体,动员广大人民积极抗日;八是实行民生改善;九是实行战时财务政策;十是实行国防教育,鼓励全民为自卫战争服务;十一是加紧对国外宣传,力争世界了解中国,援助中国,推进对日制裁;十二

是建立中日两国与朝鲜、台湾人民的抗日统一战线；十三是团结中华各民族共同抗日；十四是厉行仇视汉奸，巩固前线后方；十五是发展国共两党及一切抗日党派，巩固抗日民族统一战线，支持长期抗战。

"会期内和会后，相继建立起晋察冀根据地，以五台山为中心，囊括晋、察、热、辽五省的部分地区，108个县，20万平方公里土地，居民达2 500万；还有晋西北、晋冀豫、晋西南、冀南、冀东、冀中、晋鲁边、大青山和山东等多个抗日根据地。他们实行围困战、地道战、地雷战、麻雀战、破袭战……致使训练有素、武器精良的日军如盲人摸象，不知所以，疲于奔命，屡屡战败。15个月时间与日作战1 500次，消灭日伪军5万余人，缴枪12 000余支，自己的队伍已壮大为15万人……"

"大哥你怎么知道这么多？记得这么准？"三哥听来了劲儿，以敬佩之情不禁问道。

"别打岔！听你大哥讲。"阿玛制止了他。

大哥笑笑说："这可绝对保密，不能告诉你。这还不算具体哪！我再告诉你们个更具体的：日军在中国只遭到两次全军覆没，都是因为对手是八路军。"

"是吗？"我和三哥惊喜极了，"都哪次？"

大哥也更加兴奋地讲了起来……

"日军里有个被称为'战术家'、'皇军之花'的精锐独立混成旅旅长、中将阿部规秀，久闻八路军难对付，很多兄弟部队吃了他们的亏，心里很不服气，很想寻机与华北八路一战。于是便在1939年也就是去年10月下旬，先派1 000精兵，由过村大佐率领打先锋，自己率领主力随后接应。"

"过村大佐分三股兵力深入根据地。晋察冀军区第一军分区司令员杨成武，于11月1日得到情报后，经过研究本地地形，心中已有定数：若将日军引入雁宿崖狭道，再堵住白石口，管叫他来一千死十百、来十千死一万！便传令各部依计秘密布置。"

"过村自领600人出涞源南进，一路上多次被游击队袭扰：有时正走着突遭袭击，待要还击敌人又没了踪影。11月2日，大队进了白石口。他的副手建议：'从这到雁宿崖，两侧奇峰插天，易遭埋伏。'过村因连日遭受游击队袭扰，早已心烦了，便说：'我有炮队，八路若敢伏击,定轰他个魂飞魄散!'拒不听劝,继续前进。到3日早晨,路越走越窄。600人成了几里的长线儿。两面峭壁连接,遮云蔽日。心里很是不安,便问副手:'前边为什么叫雁宿崖?怪名!'副手解释:'此处山陡石峭,寸草不生,连狼豺虎豹也不敢过夜……'过村听了心中更加不安,想要回撤,既觉已晚又怕人笑。正犹疑中,忽然枪声骤起。两侧高崖各杀出一支天兵,居高临下,机枪猛扫,手榴弹狂投。日军欲躲无处,想撤无路,人马相拥、中弹、挤踏,死伤无数。过村急令架炮,怎奈山高崖陡、不仅打不着敌人,有的还被山崖弹回,落地自残。过村只好收拢残兵,且战且退,企图突围。这时杨成武将军正在高处观阵。看出敌人意图,便命令部下堵住他的退路,猛力射击! 敌人更是乱作一团。正午刚过,600日军只活13人被俘! 从乱尸堆找到过村——他浑身是血,当夜死亡!

"这是他们的第一次全军覆没吧?"大哥高兴地接着讲,再看第二次:过村的上级阿部规秀听到这一消息,气得疯狂怪吼,誓死报仇——'复我皇军无敌的美誉……'于是亲率第二混成旅主力,倾巢出洞,分装数百辆大卡车,拉炮载弹、赶往涞源。他先向东西和西南佯攻,同时自率主力一千五百人向雁宿崖进军,一路见村就烧,见人就杀……

"我军杨成武得知情报后,急用电话向聂荣臻司令员报告。聂司令分析敌人的心理和战略,然后暗授机宜;接着又调炮兵营助战。杨成武高兴地喊道:'看我怎样用牛刀杀鸡好了!'

"阿部中将的一路上,也遭了过村同样的袭扰,迫使他快速进入伏击圈儿。果然于11月5日走到白石口时,立遭围击。阿部一面令炮兵还击,一面令步骑兵登山围剿敌兵。可是,大炮除了炸掉一些碎石,根本打不着高崖上的我军;而费力登上高崖的步骑兵又扑了个空……我军早撤一边隐蔽起来了! 阿部不死心,继续循着过村路线前进。入夜,一天没得饮食、休息的官兵,刚一打盹儿,又突从四面响起了枪声和冲杀声。但放几炮后,枪声杀声都没了。过一二小时,他们又刚入梦,枪声与杀声又响起来。他们被搅得一夜未得消停。

"天亮后,阿部又率军向东,一路虽然山高路窄,却无动静。到11月17日,下起小雨,阿部急令加速前进。然而命令刚出口,四面枪声炮声齐响起来。子弹炮弹齐在队伍中开花! 接着,八路军大队

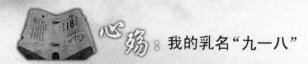

人马又从四外冲下山头，一下子把鬼子兵截成了好几段儿，每段都被强大步骑兵围歼。枪射，刀砍，马踏，手榴弹炸……不多时，日军1 500人就失掉六七成！剩下三四成维护旅团长退到一处高地。刚想喘息一下，又被包围个严严实实。还未等近战交手呢，一颗炮弹便把阿部规秀炸成了一团肉酱。'战术家'、'皇军之花'就这样陪着1 500名部下魂消魄散地彻底凋谢了！

"看，又是一次全军覆没！"大哥讲到这，看了看大家，"这就十足证明了中共六中全会上，毛泽东的预料正确，并且也显现出整个中日战争由相持阶段向反击阶段过渡的趋势。"

"道理是这样，可是'狗急也跳墙'。"阿玛一边抽着大烟袋，一边感叹着，"鬼子知道自己日子不长了，就更要大闹。这就苦了咱们东北啦！"

"……是呀！军队主力不在这里，军火无来源！给养也因为'并村'、'粮谷出荷'，一切日用品都按人定量'配给'，也供应不上了……"

呐呐这时也插一句："你三叔这几年不知都干什么了，没跟你通信儿？"

"他的活动很困难，全是隐密的；不过和我还有联系。"

这时，我慢慢从解恨的两次大胜仗思索中，一下子想到了二叔，便问大哥："咱二叔去关里抗日，是在哪个军队？是一打就撤的国军还是能叫小鬼子全军覆没的八路军？"

"你说呢？"大哥未答，却反问我。

我想了想，说："是八路军！"

"为什么这么猜？"

"因为二叔一向就聪明，能看出谁真抗日谁假抗日。"

"是吗？我老弟真是长大了！"

阿玛也赞赏，但都是从客观上说的："在家养伤，我看他就是看形势，选军头儿呢！不看准了不能全家进关。"

"愿老天爷保佑他就是打胜仗那伙儿的！"呐呐自语地为二叔祝福。

这时，大嫂出去会朋友领孩子回来了。于是，全家也就此各自准备休息了。

　　明天又会是什么样子呢？想起将来，有希望；看到眼前，不是困难就是危险。无论大人小孩儿，都只能咬着牙硬挺，瞪着眼多看……特别是大哥从警察署开除，落在街公所，好像挺安全。说不定又因什么事儿挨整……全家越来越提心吊胆了。

# 十八、教育科司学被抓进监狱

日本人在南京又成立个管辖大半个中国的"国民政府"，可以说比"九一八"后把东北建成"满洲国"还重要。上边指令先向各地学校传达，组织讨论和庆祝，然后扩展到整个社会。而小小拜泉县，却在学校这第一步就没迈开——由教育科派人到各校传达，就出现了粗细和认真不认真的问题："组织讨论""庆祝"的就更没几个。

副县长桥本刚雄第二天没听到庆祝的动静，就问教育科是否如期按要求传达了？科长报告昨天专门派人到各校传达的。

"那么怎么未听到庆祝声音？"

"这，可能做充分准备哪……"

桥本放下电话就派人分头调查。结果，不但未准备庆祝，连讨论也没几个学校进行。桥本大发雷霆："八嘎！（混蛋）"立即指令逐级审查处理。

首先科里把派下去传达的司学和科员都叫来询问。大家一致回答："如实传达，按指令做了要求；没叫我们亲自组织学校讨论庆祝，我们不敢越轨，取代校长……"

"下去检查！"科长也急了，"了解清楚，马上回报，请求惩处。"

于是，按原来分工，科员和司学们立刻到各校去调查。四个初小和两个（男女分校）"国民优级（高小）"学校，去传达的都是一般司学和科员，两个"国民高等（男女分校的中学）"是正副科长分头传达的。因之，科长下完命令，自己也下去检查了。

听完传达的第二天下午，我上学一进院儿就觉得与往日不同。在操场的学生都未游戏，而是三五成群，神情紧张地小声嘀咕什么。老师们，则先到的已被叫到校长室了；后来的更是带着小跑儿往校长室奔；有的骑自行车来的，下了车连上锁都未来得及，甚至连车梯子都未支上，便往校长室跑……

这是怎么了？我很纳闷儿。后来一问，才知道是因为昨天传达的事儿，上边发怒了……我仔细一想：司学传达没说完就走了，这可不怪学校……可又一想，好像人家告诉"以班为单位组织讨论"了，可是校长没在——这还需要校长再布置吗？为什么不组织讨论呢？至于庆祝……这可又是全校的事儿了——坏了！全有错。这要来人调查……有错的全抓走，这学校不闹黄了吗？一想到这，心里立即"嗵嗵嗵"猛打起鼓来。

这时，同学们都停止了小声议论，一齐回头去看校长室——啊！那里传出了人们的争吵声。于是，一个个猫着腰，轻迈步，拐着弯儿慢慢贴着房子走到校长室的窗户两旁，还有的蹲在了窗下，去听声了。

我们一年一班的教室离校长室最近。我未跟他们去窗下，急忙跑回教室，然后把门大开，跟先进屋的几个同学一起，站在门旁偷听起来。

"……你根本没传达完就急匆匆走了！"这是校长声音。

科里那个司学马上回道："可最重要的话'组织讨论和庆祝'，我却说了！"

"说了吗？我没听见。"有个老师说。

又一个老师说："有一点儿印象，可怎么个庆祝法……"

校长立刻接过话茬儿："就是，这么大的事，我正想在你传达完一起商量商量。你却连屋都未回，直接走了！"

"传达是我的事。讨论和庆祝是学校的责任。这和我走不走，商量没商量没关系……桥本县长生气的是没讨论没庆祝，不是没传达！"

"讨论和庆祝，也在传达的要求之中，决定于传达的质量……"

"这么说，你们学校的讨论和庆祝也得我管呗！那还要你这个校长干啥？"

"因为你代表科里来的，不说清谁敢乱动？"

"我说清了！"

"你没说，我没听着！"校长想尽量推卸责任，"你问大家，谁听见了？听清了怎么不组织讨论庆祝？"

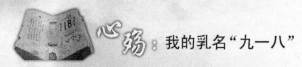

"我们一个小小教员可不敢意想天开……"

"叫干啥不干,那不成'反满抗日'了?"

……

老师们大都随校长意图,说了不利于司学的话。司学好久未出声,可能已看出了,人家是一个学校的,辩论没用。……最后叹口气说一句:

"凭良心吧! 不就是丢饭碗子再坐牢吗?"话说完便垂头丧气地开门出了校长室。看见我们在听声,他站下看看我们,似乎想问问我们听没听到他说"以班为单位组织讨论和然后进行庆祝"的话,一想:学生还不得都听老师的! 于是摇摇头又迈步一直走出学校。

我当时虽才十岁,对他好像有点同情。可是原先,我昨天不是跟大哥也说了"他没传达完就走了"? 正这么胡思乱想着,只听校长又说话了:"他已经认账了……我们也只能往上推了!"

"是啊,要不校长可就沾大包了。"一个老师说。

另一个女老师又加一句:"回自己班对学生也得统一一下口径,万一再下来人问学生呢!"

"对对。小孩子净来实的。可别给学校加个'反咬一口'的罪名。"

校长当然很高兴:"那就快回去吧! 别在这空谈了。"

于是,乒乒乓乓,唏哩哗啦门一开,男女老师一齐往出挤。我们急忙跑回自己座位等着杨老师来"统一口径"。

我心里又嘀咕上了:老师们也不总是像教育学生那样——总是对的啊……

杨老师走进来,关上门,慢慢走上讲台,看了大家好一会儿才开口说:"昨天的事儿,你们不会忘。方才校长室里的争论,你们也都听到了……实际上,司学、校长、我们各班老师,都有错儿!"

啊! 她怎么这么说? 太实了,可这不合校长要求啊……我这么想,看看左右同学。也有的在皱眉想事情。

杨老师心情沉重地接着说:"我们是'满洲帝国'的人了,处处受'帮我们建国'的日本人管制。这么大的错误,确实应该实事求是,好汉做好汉当。可若那样,校长和老师们全完了,学校还办不办?"

"办!"老师本来没问大家,同学们一听学校要办不成了,都争着要求"办"。

杨老师对大家摆摆手，又向门口窗外看了看，说："学校一停，你们就都没有书读了……所以，只好牺牲个人保全大家了。这样，确实对不起司学。但是，他是能够理解的。真有他受处罚那一天，我们一要感激他，二要帮助他照看家属……"说到这，杨老师鼻翼一扇乎，便落下两行眼泪。

"老师你别哭……"女同学们都争着说，"我们听老师的！"

我又突然感到：老师还是最好的人，于是随着女同学之后也说了一句："我们明白老师的心，一定感激他，帮助他……"

后来，并未来人向学生调查，可能因为没必要；或者跑不起。一周之后，处理决定传下来了：凡未组织讨论和庆祝的学校，负责传达的人有的开除公职有的判刑入狱。来我们学校的司学就定个"反满抗日"的"思想犯"，押起来了！学校的校长则分轻重和在处理这问题时的表现，重则降为普通教师，轻则记过一次。我们学校的校长，就是受处分最轻的，因为他还向科里写了个书面报告，揭发司学，检讨自己。

从此，我对我们的校长，总想离得越远越好。当时说不清原因，你们会清楚。我后来也明白了，就是他为保自己，把自己应承担的责任也推给了司学。

这件事，我放学后向全家人都说了。他们听了，有的骂鬼子是万恶之源；有的骂校长不该利己害人；有的可怜司学，又埋怨他传达时太轻率；更多的是赞美杨老师的人品。最后，阿玛和大哥都教导我："这类事还会有。千万不要感情冲动，不该过问的最好不知道，知道的如事关重大也不能轻易动手，张口。更不能像你们校长那样……"

我一再点头之后，试探地请问阿玛和大哥："我想找到那个司学的家，看看能帮他们干点啥……"

"去帮助'思想犯'干事儿，鬼子能饶了你？"阿玛首先就一口回绝了，"小孩牙子能干什么？倒给人家添乱！"

"老弟的心肠很善良，有正义感。可这是个关系到政治的大问题，不同于帮个穷人、病人。"大哥说，"先别跟别人说，也别可哪问，等我了解清楚之后，咱哥俩再核计怎么办，好不？"

"太好了!"我十分高兴地离开大家,到一边去看我的书。他们又说了些什么,我也听不见了。我复习什么书?当然是《日语》,又要反复练读音,又要记写法。读音还好记,我嘴听话,我叫它怎么动就怎么动,叫它用什么地方发音就用什么地方发音,这可能与我爱唱歌有关系。因此,我的功夫主要下在了字母的写法上。我边背发音边默写字母,写着写着就跟中国字混了。后来,我干脆把每个字母都和中国字或偏旁做比较,缺什么,多什么,完全一样又读什么……比出一个记上一个,比不出来就先放一边儿,或者先记上它的特点,像什么,然后再往下比……越弄越觉得有意思,并且掺杂着一种"日本字是跟咱中国学的,不是自己发明的"的自豪,学得就更有劲儿了。不过那时刚学字母,单词也用字母拼合。后来深学之后,发现他们根据汉字改成字母还不算。直至今天,书面文字每句都离不开汉字,词义也大同,甚至发音都差不多。顺便举几个例子:如他们对中国谎称的"日满亲善",字不变发音略同,读"尼七满亲赞",是不差不多?再如"一德一心",字不变词意更像汉字原音,读"一斗苦一心"……还有在语音上,连中国的古入声,他们都读促音——这源于语音学习,你们还不懂。但这却能证明:他们不光文字,连语言都源自中国!

这都是后话,不多说了。咱们还接着讲我当时自悟日本字与汉字的关系。

比完了为了便于记,我把它们的关系编成了顺口溜。但有些字能说不会写,我就空着,往下编。空着的找机会问大哥,问老师。就这样,我的日语也成了全班数一数二的了;同时还搞个小小发明——不过我一直保密,谁也没告诉。

大哥不是赞同我,对因"喜讯"没传达好那位教育科司学的同情,又要帮助他的家属干点儿什么吗?他还真通过街公所打听到他的家庭情况了。

快放暑假的一天星期六下午,那时,星期六上半天课,下午休息。大哥在午饭后叫我跟他上趟街。我不知有什么事,但只要大哥要求,我都愿意干。

跟他走出院子,他便跟我说:"你关心那个司学的情况,我打听明白了。"

"真的呀?他,怎么样?家里困难不?"

"嘿嘿!"大哥看我又高兴又关心,笑完却慢声细语地说,"他姓刘,以前当过小学教师,才到科里一年多,人确实挺好,可听说已判了五年徒刑……"

"五年? 那他家……"

"家有位老母亲,妻子还有病,孩子还未上学……"

"那他们的生活怎么办?"

"挣工资的押起来了! 老婆的病没钱治了,家里的吃、穿、用都没钱买了! 你说'怎么办'?"

"他们有亲戚吗?"

"不知道,好像他是从外省来的;有也很远借不上光……"

"……这可恶的鬼子! 坏心眼子的校长……"

"你不说'想帮助'吗? 怎么帮助?"

"我,可他们困难也太大了!"我很为难,"原来寻思……找几个好同学……"

"能给他们凑钱啊? 还是去帮助干活儿?"大哥又给我出个难题,"凑钱,恐怕凑不上多少;一大帮人常去,传到鬼子耳朵里,你们不成了'思想犯'的同伙? 至少是同情者;因是小孩子,可后边还有家长指使啊?"

我被大哥问住了,一声不吭地跟着大哥走。不知拐了几个弯儿,走了多长时间,听大哥说一句:"到了,这就是他们家。"

我抬头四下看看,这是哪儿啊? 好像东南隅。小胡同旁一个小院儿,破旧的板门关得严严的,小院儿不大。房子是旧草房,两间,不跟左右相连……我加快脚步就往前走,被大哥一把拉住了:"你要进去呀? 说什么? 他们害怕,又能告诉你什么? 万一被监视的特务看到,你又怎么回答?"

"那……"我也四下看看,没人走动,也没狗叫,我就问大哥,"你领我来这干什么?"

"让你先知道他家情况,地点,至于以后需要干什么时,不就不用费事了?"

"可是,谁知道他们需要什么,我们又能干什么……"原先一激动想得很好,现在到时候到地方了,又啥也弄不明白——到底是个十来岁孩子啊!

大哥说完这句，又默默地领我在他们家附近转悠一会儿，使我对这地方、小院儿印象更深了。临往回走时，大哥问我："挑最简单的说，你现在能帮他们什么？"

"钱，没有；吃饭、穿衣，都不行——咦？咱家有菜呀？"

"阿玛能让吗？"

"……偷着拿！"

"不正大光明！"大哥说完都笑了，"阿玛不能让，不是心疼一点菜，是怕你惹事儿。你要能做得严密，家里外头谁也不知道，起码一周能送一回，够他们三口人吃两天……"

"送一回吃两天，那我就送两回！"

"太勤了，小心叫阿玛发现！"

"在他们出去卖菜的时候……"

"那你上学呢？"

"怎么也能抽出空儿来。"

"那你怎么送给他们呢？"

"……"

"叫门？"

"不行，一是怕他们不给开，二也怕叫别人听见……我把菜扔进院里就走！"

"你小子真聪明！"大哥又搓搓我的头，"可是你帮人做好事儿，人家也不知道哇？"

"叫人知道干啥呀？你们抗联，连命都不顾，想叫谁知道了？"

"振强！"大哥严肃地叫我一声大名，看住我好半天没说话。

我知道，他不轻易叫我大名，一旦叫一次，准有大事，或有重要话说。我静静地看着他，等他往下说。

他一下子抱住了我的头，激动地说："那些为国捐躯的死难战友，要听到你这话，知道连小孩都理解他们流血牺牲的意义，他们不知如何高兴！受苦、挨饿、牺牲，都值了！"

听声音，他好像掉泪了。因为他抱住我未松手，我也未挣脱去看他。就这么我俩无声地站了好久。

"走！咱们买点菜，你先送一次试试。"

"行！上哪买？"

我跟他走过一个街口就遇见一份卖大葱和黄瓜豆角的。我们就一样买一斤,求卖菜的给捆在了一起。我们哥俩又慢慢从原来的路回到司学刘老师家那个小胡同。

"我在这看着,你自己去,办完了也不要管我,自己尽快离开,回家。要有人看见,跟着你,你就先不回家……"

"明白了。"我接过三斤一捆的三样青菜,往刘家小院走去,自己感到成了故事里的地下工作者一样。快走到院门跟前儿时,我回头看看,大哥没影了,再左右看看,正好没人,我抓紧快走两步,双手把菜往院里一扔,抬脚就跑。

跑出十几步远时只听一老太太惊问:"谁扔什么呀……菜!你是谁?"

我更加快了脚步,听到身后有开板门声,我干脆一拐弯儿钻进了一个小胡同。不知老太太看见我没有,反正看见人影也看不见脸儿,以后走到对面也不会认出来。当然,我也不认识她。

没动静了。我又从小胡同出来,慢慢从来路回了家。呐呐问我跟大哥做什么去了。我撒谎说:"上他们东南街公所了。完了我去了一个同学家,有一道作业题找他核对……"

呐呐再未问我,我赶紧进屋去看书。

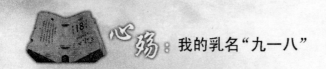

# 十九、暑假作业是捉老鼠

明天放暑假了，老师告诉比往常早半点到学校，学校要统一布置假期作业。

什么作业？还要学校统一布置？又不同年级……第二天带着一大串儿疑问来到了学校。

又像以前一样，全校集合在操场上。校长上台讲话："今年的暑假作业，不同往年，一个年级一个样。今天是统一的，一样的，只是要求有高有低。"

大家听了半天，没弄清是什么作业。同学们又沉不住气地小声议论起来。

"严肃！"校长喊道，"我不能像上次刘司学布置那么糊涂，结果……我今天要说清楚。不仅全体同学要清楚，而且每个老师也要记准确。这个作业：第一，意义重大，是皇军下达的政治任务，能不能按时按要求完成，关系到'日满亲善'、'一德一心'的大问题。作为学校、班级、个人，完成完不成的结果，可想而知。我就不用细说了。这第二，作业的数量，一是怕完不成，二是要争先进，从省到县，到各界，到这校，到班级，到个人，肯定要层层加码的。上边怎么加咱不知道，教育科给各学校是一个学生五个，学校要求各班平均一个学生必须交上六个以上，不多吧？而各班对学生要求的数目，一年级不少于五个，二年级是否应加一个？三年级呢？四年级呢？这样，要都完成，全校也会超额完成，就会受科里的奖励……"

说这么老多，到底是什么作业呀？还论"个儿"，一年级比一年级多……大家又"嗡嗡"起来了。

"大家是着急要知道是什么作业呀？"校长大声问学生。

学生齐声高呼："是！"

"那我现在就宣布:是捉——老——鼠——"

"啊？捉老鼠是作业？"

"而且要活的！必须是活蹦乱跳的！"

老鼠是有害的动物呀,干嘛要活的？校长也看出大家有疑问了,便大声解释道:"不仅是为了保护粮食去灭鼠,是要活鼠搞科学试验,试验成了可对国家对世界的发展有重大作用。"他说到这里,先单问一下各班老师,"你们当老师的都听明白了吧？按这个意思回各班再好好加细加深讲讲。讲清了才会完成得好。如果完成得不好,自然就是没讲清意义、作用,对这一重大政治任务没重视,甚至说根本没想完成！结果是什么,不用我说吧？好了,我讲完了。"

学生七嘴八舌议论起来,老师们也互相交流起疑问和看法来。但是完不成肯定要步刘司学后尘,是毫无疑问的。快回教室布置任务吧！

于是各回了自己班。我们是一年级、年龄小,不会捉又胆子小,困难多了。杨老师跟大家商量:如何叫家长帮助,怎么捉活的又怎么保护好;也希望相邻同学互助,办法会想出一些,胆子也会练大一点儿……

经过一番议论,基本各有了努力方向,结成的互助对子也不少。我虽已来快半年了,因为是外省人,还没完全融合到本地人那样无忌讳、无隔阂,所以不好意思主动找谁合作,反正自家有我三哥能帮我……

"胡振强！咱俩一伙吧?"我一抬头,是级(班)长沈杰。他在西门外郊区农村住,每天上下学都要走十来里地,很能吃苦,学习也好,平常对我就比其他同学亲近。未曾想他会主动找我。但我高兴之余又想到两家离得这么远,怎么合伙干哪？我便说:"我愿意跟你合伙,可是你家……"

"远不怕,你住在我们那,我妈可喜欢小孩儿了。我姐姐还能帮咱们编鼠笼子。我还有捉活鸟的扣网……去吧！捉鼠中间还能抽空儿学习。你还没到过咱北大荒农村吧？管保跟你们辽宁的不一样……回去跟你爸妈商量商量,再不我跟你去替你跟他们说?"

唯恐我不愿去,一连气说了这么多去的好处。我的心真活了。可他一提"爸爸妈妈"我立刻又心凉了一半儿。因为呐呐不叫我们

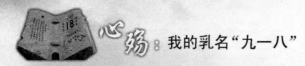

上人家去,怕干出什么错事叫人家烦;再说,住在那就得吃人家的饭,这在阿玛和呐呐那都通不过。我想到他要跟我到家去替我说,也许还有可能。于是我们离校后,他便跟我到我们家去了。

沈杰一进门就对我呐呐一鞠躬,说声:"大娘好!"

呐呐抬头一看,挺清秀的小学生,又这么文明,便问:"振强这是你的同学啊?"

"我们一年一级的级长,叫沈杰,家在西门外郊区住,十来里地天天走着上学……"

呐呐第一印象又加上我这一介绍,立刻喜欢上这孩子了。她忙放下手中活计,去找来平常连我都舍不得给的糖果,给他吃。

沈杰说声"谢谢"后接着就把学校布置暑假捉老鼠,捉不够不行的事,全说了一遍;接着说:"我家是种地的,地里、粮仓里都有老鼠。我们两人一起,多捉些。我想叫胡振强到我们那去捉老鼠。他说他没出过远门儿,怕见生人儿。我告诉他我妈非常喜欢小孩,我姐姐还会编老鼠笼子,我还有捉鸟的扣网……要不他一个人在家肯定完不成任务……"他简直成了"小说客"。呐呐开始还笑笑,不以为然,到后来却直点头儿了。

"可是十来里地天天怎么……"

没等呐呐说完,他便抢话说道:"在我们那住呗! 就两三天,我们俩还能抽空看书学习。"

"哎呀,在你们家又吃又住,多麻烦你妈妈呀! 再说,我们大人间不认不识的,就叫孩子去白吃白住……"

正这时,大哥从里屋走出来了。我一看,救星来了,急向大哥递眼神,求他说服呐呐。

"我看振强应当去。"大哥说,"小沈杰是他们级长,跟他去只能学好,学不坏。再说,他自己会捉老鼠吗? 又没工具捉,又没笼子养,老三跟阿玛忙菜园子也腾不出手。万一完不成,下学期这学可就不好上了。"

"我也是这么想,可是就这么空着手上人家去吃住……"

"我明白呐呐的意思。"大哥说,"先叫他去,以后人处熟了,逢年过节的走动走动,还怕没回报机会?"

"可你阿玛还没回来……"

"先叫他走吧！阿玛回来,听说是这么回事,管保高兴。"

就这样,呐呐给简单换了衣服,又再三嘱咐如何有礼貌,要有"眼力见儿"（即能看出问题）、别多住,捉够了就回来……我一一应诺。

走时,沈杰又给呐呐、大哥一人一鞠躬。

走到屋外了,我还听到呐呐夸奖沈杰:"这孩子多懂事儿,长得也秀气……"

我跟沈杰都笑了。十来里地儿,我俩一路小跑儿,对路旁的庄稼,路过草地看见野花,都未注意,一心想着快到他家拿扣网快捉老鼠。

到他们家了,是个独门独院儿,在我们辽宁住那村里,也算是下中等人家吧！他父亲下地了,只妈妈和她姐姐在家。我也像沈杰对我呐呐和大哥那样,一人一礼。紧接着又是沈杰说明了我去的原因。母女都很欢迎。在他姐姐给找扣网时,他妈妈还问我家庭情况,听说我阿玛种菜,大哥"做事儿"（公务人员）,二哥打铁……很满意地点点头儿。

小铁丝笼子和扣网都找来了。扣网一大一小,像打老鼠的夹子,只是底坐和上盖都有细铁丝网,比夹子稍大,诱饵放在深处,鸟或老鼠咬犯了机关能被活活扣住,不会夹死。他姐姐又给找来几个小谷穗儿,苞米粒儿。我们俩便乐得一蹦一跳地向村南大地跑去。

沈杰知道哪儿有老鼠;老鼠爱上什么地方。他边告诉我,边下网扣。我开始一点忙儿也帮不上,心想要不是他主动叫我来,我这作业真可能完不成。我越来越感激他,也就更用心学他的经验和技巧。等捉住两个老鼠以后,我就可以在他指导下,分别下扣网了,但却总是他先扣住了,我后扣住,有时还没老鼠理我的扣网……

这时,忽然来了几个大人,其中有沈杰的父亲,因神情紧张,没顾上搭理我们。另几个有的是屯邻,还有村长和上边来的汉奸——他们是来丈量土地的。为了"粮谷出荷"干得彻底,不等打下粮食就先测查清楚谁家种多少什么粮,估计产多少斤,将来好定任务。这是他们去丈量地……沈杰跟我说的。我心想:住在农村的比街里人更受鬼子气,很为沈杰读书不易而担忧。

晚上回去,大丰收,捉了七个老鼠！因为太累了,吃过晚饭不多

时，我们俩便倒在他们家西屋北炕上睡着了。后来，他妈妈又分别为我们两人盖了被子，枕上枕头——第二天早上被什么声音吵醒后，发现睡得挺正规嘛！他家好像昨晚来了客人。我们没过问，吃过早饭后，便又去捉老鼠……

　　路上，沈杰说："你睡得真实，昨晚半夜时西屯起了大火，把这屯子都照亮了。我姑家那小屯子全叫鬼子给烧了！"

　　"鬼子烧房子干啥？"

　　"小屯并大村，怕跟抗联人联系呗！"沈杰心情沉重地说，"并到大村，'十家连坐'，互相监督，见有怀疑就举报，不举报跟嫌疑人同罪。一个组若有一家出事儿，那九家都挨罚……"

　　"这也太霸道了！"

　　"小屯子房子烧了，到大村没地方住还不说，有的老人、病人还有烧死的……"

　　"是——吗！这么恶毒呀！"

　　"昨晚来我家的就是我姑。她有病的老公公（丈夫父亲）硬是不离开，就烧死了……"

　　"……"我看他很难过，我想劝说却没说出话来。

　　我们走到昨天去的地方，又默默地开始捉老鼠……

　　看样子，沈杰还有什么心事，好像不光为了姑姑家的事。总坐在地上怔怔地看着一个地方半天不动。我不好打扰他，自己去下网，起网，捉住老鼠了我都不好叫他……

　　好不容易挨到晌午，一数，又捉住 5 只，收工回家！我拿着夹子、扣网和笼子向沈杰走去……他正一个人在唱歌！不想心事了？我悄悄地走，细细地听。只听他哼唱道：

　　……

　　　东屯哥哥被鬼子打死了

　　　西屯姐姐被鬼子强奸了

　　　爷爷奶奶年纪老

　　　弟弟妹妹年纪小

　　　只能等死，谁也跑不掉

　　　小猫小狗也饿死了

　　……

"什么歌？说这么对……"我忍不住这么一问，他唱不下去了。我要求教我唱。他说回家给我写下来。

"等我背会了，你再教我怎么唱！"

"行。"沈杰仍不乐呵，从我手接过鼠笼就走。

路上，我问他："你今儿怎么，不高兴？"

"我们家也要出事儿。"

"出什么事儿？"我听了一惊。

"听我妈说，丈地的回来翻仓库，发现有三斗小麦！"

"三斗小麦怎么的？不是'出荷'剩的吗？"

"剩粗粮行，小麦只许'出荷'不叫自己用。"

"光种不吃?!"我简直气得不知说什么好了。"三斗小麦给没收了？"

"光没收还好了呢！"

"那还咋的？再拿别的粮还不叫人吃饭了！"

"说是，还要抓人……"说到这他哭了。

"麦子白拿还抓人……"

我们走到家。院里静悄悄的。进到屋里，外屋地也没人做饭。我心里就打起鼓来。忙跟沈杰跑到东屋一看，他妈正躺在炕上暗暗流泪呢！他姑姑正在跟前伏身劝慰……

沈杰一下子全清楚了，"哇"一声哭着问："是不是爸爸给抓走了？"

这一声像引爆的火捻儿，暗泣的妈妈放声了，劝导嫂子的姑姑也哭了起来，沈杰更是失去控制地大哭大叫："我要爸爸！我要去找他们……我去替爸爸……家里不能没有爸爸……"

我抱住他劝，自己也泪如雨下。他姑姑放开他妈妈来劝他，实则用后果威吓他："你这么闹，鬼子就怕你了？听你了？要是叫村里知道把你检举了，大哥出不来你也得进去……"

他妈妈虽然自己忍不住泪，因怕孩子惹事儿，也从炕上爬起说沈杰："你心疼爸爸，妈知道，可不能这么闹。听你姑的，别再给你爸加罪了……"

我咋劝？哪有合适的词啊！憋得无法，只得说一句叫他暂时缓和一下的话："别着急，我回去求大哥给问问，兴许不能怎么的……"

嘿！我这一句话简直像个闭火的电钮，大家的哭声、叫声、劝声全戛然而止了！我马上就感到话说得太重了，太虚了，能起到那种作用吗？连他自己的"派出所长"都没保住，现在只给街公所当差……可是话已出口，又已起了暂时作用，万一……真备不住……问问清楚，也比抓到哪，怎么处理都不知道好些吧？于是，我咬咬牙又说："我现在就回去……"

沈杰听我这么说，一点儿未阻拦，马上去给我拿东西。他把十二只老鼠给我小笼子七只，自己留五只。我不同意。他说他还能再捉，坚持塞给了我；并且怕我不敢一个人走路，还送我一程，把我看成个道地的城市娇孩儿。我为了多与他在一起，多劝劝他，并且也暗示他别把事情想得太简单，如同刘司学……叫他坚强起来，光哭闹不但没用，倒给妈妈添乱；应当劝妈妈想开点儿，多帮妈妈干活儿，叫她感到你爸爸不在家，你也顶半个大人了……话当时不是这么说的，十岁孩子哪里讲得出这么有情有理的话！只是这个意思。老朽今天这么概括，条理一点儿，是为叫你们听（看）得明白。

快走一半路了，我把他撺回去了。

我回到家，像没发生什么事一样，这么快便捉了这么多老鼠，超额完成任务全靠沈杰了。同时说沈家人怎么怎么好，我要与沈杰，像过去的好朋友那样"拜把子"……

阿玛、呐呐、大哥、大嫂，连三哥和小香子，都为我高兴；为我超额完成捉鼠任务高兴；为我遇到这么个好朋友高兴。

但是，过后我把沈家的事，悄悄跟大哥一说，大哥也皱了半老天的眉，最后说："好人都该帮助。可这太难了，都不同在战场从敌人手里救同志，即使自己受伤或者牺牲了，人可以救得出。这……这么的吧！你别跟他们把话说太绝。我先打听一下，尽可能减轻点儿刑期少遭点罪……"

"太谢谢大哥了！"

"真像是你自己的事一样啊？"

"那可不！"

"不要跟阿玛和呐呐说这些事啊！"

"嗯哪！"看我也学会本地人口音了！

第二天下午，沈杰就来了，他把自己留的那五只老鼠拿来三只，告诉我："我用不着了,都给你吧! 我挑两个大的,一公一母,留下养着。都说老鼠繁殖得最快。我留下养着,叫他们下崽儿,什么时候学校再要,你就不用现捉了,要几只拿几只,只能多不能少⋯⋯"

"哎呀,这可太麻烦你了⋯⋯"

"好同学,说这客气话干嘛!"

我高兴地接过小鼠笼子,忽然想他方才说"我用不着了",就马上问:"哎你方才说你'用不着了'? 怎么'用不着了'? 你这是都拿来了? 没再捉呀?"

"我不念书了,这'作业'还交它干啥!"

"怎'不念了'呢? 你——"

"爸爸不会很快回来,我得在家干活儿了。"

"你怎么知道他⋯⋯我不是还要求大哥⋯⋯"

"不用麻烦你大哥了。"沈杰像突然长大了,沉着开明地解释,"我这是专送老鼠来的,不是催你求大哥⋯⋯我妈说了,亲戚邻居都说,这事不好求人。小鬼子没人性,弄不好把求的好人都连累了。叫我一定告诉你:不要求大哥去问了。反正没死罪,押几年就回来了。"说着又交给我一张纸,"这是那首《儿童抗日歌》。"

我接过来揣起,急得要留他,也说不出什么话,只默默地送出挺远,才被他撵回。他告诉我:"以后学校再布置这样作业,我能知道。你磨不开去取,我给你送来⋯⋯"

"嗯哪⋯⋯"我立刻哭了。他头也没回就加快了脚步,肯定也哭了。

我回去时,呐呐问:"这孩子多好,还特意给你送老鼠,还要帮你养⋯⋯咦? 你怎么哭了?"

"呐呐⋯⋯"我又止不住泪水了"他以后不上学了⋯⋯"

"不上学了? 因为什么? 学习那么好,还当级长⋯⋯不上学可白瞎这孩子了!"

"谁不说呢!"我接着便一五一十地把不上学的原因全说了。

呐呐边听边叹气,咂嘴,最后问我:"你大哥真就问不出什么来?"

"昨儿我问他了。他说很难,但还想试试,方才沈杰说他妈不叫问了,怕连累了大哥。"

"多么好心肠的人家……唉！咱国家哪朝哪代干了缺德事,遭这么大的报应！闯进这么多日本鬼子……"

当时的老年人大多信命。她这么说,我也弄不清楚怎么向她解释。接着她又联想到老家的二姐了:"你二姐就是躲'并村'搬到咱们村儿的。咱们搬到这儿来,她又搬了回去,不知这会儿怎么样了……唉！当老人的就是操心的命:以前惦记儿子,搬这来又放心不下女儿……"说着撩起衣襟擦眼泪。

"呐呐不哭……"我立刻向前一步,搂住一只胳膊,一边摇动一边说,"都怨我说沈家的事儿……"

"呐呐不怪你,你没错。呐呐是想不该生你们这些苦命的孩子,总是受苦……"

"不是'命'！"我止住泪大声说,"也不是你命不好,也不是我们命不好,是小鬼子欺侮人！就是一个村子里有个坏蛋,他又偷又抢又熊人,是挨偷挨抢挨熊的人命不好吗？是那个家伙太坏！"

"嗯,你说的也是这个理儿。"呐呐真地明白我说的道理了,还点点头儿,"可是,这也像村里老实人都躲着坏人,惯坏了……要是都硬邦起来,那坏人怎么也得收敛点儿。"

"呐呐说得太对了！"我高兴地说,"你没听阿玛和二叔三叔他们说过……蒋介石一开始就硬起来,'九一八'都不会发生。后来到处有抗日军打日本,日本不也挠头了？叫咱们东北跘住了他的大腿,五六年才挪蹭到关里。"

"我小铁棍儿的书真没白念,懂得这么多事儿！"

"这不是念书念的。"我有点不好意思了,"都是听阿玛和二叔三叔唠嗑时,偷听来的。"

"可到外边不能这么说呀！"

"我知道。大哥早就告诉我了。"

"你大哥也知道挺多的?"

"哎呀,比谁都知道得多！好像有什么人用什么方法告诉他……知道得还早哪！"

"是啊……愿老天爷保佑:可别露了馅儿叫鬼子知道！"

"不能。大哥可机灵了。"

"那也得特别小心。"

"那倒是。"我赞同地说。可看到呐呐那心事重重的样子，我又后悔：又给她增加了一种忧虑。什么也不叫她知道就好了。怪不得大哥跟我说完什么，最后都嘱咐我："别跟呐呐说。"唉！我还是太小，太幼稚啊！看呐呐又忙家务去了，我掏出那首歌默读起来……

### 儿童抗日歌

听得小狗汪汪咬，
我心是怦怦跳。
出门看，日本鬼子进屯了！
明晃晃的枪上带刺刀……
他来没有什么好事，
不是杀人就是把房烧！


东屯哥哥被鬼子打死了；
西屯姐姐被鬼子强奸了！
爷爷奶奶年纪大；
弟弟妹妹又太小；
只能等死，谁也跑不掉！
小猫小狗也饿死了……
远望红旗迎着风儿飘，
吓得日本鬼子东奔又西跑。
乒乓枪声抗联打来了！
打死鬼子真不少，
剩下几个没跑掉，
让咱叔叔大爷抓住了！


幸亏抗联来得巧，
晚来一步我们都活不了。
妈妈忙做饭，爸爸把水挑。
弟弟妹妹拍手笑，
我们都要快长大，
好跟着抗联把仇报！

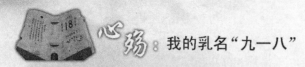 

真好！从此我一有闲空儿就掏出来念，背熟了又去找沈杰学着唱。

自从学唱了这首歌，我感觉好像长大了好几岁……那天跟沈杰学唱完，我当着他的面儿把写歌那张纸撕得粉碎……

沈杰直笑着冲我伸大拇指，完了又神神秘秘地问："抗联里传出了儿童歌，是不那里有不少儿童兵啊？"

我听了一笑，看看周围没人，便跟我那好班长小声说："你真猜对了，还有女生呢！"

"还有女生？！"

1945 年 5 月，李敏同志被苏联政府授予反法西斯战争胜利功勋奖

"那可不！听说一个朝鲜小姑娘就像咱们这么大就参加了抗日，叫李敏，还在抗日活动中立过不少功呢！"

"是——么！"沈杰感叹地自语，"可，咱们都只受人家的气……"

好了，今天就讲到这。

链接:当年日寇在中国设立的细菌部队

长春伪满洲第 100 部队(牲畜及农作物细菌战部队)主楼

华北(北平)北支甲第 1855 部队
第一课(检验课)及病毒战剂研究室设在
原北平协和医学院

华北(北平)北支甲第 1855 部队
第二课(细菌生产课)设在前天坛生物制
品所

华北(北平)北支甲第 1855 部队
第三课(细菌武器研究所)设在前北平静生生物调查所(在前北平图书馆西侧)

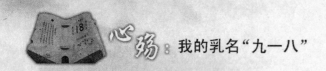
# 二十、我被刘奶奶逮住了

开学前一天午饭后,看阿玛与三哥挑菜担子又去了市场,我抓紧包上点胡萝卜和茄子去给刘司学家送去。每次都像第一次那样把菜扔进院里就跑,这次仍然如此。然而万没想到:司学的母亲早猫在我每次跑去的方向不远处等着我……我刚跑几步就被她堵住了。她问我什么我都不说,但又挣不脱她死死拽住我的双手。我急得苦苦哀求:"刘奶奶! 一会儿来人看见,我就完了! 你可不该把帮你送菜的小孩儿送给鬼子汉奸……"

"孩子! 老婆子不是害你,是要报答你。你告诉我你叫什么名……"

"我不要报答!"我又猛力一挣。

老太太也急了顺手就抓住了左胸上钉的既写学校、年级又有姓名的名签。两下一使劲,"咔刺——"名签叫她抓掉了。我想往回要,老太太却高兴了:"行了,你快跑吧!"

"你不可按名签写的找我去呀!"

"这我懂!"老太太珍贵地揣进怀里,"我把它藏在谁也找不到的地方……"回身便走回院子。

我左右看看正好没人,也只好离开了。

快走到家时,碰上了大哥,我把名签事告诉了他。他笑笑说:"她是好人,就想将来要报答,没坏意思。你,只好再向学校要一个了。"

"丢名签是要挨训的……"

"咦? 你这次不是老鼠捉得最多吗?"大哥提醒我,"先交老鼠,趁老师高兴时,你说钻林子把名签刮丢了。"

"好办法!"提起老鼠我又想起了沈杰,就问大哥,"你知道我从哪弄那么多老鼠吗？而且以后不用捉就会完成任务……"

"呐呐都跟我说了——沈杰这好孩子真可怜！哎对了，你今天就去他家一趟吧？告诉他们：我已打听清楚了：只判三年。我还托了人，不会在监狱受苦。告诉他们自己知道就行了，别跟别人说。"我高兴地答应后，说："可我还想送给沈杰一点儿礼物，只是……"

"没钱买？"

"不是买，是写的，还有不少字不会写……"

"是信？拿来我帮你改改？"

我俩加快脚步走到家，我便把笔记本上编那几段日本字母像中国字的顺口溜，翻给大哥看。大哥一看，十分赞赏，马上动笔，空白地方填了字，不合适的词儿做了修改，然后问："为什么给他，不交给老师呢？"

我不好意思地说："写的不好。可它对沈杰在家学习有用……"

"叫大家都有作用岂不更好？"

"那，还不叫人说我显摆呀……"

"还挺谦虚呢！"他把笔记本还给我说，"我估计，早晚也得叫老师知道。"

他有事走了。我跟呐呐请了假便向沈杰家走去。

走到他家，只有沈大娘一个人在家。沈杰下地干活儿去了。我要到地里找他，沈大娘说："太远，路不好走，你要想见他，你今儿就别走了。"

我忙问："明儿开学了，他真地不上学了？"

"不能去了。家里的活儿，就得把他当大人用了。他爸说不上……"

"咦对了，我来就是要告诉你：沈大爷的事问清了，也求人帮助了：只判三年，在监狱只干活儿不会受苦。"

"——'三年'？一斗麦子一年啊……"老太太很辛酸，但又一转念，又改变了态度，"三年一晃儿就过去，不长！光干活儿不受苦就谢天谢地了。可是孩子，谁这么好心，这么大能耐，又问清，又帮忙呢？"

"大哥不叫问也不叫往外说。"我忙强调，"要不，就坑了好心人了！"

"对对，孩子你说得对！"沈大娘说，"反正才三年，再说鬼子这么折腾也长不了，总有了结报答的那一天。"

"大娘，这是我的学习笔记，是给沈杰的。他要自学能有用。我们明儿开学了，以后再来看他。"说完把笔记本往大娘怀里一塞就往外走，等大娘撵出来送我，我已经走出了院子。

心里像完成了一件大事那么敞亮。因此，十来里地好像没多长时间就走完了。

明天开学。我翻开书包，念的课本，写的笔记，新的旧的，挑挑拣拣，分类整理一番，最后突然想起：那个笔记本上经大哥修改的日本字母，没留底儿！当时太忙了……好在我能背下来，可默写时还是有的字没记住大哥怎么写的！又退一步想：反正自己用。自己明白就行呗，管他有多少错字，以后再改……

一切都准备好了，第二天吃过早饭就肩挎个书兜，手拎个鼠笼子向学校走去。我还以为我来的挺早呢，可进校门一看，满院子一个班级一伙儿，正在登记交作业——收老鼠。因为各班都没准备集中的大笼子；用口袋装又怕老鼠咬出窟窿跑出去；用木箱，又怕盖严了闷死老鼠；因此只好暂把各个学生原有的大小不同，纸、木、铁、竹和柳条做的笼子盒子留下，上边都系上学生名条儿、老鼠数量，登记完先堆在一起。

我找到我们班。杨老师正忙得直冒汗，坐在书桌前登记一个学生姓名和老鼠数目；完了把笼子或盒子接过去数一数，最后往身后一放，等学校统一用大笼子装走。学生还未到一半儿，老师身旁的老鼠笼子就已堆成个……说"小山儿"太夸张，说像"大楼"，又歪歪扭扭，大小间量和建筑质量都不同。远处看就是一个垃圾堆；到跟前儿，又吱哇乱叫，噼啦乱跳……就更没法形容像什么了。

轮到我交了。老师未抬头儿："报名！"

"胡振强。"

"嗯，你来了！几只？"

"十只。"

"跟沈杰一起呀？"

"不！他……是我一个人的。"

"啊？这么多！整整是两个人的数！"

见她在登记册上写完，又在一个布条上写上我的名字和老鼠数字。我把老鼠笼子系上布条子，放到大堆里就走开了。我怕老师问沈杰，也不愿听她当众说我捉得多。

大约到每日上课的时候，校长不知从哪儿弄来辆大马车，车上有好几个一米左右见方的铁丝笼子。看来他为完成这个"作业"下了不小工夫。接着，在他的监督下，一班一班地收集。收集人看得很细；拿起一笼先看字条喊姓名和老鼠数字。旁边有专人记录，然后打开小笼子把老鼠倒进大笼子。抛开的小笼子是谁的，谁赶紧去拣回，留作以后再用。

就这样仔细检查，归笼，一班就耗时一个多小时。校长看看手表，觉得太慢，就叫两班一伙，互相检查记数。这样，全弄完都快到午间了。

各位老师都累得疲惫不堪，对学生草草布置一下，宣告下午放假，第二天照常上课，便都散去了。

第二天上学，没"照常上课"，而是按校长指令，召开大会，总结捉鼠工作和上级指示。既然全校集合，就干脆作为开学典礼岂不更气魄！于是，又升旗，又唱歌，又遥拜，又读《诏书》……最后，校长开始讲话。他说："大家知道今天的会为什么开得这么隆重吗？告诉大家一个好消息：'大日本帝国'已经于今年八月一日正式宣布：'把整个东亚各国联合一起建立共荣圈！'这是很值得庆祝的大事！请跟我喊一句'大东亚共荣圈班在（万岁）！'……所以这次捉老鼠就是对建立'大东亚共荣圈做贡献！'昨天我去送老鼠，因为全县四个初小，我校第一，受到了科长表扬！"

师生鼓掌，鼓钹齐鸣。

"我校八个班，一年一班第一！"等大家鼓掌后，他又宣布，"捉鼠最多的学生是'一年一班胡振强！'"

大家又是一阵鼓掌，把我鼓得心直跳——这不是我自己捉的呀！

回到班去，杨老师又当全班面表扬我。大家又一次鼓掌。我脖粗脸红，几次想站起说明是沈杰帮我捉的，完了又把自己那份儿也给了我。可我冷丁看见自己名签没有了，想到大哥告诉"在受到表扬后跟老师要名签儿"，又想到下次再捉鼠，因为是沈杰帮我养殖的，肯定又不能少，我还怎么说？加上，杨老师因为自己班得两个第一，

很高兴，也没问我什么，就接上讲课了。我只好把这个假成绩背到底了！听课时还想，是沈杰帮助我，我应该感谢沈杰。我要说出真相，沈杰也会不高兴的。或者回家问问阿玛，呐呐和大哥，如果应当说实话，晚点儿也比一直隐瞒强……

可能老师看出我心神不定，没像往常那么认真听课，慢慢走到我的身旁，我都没发现。

"胡振强你想什么呢？"

我听了冷丁一抖，抬头看，她正瞅我笑呢！我急站起，低着头，"我我"了半天没找出要说的话，忽然看见左胸贴名签儿的地方空荡荡，立即说出："名签叫树棵子刮丢了……"

"为了多捉老鼠，为班里争光，不辞辛苦。刮丢了名签不算什么错误，不用这样难为情。"完了又问同学们，"大家说对不对呀？"

"对——"

"那该怎么办呢？"

"再补发一个！"

"好！就按大家说的办。"完了用手把我按坐下，"下课去取新名签。得了，别乱想了！好好听课吧！"

"是！"

就这样，新名签也得的很光彩！

放学后，吃晚饭时，我把这事说了。大人们都说我"没说实话就对了。要不，全校都公布了，说不定你们校长也向科里报告了。你这一说，他们不都成了假先进了？你自己心里明白就行，以后不忘沈杰；也记住不像这种特殊情况，不要说谎就是"。

我心里想：幸亏当时没机会实说，要不这好事儿真变成了坏事儿！以后做事可得多想想——做个真正好人还挺难呢！这世界，真复杂……

第二天下午上学，我又趁着阿玛没注意，弄一些青菜送给了刘司学家，然后跑去上学，差一点儿迟到。进屋坐下便铃响上课了。

杨老师笑眯眯地走进。副级长喊完"立、礼、坐"后。杨老师把一张写字的白纸放在桌上，说："先向同学们宣布个不太愉快的消息：我们班的好学生、级长沈杰退学了！"

大家听了，除我之外都惊讶地"啊！"了一声。

"因为家里出了事儿,不能上学了,很可惜呀!"她低头拿起那张纸接着说,"我要说的第二件事是个大好事! 是沈杰给我捎了一封信来,除了简单说他退学事外,还给我了一份《日本字母与汉字关系歌》……"

我听到这,心里猛地一沉,脸也发烧了,心想:"我给你的。给老师干什么!"

"写得非常好!"杨老师提高了嗓门,"给别的班老师看,都夸好。给主任、校长看,他们立刻去复写油印了不少份,给每班一份,还报给教育科一份——这是咱学校的成绩呀! 用校长的话说:这说明我校师生对'日满亲善'体会得深,表现得好……"

开始,我心跳脸红是感到光荣而害羞,听她传达校长的话,我心跳变成了喘粗气,脸热变凉了——我才不是为了"日满亲善"呢! 但是,交老鼠的教训又响在了我的耳边:说实话要考虑后果,会给自己和身边的人带来好处还是坏处。于是,我低下头,闭嘴咬牙,决心不多说话!

"看! 胡振强又害臊了,一做好事就脸红。"杨老师这句话把全班同学眼光都引到了我的身上。"这个小学生的大发明,就是胡振强创造! 把笔记本给了退学的沈杰自学用。沈杰认为对大家都有用,就从笔记本上誊写下来,捎给我。我们感谢沈杰退学还不忘同学!"

大家鼓掌。

"我们更要表扬胡振强搞出这个'大发明'!"

大家又鼓掌,甚至还都站了起来。羞得我无地自容!

"我现在就把它写在黑板上,大家都抄下去。"说完她就写起来。前一部分是列个日本字母表,光写的日本字母。在这里,为了你们——小朋友,没学过日语的了解每一日本字母的读音,特在每一字母后用括号注上汉语拼音……

ア(a)、イ(yi)、ウ(wu)、エ(ye)、オ(ou)

カ(ka)、キ(ki)、ク(ku)、ケ(kei)、コ(kou)

サ(sa)、シ(xi)、ス(si)、セ(sei)、ソ(sou)

タ(ta)、チ(qi)、ツ(zi)、テ(tei)、ト(tou)

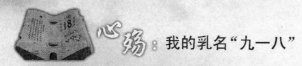

マ(ma)、ミ(mi)、ム(mu)、メ(mei)、モ(mau)

ラ(la)、リ(li)、ル(lu)、レ(lei)、ロ(lou)

ハ(ha)、ヒ(hi)、フ(fu)、ヘ(hei)、ホ(hou)

ナ(na)、二(ni)、ヌ(nu)、ネ(nei)、ノ(nou)

……

当时我也只写这40个基本字母,没全写。接下去,老师便把我写完经大哥修改的字形顺口溜抄在黑板上:

"ア"像耳刀(阝),"イ"是部首"立人"(亻),
"ウ"像宝盖(宀)又像"门"。
"エ、工"都是两横加一竖,
"才"在汉字义上是才文。

"力"是汉字的"力","キ"是"不等于"符号,
"ク"是夕屋没坐人。
"ケ"加一捺即反文儿(攵),
"コ"字像口无齿唇。

"サ"像草头儿(艹)"シ"是水(氵),
"ス"比"不"少条腿。
"セ"在中文念个乜(niè),
"ソ"少同音缺两肋。

"夕"夕同形,"チ"比七多头又反弯,
"ツ"是氵字颠倒颠。
"テ"与"丁"比差钩撇(丿),
"卜"在八卦中叫"卜占"。

"マ"不是又,因折(乛)短,
"ミ"如汉字草体三。
"ム"禾为私,"メ"在辨中间,
"モ"比"毛"读缺帽檐。

"ラ"像"广"的连笔字儿，

"リ"是立刀（刂）"ル"是"儿"。

"レ"是汉字笔画的"竖提"，

"口"口孪生小姐妹儿。

"八"八同字，"ヒ"是半"比"，

"フ"比"ア"字少一笔。

"へ"字活像罗锅桥，

"ホ"和木字是兄弟。

"ナ"十相似，"二"同二，

"又"如同"又"的孩儿。

"ネ"是示部（礻）非衤旁，

"ノ"只一撇更好玩儿。

……

因为当时我没留底儿，默写的又没有大哥改过的好，便也认真抄了下来。

杨老师写完又给大家连念带讲，最后又宣布说："沈杰确定不念了。那么他那班长——"

"叫胡振强当！"同学们齐声喊。

"不行不行！我不会……"我急得紧着摆手。

"好了，就这么定了。只要愿意干就会干好。"

放学回家，心里总像不落底，头也忽忽悠悠不清醒，蔫头耷脑地走进屋，直奔自己住的小天地走去。

呐呐在身后叫我："振强！你看谁来了？"然后用头往东屋一歪，小声说"你三叔"。

呐呐最注意礼貌了。所以我心里不爽也得赶快去东屋，并且笑着喊声："三叔！"

"唉！"三叔比以前老多了，但还挺精神；穿的有点像半个鬼子兵，头戴"战斗帽"，就是裤子是黑的……他看着我笑问，"这是老四？

\195\

叫铁棍儿那个？哎呀长这么大了！念几年级了？"

"本应是三年，因为不会日语，又回了一年。"

"啊！耽误二年……上一年级，日语学习怎样？"

我一听问"学习怎样"，怕他看不起我，立刻显摆起来，说："可好学了。字母都是中国字儿变的。看，我还给编个顺口溜儿呢！"我掏出递给了他。"是我自己为了好记，后来有的字不会写，求大哥给填上的。我只给了退学的沈杰，过后他又把它抄给了老师……"

大哥听了急问："老师怎么说的？"

"闹大发了！杨老师看完又给各班老师看，又向主任、校长报告。校长说'小学生搞个大发明'，还送到教育科报功去了！"

"怎么报功？"三叔看完，高兴地问。

"瞎说呗！说这是'咱学校老师和学生对'日满亲善'体会深，表现好'……"

"对呀！"三叔说，"这既说明你爱学，学得好，还把日本字和中国字对照——真是'日满亲善'嘛！"

"汉奸才那么想……"我小声嘟囔一句，要躲开。

"哎别走！"三叔面孔严肃起来了，"孩子！是咱老胡家的好苗子！我说的不光是你聪明，学习好，还懂得政治上的好坏人！你看看三叔这身打扮，像不像亲日小走狗？可我不这么打扮，日本汉奸都要斜眼溜你。可我是走狗、汉奸吗？为了抗日得表面上亲日，特别是在后方。在前方直接枪对枪刀对刀就不用费这心思了。在后方，想站住脚，不受鬼子汉奸气，就得装得顺从、献殷勤……我这么说，你能明白不？"

"明白。"

"能做到不？"

"难！"

"不光你难，我明白你大哥也难。要不他怎么警察撸下来跑街公所打杂去了！"

大哥不知是不想听他指责下去，还是为了表扬我，忙接话说："老弟捉老鼠是全校第一名，这回编这个字母歌又报了县里……"

我也不谦虚了，三叔不是叫"为了抗日要表现亲日"吗？我接过大哥的话茬儿又加一句："还接过沈杰那个级长了呢！"

"当级长了?"三叔、大哥,连阿玛也高兴地齐声追问。

"老师问大家级长不念了怎么办? 同学们都说叫我当。我怎么说'不行',说'不会'也没人听……"

"行! 会!"三叔也是大嗓门儿,"你管保比别人干得好!"接着又压低声音说,"有你这么在学校出名露脸,将来县里也了解了你,你大哥就会更安全点儿……这你能明白不?"

我也严肃起来了:"我就想快点长大,上山里,或者跟你走……沈杰因为什么不念书了? 他爸爸就因为藏起三斗小麦就判了三年! 鬼子为了小屯并大村,把小屯都烧了。沈杰姑姑的老公公给烧死了……"

"这种恶魔干的坏事儿,多了! 可是咱中国人也不是好捏咕的软柿子!"三叔说。

"三叔! 你这回给我多讲讲。我已经长大了,不会出去瞎说!"

"好!"三叔重重地答应,完了又回头跟阿玛和大哥说,"就为了这个,我这回也得多住几天吧?"

呐呐早进屋来听我们说话了,只是从来不插话,听到这儿却抑制不住地说:"你不走了才好呢! 省得大家都惦记你。"

"没办法呀! 重任在肩么……"

哟! 又到点儿了,下回接着讲。

# 二十一、三叔的抗日故事更多

我平常很崇拜大哥，可听三叔方才的一席话，连大哥都直点头儿。后来我长大了才知道，他原是马占山部下一个连长，"九一八"后跟着首长在嫩江桥打响抗日第一枪后，因为当时势单力孤退出了江桥。再后来，马占山为保存实力，把队伍撤到苏联境内，留下一部分人参加了共产党领导的抗日部队。三叔就是其中之一，后因他南满有个哥哥——二叔回家养伤，北满有他经手安排在拜泉卧底的亲侄子——我大哥，就叫他从山里出来专门沟通南北和部队的情报。我们搬家前，他走过我们家和二叔家，这回又不知从哪来到了这里……

吃过晚饭后，我就缠着他讲抗日故事。

"我看你是很聪明有正义感的孩子，我先问你个问题：你们捉老鼠，还必须要活的，做什么用？而且要那么多？一个县是多少学生？一个省呢？要对全满洲的19省都给任务，那老鼠别说用数字数不清了，用分量也恐怕难以估算了。"

我原先只听老师说做科学试验，经他这一问一算，我真糊涂了。我只好反问三叔："老师说做'科学试验'，可不知什么试验需要这么多？"

"是试验，"三叔说，"可不是试验对人有用的科学发明，是试验杀人的细菌。你听过有一种叫'鼠疫'的传染病吧？这些鼠就是专门培养鼠疫菌的。"

"那也不需要这么多呀？"

"试验厂光咱东北就好几处，南方也有，培养成的细菌向全中国散布。你说得多少鼠？多少菌？"

"啊……"我像一下子掉进了无底深渊。

"你还想知道他们怎么试验吗?"

"不是用老鼠培养细菌吗?"

"可是细菌培养成了能不能传染人生病呢?"

"那怎么办哪?"

"用人试验啊!"三叔声音有些颤抖了,"他们把抗日的战俘、对鬼子不满的老百姓,各式各样的男女'犯人',给注上鼠疫病菌;传染了再开刀解剖查看人的器官有什么变化……而且,开刀从不消毒、打麻药;解剖就像屠夫把杀死的猪切成块一样……听说你和你二姐都闹过疟疾?村里还死了不少人?那就是鬼子投下的细菌炸弹造成的……"

"呐呐——我好害怕……"我吓得扑进呐呐怀里。三叔不说了,阿玛、大哥、大嫂和三哥,都在默默地喘着粗气。

这时我突然坐起说:"这么说我捉鼠多不是光荣,是犯罪!我明儿上学找老师……"

"别别!"三叔立即阻止。

阿玛、大哥也同时说:"那就更坏了。"

"那我……以后再捉鼠时——"

"还要多捉!"三叔说,"你捉不捉,捉的多少对小鬼子搞细菌战是没啥影响的,何必去暴露自己反日,自投罗网呢?"

"那我不成了'帮虎儿吃食儿'的坏人了吗?"

大哥说:"你忘了三叔说的:'要反日先表现亲日',在他们对你不警惕,甚至很信任时,你会干出不少反日的事情。这叫既保护自己,又更多地抗日。是不,三叔?"

"完全对。就按我和你大哥说的做,再不要多想了,啊?"他看我点头了又说,"这事就说到这吧。你现在已经是抗日小战士了,那就让我给你讲个抗日英雄,作为学习的榜样吧?"

"太好了!我就愿听英雄怎么打鬼子,又解恨,又想向他们学。"

"好,将来好好向他们学。"三叔接着讲起来。

"这位英雄的名字叫杨靖宇。实际他不姓杨,原名叫马尚德,还化过名字叫张贯一。为了抗日,很多人都叫了好几个名字。看,我的《良民证》上写的是'满为国'。

"这杨靖宇是河南省确山县人,1927年加入中国共产党,1929

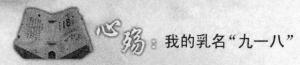

年就被派到东北开展工人运动。'九一八'后就改为武装抗日了。第二年,中共满洲省委曾委派他为哈尔滨市委书记。1934 年冬,东北人民革命军第一军正式成立。他就被任命为军长兼政委——政委是军队的党的领导。当时东北抗日武装很多、有原东北军没撤走的一部分,像我跟你大哥就是;还有地方武装、山林队,还有新组建的农民武装,甚至以前干土匪的也参加抗日了。所以,后来就把这些抗日力量统一起来成立了抗日联军。改编后的第一军,他继续担任军长兼政委。在他的领导下,这第一军官兵奋勇杀敌,在南满神出鬼没,使小鬼子防不胜防。他们集合兵力要讨伐,第一路又踪影皆无。他们以为吓跑了,刚想喘息一下,杨靖宇大军又袭击了他们……小日本当时都管杨靖宇的部队叫'满洲治安的癌瘤'!

"1939 年冬,就是去年冬,屡屡吃亏,气得发疯的日本鬼子调集了大量军队,集中地围剿第一军。你撤他就穷追不止;你稍一停他就进行包围。仗着人多,装备充足,死人丢枪都不在乎。可我们却是,武器靠缴敌人的,给养靠百姓支援,实在战斗太紧张了,全都来不及补充。特别是又在大冬天,穿的不暖,吃的不足,受伤无处治,光是冻、饿、伤就大大减员。好不容易在农民帮助下,于今年二月,又得机会袭击一次濛江县龙泉镇。敌人受了很大损失,但又增兵把杨军长所带部分官兵围困在濛江县西南保安村三道崴子。但鬼子也不敢直接进攻,只是严密封锁,致使杨靖宇和部下五天没吃东西,子弹也基本打光了。杨军长负重伤后,命令所剩官兵突围,自己壮烈牺牲……"

"哎呀……"我听到这不禁惊叫一声。

三叔稍加沉默之后又说:"鬼子听到一点动静没有了,胆突突地一点一点缩小包围圈儿。最后发现,除了牺牲和重伤员外,没有了一点抵抗力量,这才放心仔细搜索。最后发现了杨靖宇。他们又恨又疑:这么些天没吃饭还这么凶!于是当场开膛检验——天哪!胃里没有一粒粮食,净是细草、棉絮、树叶儿!日本军官也赞叹得直摇头:'大大的了不起……'有的下级军官和兵士感动得鼻子都发酸了。军官见到立刻一反常态,大骂一声'八嘎牙路!快拉回县,割下头颅示众!'

"就这样,小鬼子回到濛江县把杨靖宇的头颅挂在城头示众多日,后又送到新京(长春)请功⋯⋯"

"小鬼子才真的'八嘎牙路'呢!"我气得直喘粗气。

三叔又接着说:"他们以为挂人头示众能吓住中国人。正相反!当远近都知道杨将军殉国了,不仅原抗联同志发誓报仇,连老百姓也有不少参加了抗日。南满的你不熟,我就单说你们黑龙江省的吧!——

"另一支抗联队伍一个领导叫魏拯民的,从南满一直打到北满,在哈尔滨南不远的五常县,连打好几次胜仗,后又向东边宁安县发展。

"抗联二支队队长王效明,袭击富锦县杨木林子,大获全胜。我来那天听说,这一仗影响了宝清县七里河镇的伪军300多人携枪起义!

"就你们拜泉北边的德都县,已经成了三支队的活动基地,经常搅得邻近的嫩江、讷河、阿荣旗、扎兰屯不得安宁。今年7月,袭击嫩江县大椅子山日本的'开拓团',解放了一万个中国劳工;8月又攻占讷河镇;后与冯仲云九支队会合,进攻了你们北边邻县克山,打开监狱,放出200多因为缴粮少、给抗联送情报等被捕的各界爱国民众⋯⋯

"他们小鬼子,还野心勃勃要建什么'大东亚共荣圈儿',做梦去吧!屁大点儿的小岛国,就凭野心和制造些先进武器,要独霸大东亚,只对咱中国,也是蛇吞象不成,会被象踩个稀巴烂!"说到这儿,三叔叔看看大家,问我:

"怎么样?不早了,快睡觉吧?明儿好上学,把从学校听来的消息再传给我——咱们交换!"

我笑着恋恋不舍地起身要去睡觉,听他又跟大哥说道:"蒋介石知道共产党领导的八路军和新四军,用游击战术挺得利,仅从1938年到1940年,光新四军就作战2700多次,毙、伤、俘日伪军五万多,也指令下属学习游击战了!"

我一听这话,又悄悄转回来靠在一边听起来。三叔没注意我,继续讲道:

"从武汉失守后,他就萌生了这种想法。后来他在制订二期抗战计划时,公开明确地指出:'政治重于军事,游击战重于正规战,变

敌后为前方'。后来还在湖南衡山举办了游击干部训练班。蒋介石自任主任，派汤恩伯为教务长，委任白崇禧为军事部长，并特请八路军高级将领叶剑英、边章五、李涛做教官，教授游击战课程。

"白崇禧特别强调老蒋赞赏毛泽东的《论持久战》，多次向干训班教务长汤恩伯推荐，并指令印发摘要，发给学员学习。第一期学员1 000多人，第二期也600多人，结业后都派到敌后，去开展游击战争了。这只是经过培训的骨干。另外，为'变后方为前方'，开展游击战，还派正规军的步兵、骑兵、炮兵共60个师约百万余人，也深入敌人后方了。

"但是，正像蒋介石说的，'政治重于军事'，国家都快叫小鬼子打乱了，还日夜思念剿灭共产党！学习游击战，一方面是对付鬼子的正面进攻，一方面也是到敌后控制八路军、新四军的发展。后来，各股力量都以争地盘控制权等借口，常与八路军、新四军以枪炮相见——妈的，太不是东西了！"三叔说到这儿气得一拍大腿，"不说了，一提起这个我就气不打一处来！睡觉睡觉……"

我听了也急抽身回了西屋。

三叔住在我们家，对外说是雇来的"更倌儿"，晚上看菜园子。在菜园子靠北城壕处现搭个小窝棚。他晚上住在那儿，有事时走也方便。

一天午间，我放学刚进屋，三哥就告诉我一件事："今儿上午，常跟我们一起卖菜的半老头叫一个警察给打了。正好有两个'国高'学生遇上给拉开了。警察走后，他们核计：明儿会几个同学好好惩治一下那个狗汉奸。你不想去看看？"

"国高"即当时的"国民高等学校"简称，四年制，等于现在初中高中连续。

"我上学呢，再说他们定时间了吗？"我不想去又想去。

"他们也上学呀！听那意思也是在放晌午学时间。因为大家告诉他们那警察差不多每天午间都从这过。"

"啊……好！我一放学就去，宁可不吃饭了。"

正说着，三叔走过来了，问："你还能见到那两个学生不？"

"能啊，他们也早晚放学路过我们那儿。咋的？"

"你吃过饭早点去，晚上晚点儿回来，一定要在他们联合人打警察前见到他们。"

"什么事？不叫他们打呀？"

"不是，为了不被警察以后报复，告诉他们每人都带上大口罩，再就是最好先把警察眼睛蒙上。懂了吗？"

"懂了！那我这就去，兴许他们放学还没走到那呢……他们'男高'在北门外……"三哥说完就跑了。

"你等等——"三叔没叫住他，忙掏出几角钱，"快撵上他，买点干粮垫补垫补。"

我拿着钱边喊边追，到底把他追上，把钱交给了他。

晚上我问三哥："晌午遇上没？"

"去晚了。他们上学时才叫我给堵住。开始都笑我，说他们'校长是日本人，小警察不敢怎么样'。我说'万一偷着单个儿找碴呢？'他们才点了头儿。我怕他们信不实，晚上我堵住他们又说一遍，说'是一个大人叫我告诉你们的。'他们才信实了，还向我说声'谢谢'呢！唉……"呐呐看三哥晌午没吃饭就跑了，晚上回来，又跟我小声嘀咕，又纳闷儿又担心，就问："老三你要干什么？可不能讨厌哪！"

"呐！你儿子是那种孩子吗？"我说。

因为三叔细心，这时又出现在我们面前，先劝慰呐呐放心，然后问我们事情办得怎么样。我们笑着向他点点头儿。他也笑着拍拍我俩的肩膀。

不知为什么，自从这事儿一定，我吃饭、睡觉，甚至第二天上午学习，都精神不集中了。好不容易盼到放学铃声响起，我冲出教室就往三哥和阿玛卖菜的市场猛跑。

阿玛看见我去了，惊疑地问我："放学不回家吃饭，上这儿干什么？"

"我……下午没课。来帮三哥看菜。"

"啊……那，你俩把这点儿菜对付卖了吧！我先回去了。"

三哥一听，马上答应："阿玛你放心吧！我都跟一年了，要价、约秤、算钱我都会。"

"秤只许高不许低呀！"

"那是，若遇着老太太，我还给她多添点儿呢！"

我一听，三哥也会顺情说好话了！阿玛满意地回身一走，我立刻

乐弯了腰……

"别笑了！你看……"三哥突然叫我。

我止住笑，直起腰来一看：道南道北，东头西头，都有一两个戴大口罩的男子，这看看那站站，不买菜也不走开。我就知道，"国高"学生就是比小学生勇敢，也心齐！可是左右一撒目，没有警察呀！不免又生出点遗憾。

正这时，从西向东走来一个穿一身军服的小鬼子，头戴战斗帽，腰挎军刀，手戴白手套，上唇留一小撮黑胡茬儿。这时耳边有人说："看那'二鬼子'又来了，说不上又该谁倒霉了。"

我小声问三哥："啥叫'二鬼子'？"

"他不是日本人，是朝鲜人，装日本人……"

说话时间"二鬼子"走到跟前了，看看这个菜摊子，瞅瞅那个菜挑子，最后在一个卖西瓜的农妇面前站下了，问："阿那大哇（你），瓜的几毛？"

农妇连说带比划："太君（尊称日本官），不贵，两毛，随便挑。"

"二鬼子"蹲下来，敲敲这个不行，拿起掂掂那个又不行，一扔，西瓜摔裂了。

农妇心疼得要哭的样子哀求："太君！慢慢放啊，一个两毛钱哪！"

"嗯？不就是两毛钱吗？"说着又拿起一个摔破了。

这时戴口罩的学生先过来两个，拍拍他的背，指着地上两个摔坏的西瓜："两个，四毛！给完了再摔再挑随你便！"

"八嘎牙路！"二鬼子回手就给那个学生一杵子。

那个学生看来练过"武士道"，一闪身就抓住了他那杵人的手。另一个从后立刻用一个围巾蒙上他的两眼，在他脑后系得紧紧的。与此同时，另一个把他的军刀摘下。接着，戴口罩的学生全围过来：这个打耳光，那个砸胸脯，还有踢屁股的。开始他还有点儿不服，"呜啦"几句什么，都未听清。可能感到人多了，下手狠了才不反抗了。

"跪下！"他不跪，被后边的学生一脚踹跪在了地上。

"给卖主道歉！"见他未听，"赔给人家钱！"他也未动。学生一鼓作气，把他的衣服扒下，翻出钱都给了农妇。农妇只收四角钱，收拾收拾瓜挑子,担起就走。

学生看钱扔在地下没拿,拣起就四处扬:"这小子没少勒大脖子,他欠咱们每个人的钱,不要白不要!"

纸钞、硬币满天飞,落在地下都有人拣。

二鬼子觉得来头不小,开始服软了,直对学生点头儿:"私米马甚!(对不起)私米马甚……"

"告诉你:我们明人不做暗事,是北门外'国高'学生。因为多次看到你买菜不给钱,还动手打人,早就想惩罚你了!"

又一个说:"我们来时候跟校长说了——他是日本人,你的主子,知道吧?你是二鬼子,高丽棒子装的!我们都知道。别说你过后向你们头子告我们,没用。你今后要再敢犯一次,我们就要你的狗命!"

说着,大家一来劲儿,又一顿拳脚。

整个市场的营业全停了。卖主庆幸有人给自己出气了,解恨地看着笑着。买主也顾不得买菜了,问清情况也站脚助威,有的还喊:"打死他……"

"你朝鲜比我们当亡国奴早多少年?给鬼子当走狗不算,还装鬼子欺侮我们!叫他说话!"一个学生喊。

"说!以后还敢不敢买菜不给钱了?"

"不敢了!"

"还敢打人不了?"

"不敢了!"

"你回去告不告我们状?"

"不告!"

"不告就先考验你半个月。要告,我们就联名写状子告你反满抗日,而且有我们日本校长作证!"

"不告不告呀!可别写别写呀……"边喊边哭,连叩头作揖,拜四方,"我向大家谢罪!道歉!原谅我初犯……"

"还初犯?"

"哦!不不不,犯得次数少,彻底改……"

说时迟那时快,太阳已偏西了,学生们向大家一挥手,大家立刻收摊儿走人。看热闹的知道要放人了,防止被发现以后找小脚,也纷

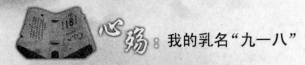

纷走散。

　　我跟三哥也忙收拾那点儿剩菜，刚装完筐，忽然扁担被人拿起了。我们不解地抬头一看，是阿玛——他早就来了，已看个全过程，笑眯眯地挑起担子，说声："走！"转身就走了。我俩一边紧跟阿玛回家，一边回头看学生到底怎么治他。原来，看人已走光，他们互相一比划也四下走散了。只剩那"二鬼子"不知是被打得爬不起来了，还是未听到"赦令"不敢妄动，仍在跪着，不时叩头作揖……

　　我跟三哥都憋不住笑起来，叫阿玛回头看。他看了也笑了，并说："现世报！人人都像这几个国高学生，就没有大鬼子二鬼子起屁了。"

　　我们回家一讲，全家没一人不笑的。阿玛和三叔老哥俩还喝两盅呢！

**链接 1：至少 120 万中国人死于细菌战**

20 世纪 20 年代末至 30 年代初，日军在东京日本陆军军医学校内建立了细菌研究室，对外称"防疫研究室"。1931 年"九一八"事变后，日军将细菌战的 A 型研究（亦称攻击型研究，即用活人做实验对象，检验其用于战场的效果）转移到中国东北。日本政府用中国东北这块最新的殖民地，加快细菌战的研究，以期早日用于实战。

**链接 2：细菌战元凶石井四郎**

石井四郎，一个极端国家主义者、疯狂的法西斯主义分子。1892 年 6 月 25 日出生于千叶县干代田村加茂地区一个大地主家庭，青少年时期接受了狂热的军国主义教育，1920 年 12 月从京都帝国大学医学部毕业后，在日本陆军

第 731 部队遗址

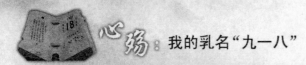

近卫师团担任中尉军医。1924年，再入京帝大研究生院学习细菌学、病理学等，1927年6月获得微生物学专业博士学位。1928年8月后赴西方考察，研究细菌战。1930年回国后竭力鼓吹细菌战，从而得到日本军部的赞赏和支持，并得到从裕仁天皇掌握的秘密账户里每年20万日元的年度预算经费，并逐年增加。从1932年起，直到日本投降，石井四郎就一直领导着侵华日军属下的细菌战部队，其中10年时间在第731部队任职，1941年8月被调到南京担任第一军军医部长，这座"杀人工厂"后来发展到18个支队，分布在日军占领下的中国各地，太平洋战争爆发后又扩展到缅甸仰光和新加坡、马尼拉等地，每个支队120至500人不等，形成了一个巨大的细菌战网络系统。日本军部鉴于石井四郎在细菌战方面取得了"惊人成就"，每隔三年就提升他一次，最后晋升到中将军衔，并得到过日本裕仁天皇颁发的高级勋章和通令嘉奖。

**链接3：在中国的细菌战部队**

日本军国主义为扩大分化战争的需要，从1931年"九一八"事变至1945年9月日本投降的14年时间里，由石井四郎一手策划在中国组建了许多细菌战部队的秘密基地。据日本史学家常石敬一教授的研究统计，日本细菌战部队的人员有2万余人，规模较大的人员共有2万余人，规模较大的有以下五支细菌战部队。

一、第731部队：用活人做实验

1932年8月下旬，石井四郎与4名助手及5名雇员来到黑龙江省，在拉滨线（拉林——哈尔滨）的背荫河车站附近建立了第一个细菌实验所，对外称"关东军防疫给水部"，又称"东乡部队"（因石井四郎崇拜日俄战争获得特殊勋章的东乡平八郎元帅而取名），1941年6月改称"第731部队"。

1936年春，石井四郎的细菌实验基地移到哈尔滨以南20公里的平房地区，面积约有6平方公里，营区内有150多栋楼房，其主楼"四方楼"面积达9200平方米。关东军强迫5000余名中国劳工，用了2年时间建成了这座"杀人工厂"。从1936年至1945年8月，有1.5万名中国劳工被强迫在此劳动，其中有5000多人死于营内非人的待遇。1941年8月由北野政次少将（因其残忍足以与石井相匹敌，而后晋升为中将）接替石井四郎继任731部队长。

第731部队组建时的编制大约是300人，1940年扩大3000人，到临近日本投降时增加到5000余人。其中医师和研究者占10%左右，技术后援人员占15%，余者为使用细菌武器的战斗人员等。第731部队本部下辖八个部：

第一部是研究部,主要从事鼠疫、霍乱、副伤寒、赤痢、炭疽等病毒的研究,并用活人做实验。据此特负责管理关押 400 人的秘密监狱;第二部是实验部,主要进行有关细菌炸弹的开发和测试,并负责培育和繁殖供散布瘟疫的寄生虫,如跳蚤、田鼠等;第三部名为防疫给水部,主要负责医院管理和净水处理,实验上是被分配制造细菌炸弹,地点设在哈尔滨市内;第四部负责管理生产病原菌的设备和储存与保养随时生产出来的细菌;第五部即教育部,负责 731 部队新队员的培训,其成员经常是按例定期从日本本土调到平房或各支队的,石井四郎在平房基地为日本培养了数千名细菌战干部;第六部为总务部,负责平房设施的事务;第七部为资材部,主要制造细菌炸弹,同时负责准备和保管材料,包括制造病原菌必不可少的琼脂;第八部为诊疗部,负责 731 部队队员的一般疾病的治疗,它相当于平房的医务所。

据原第 731 部队细菌生产部长川岛清在 1949 年 12 月伯力军事法庭供认:"731 部队每年因烈性传染病实验而死的囚犯人数不下 600 人。"仅他本人1941 年至 1945 年的 5 年任职期间,被用为人体实验而杀害的中国人、朝鲜人、苏联人和蒙古人等,至少在 3000 名以上。

二、第 100 部队:披着"军马防疫厂"外衣

于 1936 年春组建,对外称"关东军军马防疫厂",地点设在长春城南 6 公里处的孟家屯,占地面积约 20 平方公里。1941 年 6 月改称第 100 部队,它一直由职业军队兽医若松有次郎少将领导。表面上是为了研究关东军所用马匹和其他有用动物可能感染的各种疾病,实际上是从事细菌战研究的另一座"杀人工厂"。

第 100 部队主要生产炭疽、鼻疽、鼠疫和马鼻疽 4 种病原体细菌。每年可生产 1000 公斤炭疽菌、500 多公斤鼻疽菌和 100 公斤锈菌。另外,还生产大量化学除草剂。

第 100 部队先后在大连、海拉尔、拉古、克山、密山、鸡西等地建立了支队,侧重研究在野外大量使用各种细菌和列性毒药大规模杀害牲畜和人的,其效果其实验范围南到广东,西到西安及古丝绸之路上的一些城市近及长春市内及周围地区北至满洲里、内蒙古与苏联的边界及至西伯利亚地区。

三、荣第 1644 部队:细菌生产能力很强

于 1939 年 4 月 18 日在南京建立,对外的公开名称是"中支那防疫给水部",或"多摩部队"。这是石井四郎建立的第三个主要的"杀人工厂"。石井四郎选中增田知贞为南京新建细菌部队代理部长,增田知贞 1926 年毕业于京

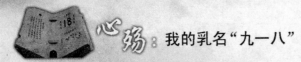

都帝国大学医学院并同时投身日本陆军,1931年获京都帝国大学医学微生物学博士学位。1937年9月,他担任了石井四郎细菌部队的一个下属机构大连临时防疫所的负责人,并成为石井四郎的高级助手。

荣第1644部队位于南京市中山东路的一所原6层楼高的中国医院内,其司令部的司令官的办公室和各个行政管理办公室即在大楼中。

荣第1644部队与第731部队一样,研究已知的所有疾病,但主要侧重研究霍乱、斑疹伤寒和鼠疫,另加蛇毒、河豚毒和砷。荣第1644部队在规模上比731部队和100部队都要小,但却有巨大的细菌生产能力,它的主要细菌培养室拥有2个自闭筒,有200个石井式培养器,60个科哈式锅炉和100个繁殖跳蚤的汽油桶,一个生产周期能生产10公斤细菌。

**四、北平甲第1855部队:投降前销毁所有资料**

七七事迹后,日军迅速侵占了北平市天坛西门的原国民党政府中央防疫处,建立了"北支那防疫给水部",直属于日本陆军参谋本部第九技术研究所(登户研究所),直接受日军华北派遣军总司令部领导。部队长初为黑江,继为菊池。1939年10月,西村英二上任,"北平甲第1855部队"正式命名,成为日军在北平、南京、广州和新加坡组建的四支新的细菌战部队之一。

第1855部队主要研制和生产鼠疫、伤寒、霍乱、痢疾、黑热病、疟疾等细菌和原虫,并饲养大批老鼠和跳蚤。1942年春在冀中被捕获的日本特务机关长大本清招供:"日本在华北的北平、天津、大同等地都有制造细菌的场所,日军部队经常配有携带大量鼠疫、霍乱、伤寒等病菌的专门人员,只要上级下达命令就可以施放。"1944年,第1855部队把丰台中国俘虏收容所的19名中国人进行人体细菌病毒实验。日本投降前夕,第1855部队用了一个星期的时间销毁全部文件和器材。因此,究竟杀害多少华北民众,有待于进一步深入调查。

**五、波字8604部队:设在广州的细菌部队**

日军侵占广州及珠江三角洲地区后,于1939年初正式编成波字8604部队,对外称"华南防疫给水部",本部驻广州市原百子路中山大学医学院内。该部为师团级单位,编制1200余人,其中专业将校100人,是日军在华南地区的一支重要细菌战部队。部队长先后为田中严军医大佐、佐佐木高行、佐藤俊二、龟泽鹿郎。本部下设6个课。

波字8604部队除了给日军做防疫给水工作外,主要是进行细菌战。防疫给水单位驻广州市郊江村,对人体进行细菌实验则在广州南石头难民收容所。据前侵华日军波字8604部队班长丸山茂回忆证实,1942年他所在的日军细菌战部队向广州南石头难民收容所秘密使用细菌战剂,杀害中国人上千名。

波字 8604 部队每月可生产 10 公斤鼠疫蚤,并先后从东京运送大批鼠疫、伤寒霍乱、白喉、赤痢等病菌,于 1939 年 6 月、1940 年 6 月、1941 年 5 到至 6 月和 1942 年,在广九铁路线、广东阳江、乐昌、谦江、湛东和海南等地投放,造成华南地区在 1942 年至 1943 年间鼠疫、霍乱等疫病流行,杀害了大量中国军民。

### 链接3:大量战犯获美庇护

综上所述,侵华日军 5 支细菌战部队仅人体实验所杀害的中国人(含少数朝鲜人、苏联人和蒙古人)达 2 万人以上(据不完全统计为 20899 人,其中第 731 部队杀害 8400 余人,第 100 部队杀害 5400 余人,荣第 1644 部队杀害 6080 余人,北平甲 1855 部队杀害 19 人,波字 8604 部队杀害 1000 余人)。与此同时,日军在侵华期间,通过飞机播洒、伤寒病菌等方式实验细菌战,所杀害的中国民众,据不完全统计有 769772 人,感染后而死亡者 35 万余人,共计约 120 万人(约为 111.9 万余人)。如果加上细菌战所扩大传播和持续性疾病流行时间长,其死亡人数更是一个高出当时记载数倍而难以统计的数字。

日本战败投降后,在远东国际军事法庭被审判的日本战犯中,半数以上都与日本细菌战有关。另外有 5000 多名日本军人在某种程度参与过细菌战计划。但是,理应受到严惩、当属甲级战犯的石井四郎、北野政次、岩松有次郎、增田知贞(还有在哈尔滨平房、长春、南京以及其他细菌部队的众多中层人员该列为乙级或丙级战犯),却被美军占领当局庇护起来,成为美国获取细菌战研究提供情报的"有价值的合作者",而被免予起诉。

**以上摘自《学习时报》**

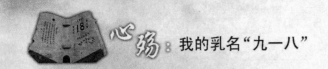

# 二十二、被侵略十年老蒋才宣战

先把上回打"二鬼子"的事简单交待一下："二鬼子"最后发现打他的人都走了，吃力爬起。把腰刀当手杖，一瘸一拐走到医院，进行一番处理，然后向领导请个病假，说不慎摔坏了。但学生担心他向主子告状，便先找了校长，编个理由争取对二鬼子的不轨给个惩罚。日本为了培养高等亡国奴，袒护了学生，倒向警察署告了二鬼子一状。二鬼子被撤了职，派做别的以观后效。他也不敢再起屁了。市场的小贩、菜农也就少受不少气，这事就算结了。

该说的多说，不该说的不说。时间转眼来到第二年——1941 年春。三叔头一次在北大荒过冬，冻得够呛。看见老三老四的耳朵、手和脚都冻了，很心疼。但一问方知：在这里，没有多少孩子冬天不冻手、脚、耳朵的，开春就自然脱层皮自愈了，不禁笑着摇了摇头。

这一天，大哥下班告诉三叔："去年，参加在苏联伯力召开的满洲省委会议后回来的冯仲云，近日到海伦传达会议精神；去年冬初，日本终于与德、意两国联手了，在柏林开会订个《三国同盟条约》。看来世界大战已拉开了序幕。"

三叔一听便坐不住了，决定赶快去海伦，既了解会议精神，又可得知世界形势，便立刻告诉阿玛"明天一早动身"。

都知是公事、大事，挽留无用。只是呐呐从感情上问几句三叔家里情况。听完回答，无不感到凄凉而困惑。三叔说："我很久未回去看他们母女了。回去一怕走不了，二怕对她们的困难无力解决，三又容易给她们惹麻烦。叫她们认为我已经不在了，反而无牵挂了。说我这是关心、逃避，还是为国丢家，都沾边儿。我这一次从你们这走，什么时候再来？能不能再来？也不能说定。干我们这个的，随时都有意外……"

阿玛、呐呐、大哥、大嫂,听他这么一说,都唏嘘不已。就连三哥、我和小香子,也心里酸不溜的。

第二天,三叔早早起身。只阿玛醒了,但他没叫送,自己神出鬼没地消失在了黎明前的黑暗中。这是第二天早上阿玛告诉大家的。

面对这一家人七零八落、提心吊胆,以及全东北乃至整个中国当时的惨状,我抑制不住地以今天讲述时的观点认为:灾祸的来源,是因为日本军国主义的侵略,毫无疑问。但是,以老蒋为首的当时的政府,先不抵抗,后不全力抗战;始终以剿共为要务,甚至对中共武装积极抗日、不断取胜反而妒忌和担心,以相当大的精力和武力打击八路军和新四军——"窝里斗"帮了侵略者大忙!

小朋友们:我的这个评论,仅下述一例,足可证实:中共领导八路军以"百团大战"反攻日寇,搞得敌人焦头烂额;而国民党反动派却下令剿灭新四军,制造"皖南事变",震惊中外!

先说"百团大战"。据《中日战争内幕全公开》记述:在八路军副司令彭德怀亲自指挥下,自 1940 年 8 月 20 日开始,到 1941 年 1 月 24 日止,历时 5 个月。八路军参战部队共计 105 个团,约 40 多万人。此外还有 20 万民兵助战。先后进行大小战斗达 1 800 多次,死伤日军两万多,伪军 5 000 多;俘虏日军 2 800 多,伪军 18 000 多;拔除日伪据点 2 900 多个;破坏敌占区铁路 940 多里、公路 3 000 多里,桥梁 300 多座,火车站 37 个,隧道 11 条,煤矿 11 个,仓库 11 座;缴获各种炮 53 门,枪支 5 800 多(挺);其他机器、设备、各种物资……不计其数。八路军自己伤亡也很重:共 17 000 多人死伤。这是小米加步枪对付飞机和大炮啊!

这一胜利消息传出后,震动了海内外。祝捷贺电雪片似地飞向延安与太行山八路军总部。日军对所受损失——华北交通线的破坏,尤其是正太路被彻底摧毁,痛心疾首;更为八路军战斗力如此强大震惊不已。日军将领多田骏到正太路线视察,见到路基、桥梁、隧道、水塔、车站……全成一片废墟;煤矿、机器、矿井……全被水淹没,半年恢复不了!他大发感慨,说"百团大战"是对他们的"挖心战"!指令华北日军,每年 8 月 20 日都要纪念这个"挖心战"日子,永远记住这一教训。

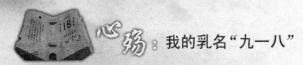

然而,蒋介石对此却功以过论——发动了"皖南事变"！先在老蒋的暗示下,1939年4月,沈鸿烈部下秦启荣率兵袭击博山,射杀山东八路军四百多人;5月,张荫梧率兵袭击深县,射杀河北八路军四百多人;江苏省主席韩德勤率兵进攻东海,射杀苏北八路军一个团;12月,第二战区司令长官阎锡山发动晋军事变,以山西八路军赤化为由,令部将王靖国、陈长捷分率大军进攻山西八路军,围攻八路军一二〇师,射杀1 000多;第三战区司令长官顾祝同,也令部将袭击新四军……

蒋介石对此积极嘉奖,并令其余战区效仿。一年之内,恶性反共事件达十余起。延安方面,为了团结抗日的大局,一面抗击挑衅一面派周恩来找蒋介石交涉。而蒋介石一面与周恩来谈判,一面密定"剿灭黄河以南匪军计划"和制订《解决江南新四军方案》。于1940年12月8日,以何应钦和白崇禧名义再次电令:"黄河以南八路军、新四军部队即调黄河以北。"又令第三战区司令长官顾祝同加紧围歼新四军军部和皖南部队。

12月下旬,国民党中央广播电台故意把新四军北移消息播发,暗示日军抓紧扫荡苏南。你们说他是"抗日"还是"亲日"！

1941年1月4日,新四军主力9 000人由云岭出发,分三路向东南行进,再绕道北渡黄河。行至第三天,大队进入茂林山谷,忽然枪声大作。枪弹如雨射向新四军部队。部队毫无准备,左右是高山陡崖,欲进不能,欲退不得,人马折损无数。

可这时,蒋介石还与周恩来和谈"解决纠纷、团结对敌"哩！听到报告,他当即下令顾军"加速围歼"！

新四军军长叶挺率部冲出峡谷,欲向北渡江,又被四面围堵。血战数日,弹尽粮绝后急令分路突围过江。自己和项英各带一部分人。途中,顾部以和谈名义,扣押了叶挺;副军长项英壮烈牺牲。消息封锁,与蒋和谈的周恩来不知道,延安的毛泽东也不了解。到1月17日,国民党急发《通令》,言及新四军叛变,撤销番号,撤掉叶挺军长职务,交军法审判……

周恩来读罢,立感有变,急令重庆的《新华日报》人员,加班赶印《新华日报》,到街头散发。翌日一早,周恩来亲自带人上街卖报。市民们已知国民党《通令》的内中蹊跷,都来买报。

报纸头版半版无文,只印周恩来亲笔写的 16 个大字:"千古奇冤,江南一叶,同室操戈,相煎何急!"副题小字为"为江南死难者致哀"。人们正抢看报纸,急来一群特务阻止发报。周恩来接过报纸亲自发售。特务认识周恩来,都无言而退了。第二天,周恩来又根据所报实情,亲撰《新四军皖部队惨被围歼真相》一文,散发各地。消息传开,国内外大哗。不但国内各民主党派同声抗议;尤为甚者,国际上美国、苏联、英国皆表示了关切。特别是苏美两国,皆评曰:"内战不止,国共关系破裂,危及抗日大局。"于是停止了向国民党政府一切援助,包括停止贷款,停止供应飞机、大炮、坦克、枪械、弹药等一应军备。

蒋介石,这才不得不派代表主动与中共谈判,答应以前的要求,重新议定中共军队编制数量、军队活动区域划分和中共政治地位。

日军趁此,抓紧了进犯,攻占宜昌,轰炸四川,围攻重庆……

日寇战果扩大,野心膨胀,于 1941 年 12 月 7 日,突袭美国海军基地珍珠港,得逞后正式发动了太平洋战争,向英、美发起进攻。美国于第二天向日本正式宣战。

见美英反击了,蒋介石的国民政府才于 1941 年 12 月 9 日对日宣战——整个东北被侵占 10 年之后!全国领土已被侵占了一大半了!

德、日、意三国建立了军事同盟;德国要独霸欧洲,攻占波兰后一直向东扩张;日本与美国宣战的同时,也向东南亚进兵……第二次世界大战就这么爆发了。东北的形势也更吃紧了。小鬼子向中国人征兵更严了,男子到 20 岁必须应征入伍,当"国兵",不合格(叫"国兵漏")的去当劳工,叫"勤劳奉仕"。

我二哥已经 19 岁,明年就要被征了,选上了,当兵帮鬼子打自己人,生死难料;选不上去劳工,也不知有多少想象不到的危难。家里,呐呐已经五十四岁了。年过五十,在当时就算老人了。何况呐呐年轻时患过痨病,一生辛苦,看来又精神又勤劳,实则是要强、硬撑。而大嫂,原先只三口人,如今人口增加一倍多,嘴未说"不",可早晨不起床,白天出去闲逛又不按时回来。因此,做饭等家务大部分是呐呐承担。虽然大哥早晨不吃饭就走,午间不常回来,只是晚上在家吃饭,也使呐呐的家务比在辽宁时累得多。

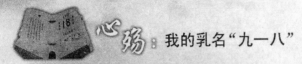

这天早上,呐呐忽然不舒服,起不来了! 阿玛破例招呼一声"大媳妇! 你呐呐病了……"做早饭的话没说出。

而人家在里屋也就装作不是为了做饭,矇眬答道:"等一会儿我领她上医院……"没起床!

这样,阿玛气得未吃饭就上菜地了。呐呐告诉我和三哥到外屋看有什么剩饭,对付一顿。可这是冬天! 北大荒的冬天! 就是有剩饭剩菜也是上了冻的。于是,我们俩也没吃早饭,一个去干活儿,一个去上学。

肚里没食儿,兜里没钱,挨了一上午饿,一放学就往家跑。进屋一看,我立刻吓傻了——大哥和大嫂正在屋地上给坐在炕上的阿玛跪着呢! 两人都满脸泪水……我想,这一定是阿玛发了脾气。在这种场合,除了长辈,任何人也劝阻不了。我赶紧悄悄退出,上菜地去找三哥。我猜三哥也不敢在屋。

果然,三哥一人坐在菜地里哭呢。我问是怎么回事儿。三哥断断续续地说:"嫂子早上没做饭……阿玛把二哥找回领呐呐看病去了……大哥晌午回来吃饭……阿玛把这事说了,提出分开住,搬回老家……大哥一面责备嫂子一面劝解阿玛。阿玛越骂声越大……再后来,就都跪下了……晌午又吃不上饭了……"

我问"呐呐"病的怎么样? 怎没看见? 他说"走得很晚,可能快回来了。也许看完病核计找房子搬家呢……"

"咱俩上街上去迎一迎吧?"

他未出声便站起跟我出了菜地,向街里走去。走不远,就看他们娘俩有说有笑地回来了。我和三哥见人回来了,呐呐病好了,两人还挺高兴,心里踏实多了。可是想到家里的那种情况,我和三哥马上你一句我一句地告诉他俩。没等说完,呐呐就紧张起来,一边加快脚步一边说:"这死老头子一来倔脾气,得理不饶人! 对孩子只知道……弄得没一个不怕他的! 这振五都三十多岁了……"

她头前走了,剩我们哥仨。我着急地问:"呐呐回去一闹腾,事儿不更大了吗?"

二哥笑笑说:"你还不了解呐呐? 她才不硬碰硬呢! 哪回阿玛发脾气,不是呐呐几句说消了气儿,过后叫呐呐数落得光笑不说话!"

"这回可不一样……"

"这回更好办。"听二哥这么有把握,我和三哥就缠住他问。他最后笑着说:"到家你看看就知道了。"

我们仨不快不慢地走到家,听听,没动静了。再走近些细听,却听大哥以平和的声音说:"阿玛这也是坏事变好事……该着你老走好运!这事全交给我和你大儿媳办吧!"

嗯?满天大雨说晴,这么快就万里无云了!我们仨立刻走进屋去。呐呐高兴地说:"正好,今天又是振全的喜事,他又在铁匠炉学会了'下厨',今儿晌饭你做了!"

大嫂忙说:"别价!是我惹爸爸生气的,还是叫我主动赎罪吧!"

二哥一摆手,说:"今儿就当你们考我了,叫我好好显一回。这,也算我报答两个老人和哥哥嫂子对我的关心……"

"那我连学习带当'下手'总该可以吧?"嫂子说着也系围裙下了厨房。

呐呐今儿头一回当了一把"老太太",硬是未下地。阿玛没说话,也没了怒容,却慢腾腾下地出去了,大哥也跟了出去。

在二哥和大嫂在外屋做饭时,呐呐才高兴地告诉我和三哥:"铁匠炉给你二哥保媒,是挺俊的姑娘……这么的,一结婚住不下了,你大哥就借引子搬出去,家里外头都没话说……"

啊……我和三哥相互一望都乐了:"我们又快有个二嫂了!"

简单说吧,这场不小又难断的家事分歧就这么简单化解了。

二嫂是城东一家农民的孩子,在鬼子并村中遭了难,像我们对待二姐那样,今年也才十六岁,被她父亲送到远房舅舅家。正好二哥跟她舅舅熟悉……至于结婚,尽管大哥大嫂怎么保证操办好,阿玛也不能叫他们太浪费。最后只简单给二嫂做点新衣服……冬天,只是多了一套棉衣。按呐呐主张,虽不是满人,年轻女人出门上街时也得穿上"碰腿儿"的,故多做了一件花棉袍。二哥的新衣就更简单了,外套都是大哥的。结婚仪式也简单。我们新搬来本地没亲戚,大哥的警察挨撸后没剩几个朋友;街公所没几个人不说,谁又能对个"打杂儿"的太热情? 大嫂娘家没什么人,又离得远。所以,看个日子,拜过天地,准备一顿饭招待一下邻里帮忙的,了事!

办喜事前,大哥一家三口就先搬了出去。里屋就给二哥倒出来

住了。二嫂纯属北大荒村姑，没读过书不算，一小就帮着父亲做农活儿，连针线和厨房都没动过。这样，呐呐不但没得到帮手，反而增加个"教学和带领"的负担。因为呐呐心慈面善，说话动情入理，很快就得到了二嫂的尊敬和亲近，对呐呐就像对自己母亲那么亲热，不外。有一次，活计做完，给呐呐装袋烟点着后，就蹲在炕沿前，两臂往炕沿上一扶，下巴枕在两手上，跟呐呐说话。

呐呐马上轻声但很严肃地说道："孩子！妇道家不能这么随便。这叫外人见了会笑话咱们家没教养，没礼貌。在老人面前，有事说话要站直了，没事闲唠坐在炕上要盘腿直起腰板儿；再有，你走道以后别大步流星，两脚往两边甩，要迈小步，照直走；没人儿不能东瞅西望，有人叫，也不能甩头看，要转过身……你没见我们年轻时候都戴着耳坠儿，长长的，就是叫你甩头时挨嘴巴子！现在老了，没有坠子打嘴巴子也不会'扑扔头甩甲'的。你，娘家没陪送，呐也没给买。如今也不时兴了。没戴坠儿了，没有打嘴巴子的，可咱要自己归弄自己……"

呐呐开始说时，她还有点尴尬，到后来越听越有道理，越感亲切，就听一句嗯一声。这以后就处处注意了，等到过春节时，饭也会做了，针线活儿也拿得起了。呐呐更喜欢她了，从来未叫过"二媳妇"，近了叫孩子，远了叫他二嫂。有了干活儿帮手，身边有了说话人，呐呐明显地看出比以前乐呵了，也健康了。

可是，刚过大年不久——1942 年春，小鬼子便又开始征兵了。二哥被叫去约秤，又量身高，都很合格。可一问读几年书，听说一天没念，检验官儿就立刻瞪起了双眼："撒谎！这么标致的小伙子，一天书没念？有什么证明？"

"……你可以问我们老板。"二哥说，"你也可以比一比手。"

"老板是要问，可比什么手？"

二哥把手向前一伸，满手老茧："这得抡多少年大锤才能磨到这样？我要念过书不早像你们上班的穿洋服……"

那人看了看，摇了摇头，但又绷起脸来斥责道："没念就没念过，说话这么冲干嘛！"

"嘿嘿！长官，念书人你叫他这么说他也不会。我们，只会干活儿，不会说话……"

"当不上'国兵',穿不上军服,拿不到补贴不算,要连去三年'劳工'一分不挣,你情愿吗?"

"那有啥法? 有饭吃就行呗!"

就这样,他还不信实,就又叫二哥拿笔在纸上写字做试验:"名字总会写吧? 不会写名光会写姓也行!"

二哥接过笔,伏在案上,手还离纸挺远时就抖起来没完,勉强弯弯曲曲、勾勾巴巴、断断续续地写了个"胡",那人便不耐烦了:"行了! 滚吧!"一扬手,"下一个……"

我一直在不远处看着听着,听到那人这最后一声和看见他一扬手,我悬着的心立刻落了地,急迎上二哥,拉着他的胳膊就往回走。

到家了,全家都在等着结果,见我俩回去几乎齐声问道:"怎么样?"

我高兴地抢着回答,还装那检验官的腔调和样子:"行了! 滚吧! 下一个……"

大家哄地一声都笑了。

可二哥没笑,说:"人家说'当不上国兵,穿不着军服,拿不到补贴不算,要连去三年劳工,一分不挣……'"

"连去三年!?"二嫂惊问。

呐呐忙说:"当劳工,就是干活儿呗! 三年一分不挣就当又学了三年徒! 当兵,穿军服,拿补贴……可那是玩儿命!"

阿玛也补充说:"玩儿命打鬼子也行,可那是帮鬼子打抗联……"

大哥听二位老人都想得通,只见二哥因为已经成家了,三年一分不挣太惭愧,就笑着劝道:"呐呐阿玛说得最明白不过了。三年一转眼就过去,还说不定他小鬼子能不能挺到三年呢! 再说,家里还有大哥呢! 老三也能干活儿了,能叫阿玛呐呐饿着冻着吗? 放心准备到时候听招呼吧! 不管到哪儿,只要老老实实干活儿,总比当兵安全。"

大家看二哥心情平静了,也就各干各的了。

没曾想,检查合格的刚入伍,没合格的很快就叫人领走了! 到什么地方? 干什么? 一切不知! 从此,我们家又充满了忧伤……

后来才听说:二哥是被鬼子抓去中俄边境挖地道了!

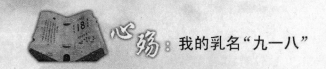

# 二十三、二哥逃回来又被抓走了

二哥走了，二嫂立刻打蔫儿了。呐呐怕她愁病了，除了时时处处陪她做这做那，还总在没事时逗她多说话。今天说这明天说那，二嫂终于说出了她家不住在城东那个小山村，是刚从哈尔滨南边的五常县背荫河镇郊区逃到那儿的。

1933 年秋天，她五岁时，也记点事儿了，后来爸爸又常说，因此现在对搬家的事儿记忆犹新。她说，那年月日本鬼子突然把一家商店和跟前的老百姓的住房都给拆了，建立个叫什么"中马城"，是个工厂，后来才知道是细菌工厂。厂子的地窖里关押不少抗联的伤员和俘虏。小鬼子就拿他们当传染病试验品。听说对活人像杀猪羊一样用刀割，看这个验那个。住在近点儿的人晚上夜深人静时，都能听到人的惨叫声。白天常见冒黑烟，还能闻到烧什么的怪味儿。

第二年 8 月间，那个"中马城"关押试验品的地下监狱，发生了一次暴动。去掉被鬼子抓回一些用枪打死一些，最后跑出去 10 多个抗联战士。因为这事，在镇里和四外农村的老百姓，经常受鬼子汉奸检查，翻箱倒柜，哪回都抓走几个。种点地，打的稻子大部分出荷，按人口留点儿不够吃就得掺苞米、麦麸子、谷糠，一起熬成稀粥。平常使用的东西，没地方买，只按票配给。连洋火儿（火柴）都不多卖；对于油、盐、针、线和布匹更是少得可怜。

二嫂说到这儿心酸了："妈妈有病治不起，我八岁那年就死了……后来，咱拜泉城东有个亲戚，爸爸就领我们姐俩逃到城东了。"

"姐姐比我大三岁，能做饭，会缝洗衣服。爸爸就叫她做家里活儿。我啥也没干过，就跟爸爸下地打下手；长大些就跟爸爸一样干庄稼活儿了，人们都管我叫假小子。后来，那地方鬼子净祸害女人，还选好看的抓去当什么'玉南夫'（慰安妇——黑龙江人方言），我爸把我姐找个人家嫁出去了，把我干脆变了男孩子……要不，我对屋里活儿咋啥也不会呢！还得叫妈妈费心费力现教……"

呐呐听了二嫂自述的苦难经历，不住叹气，拉住她的手，不住地安慰："别多心，呐呐和我们全家人谁也不能看不起你。你就把这当成你自己家。我的两个姑娘都不在跟前儿，你就是我的姑娘……"

"妈——不！我也跟弟弟他们一起叫你'呐呐'：呐—呐—"叫着就扑进呐呐的怀里了。

"唉！"呐呐响亮地答应一声也就紧紧地搂住了她。

那天，午间放学，我正好遇上。

二嫂见我回来冷丁想起忘了做饭，急忙起身去做饭。呐呐就把她的苦难经历告诉了我，并嘱咐我："你和三哥一定要对她像姐姐那样亲热，她也叫我'呐呐'了，我也把她当姑娘了……"

这天是星期六，下午不上学。我吃完饭告诉呐呐去大哥那看看，然后在阿玛不注意时，又偷点青菜捎给刘奶奶。虽然刘奶奶已经知道我了，但为了防止外人知道，我每次送菜仍然是从外边扔进院子就走。

大哥的新家离这儿不远，是个四不靠人家的孤立的两间房，独门独院儿。为了安全，还特意养了条狗。它名叫"小子"，也许大嫂没小子才取这个名字。去得多了，我一叫"小子"，它看看我，不但不咬我，还回头向屋里叫，通知主人"来客了！"

大嫂听到它的叫声也能猜中是我去了，便出来，给它点吃的，拍拍它的脑门儿，继续叫它在外边放哨儿。

大哥正好在家。每次去，我都先把从学校听到的公开宣传的事情讲一点儿，启发也换取他讲些内部消息。

今天校长做时事报告时讲：今年（1942 年）春，大日本帝国不断取胜——打败了英美（当时鬼子写标语时把"英美"二字都加了"犭"，成了"獷獳"），夺占了香港、关岛、威克岛、菲律宾、荷属东印度、马来西亚、新加坡……横扫太平洋。他说"大东亚共荣圈"就要建成了！可这时中、苏、美、英联合 26 国在美国华盛顿开会，签署个《联合国宣言》，决定共同对付德、日、意法西斯……

大哥听完笑笑，说："这还用你告诉我，开会传达，街内贴标语，

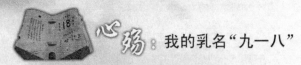

不都是这个？"

我"嘿嘿"一笑，说："那你能告诉我谁也没听到的吗？"

"你小子不就是总想听听抗日消息吗？我就接着你这茬儿往下讲讲。"

原来日军正向缅甸进攻。缅甸当时归英属。英国不是已经与中国建立"联合国"了吗？便就近向中国求援。中国与缅甸的通道也被日军切断，海外物资也进不了中国了。所以，老蒋于去年就派考查团去过缅甸，与英国制订了联合抗日保缅的计划。如今日本真的向缅甸进攻了，英国一告急老蒋立即行动。他特成立个远征第一路军司令部，任卫立煌为司令。卫因故未到任，叫杜聿明率所部第五军三个师为先遣进至缅甸战区。日本也派十万人枪参战，并已攻占了仰光。3月8日，同古一战，日军失败，撤出同古，要求增派援军、飞机、重炮。三面围城，连战十多天，不分胜败，各有损失。3月30日，援军赶到，一顿狂轰乱炸，冲进同古，却找不到中国军队了——原来杜聿明为了保存实力，令戴安澜乘夜东渡锡唐河，转移到缅甸重镇曼德勒了。

正准备在曼德勒与日决战，忽听英军防线被击溃后已经撤走，退往印度。远征军右翼暴露了，左翼也未挡住日军进攻。日军以日进百里速度向曼德勒进犯。远征军只好抓紧分三路回撤：左路退往印度，右路退回国内，中路绕过日本封锁线，翻越野人山择路回国。结果，一路上，森林密布，阴雨连绵，毒虫扑面，加上洪水泛滥，山岭滑坡，粮草用尽……官兵饿、暴、痛、淹、埋……死伤无数！师长戴安澜壮烈牺牲！6月18日回国时，十万人只剩四成，不少人还患了疟疾！缅甸也被日军占领了。

退往印度部分部队，后被编为驻印部队。回国的，经整顿、扩编、操练，准备杀回缅甸，为死伤战友复仇……

大哥说到这，突然提出："还有一个消息，你知道就行，别跟呐呐他们说。"看我认真点头，便简单说道："今年4月26日，辽宁省本溪煤矿大爆炸，日本鬼子见死不救，致使中国劳工1 500多人丧命……"

"啊？1 500多！"

"你二姐家在本溪，你二哥去'勤劳奉仕'是不是在那儿……这都是咱呐呐担忧的……你已十二了，咱俩都常打听点儿你二哥到底去了什么地方。"

我心想：越是保密，越有危险。但是，越是打听保密的事情，越容易被人加你小心……

又过了半年，大哥都未打听出来，我更无法得知了。眼见又要过年了，二哥一点儿信儿也没有。呐呐急得嘴唇上的火泡一茬接一茬，二嫂年经轻轻的，耳朵都聋了！

到小年儿了，呐呐又要用为大哥招魂的办法叫二哥快回来。我和三哥正忙着到处搜借铜大钱儿，到要吃晚饭时，刚凑够一百个。万没成想，突然闯进一个穿又单又破、长得又黑又瘦的中年人，说一句"我可到家了……"倒在地上便晕了过去。

大家听声音就怀疑，马上点灯一照：果然是我二哥胡振全！这一下子，全屋子都炸了营，这个喊那个叫，又抬到炕上铺褥子盖被，又张罗请医生还是送病院……二哥却突然说话了："我，没病。是累……的，饿……的……"说完又晕过去了。

这次虽又晕过去了，但大家也放了大半的心。"快去熬小米粥！"呐呐说完，知道二嫂未听见，自己便下了厨房。二嫂看明白了，也跟了过去。呐呐又叫她做面疙瘩汤。

很快，两种稀食都做好了，一样一小盆儿，端进屋来，往二哥跟前儿一放。二哥闻见了饭汤香味，没叫就醒了。

呐呐心疼得直咂嘴："啧啧！饿这样！不多少天没吃东西了……"

只见二哥先呼呼地喝完一盆小米粥，完了又端起了面疙瘩汤喝起来。

"别撑着啊……"呐呐看他吃太多了。

阿玛一旁说："不怕，这两样都好消化……"喝完后又要："再来一碗！"

"行了！没饿死想撑死啊？"阿玛说。

二哥抬起头看了一圈儿，问："要不是在家，你们不会认识我吧？"

大家看他头发乱糟糟，胡茬子满腮满下巴，满脸黑皱，身上也一股酸臭的汗泥味儿……

二嫂端来一盆温水，放在凳子上，又给拿毛巾和肥皂。阿玛笑眯

眯地还递过一把剃头刀。

二哥经过一番洗,刮;接着,阿玛又把他按坐在凳子上给剃了头……喝! 一下子比方才年轻了十多岁! 大家看着都笑了。

二儿子回来了! 这年更得好好过了。于是摆供桌,供家谱;准备香、纸去接神;和面、切馅儿包饺子……全家齐上阵。

突然阿玛叫三哥和我:"去把他们都叫过来! 这个年一起过。"

大家刚一愣神儿,便都意识到了:是指我大哥、大嫂和孩子呗! 他们原计划到时候来拜年,平常就自己做着吃了。我和三哥,穿衣戴帽就往外跑。跑到那儿,他们刚吃过晚饭,见我们俩跑得呼呼喘得说不出话了,很惊讶,又见我们表情很高兴又放了心。听我说:"二哥回来了,阿玛叫一起过年。"二人立刻兴奋异常,但也不能空手去啊! 现买又天黑了。就把已准备的年"嚼咕"一股脑全背着抱着拿来了。

他们进来,也参加了忙活。看出来,阿玛多年没这么高兴了。准备祭祖、拜年时,他又说了话:"我们是满族,俩媳妇不是。我们也没像老辈子那样要求嫁鸡随鸡,礼法、称呼都随自己习惯。今儿咱们得讲究讲究了,男的都照我样子做。女的,算小香子,都跟她学。来……"

接着,他便边做边说:作揖、下跪、叩头、起身、鞠躬、请安……完了叫呐呐做。呐呐笑着向阿玛一样边做边说。特别是在行跪礼,跪拜时,两个媳妇和小香子全看呆了,大气儿不敢出,生怕看不清学不会……就这样,二媳妇学做时还逗得大家直笑呢! 二哥不得不又给她上一课,带她重做一遍,不满意还想来。呐呐小声告诉他,想你,上火,耳朵已经聋了。他才作罢,并把她拉到一边,拍拍她的肩膀,表示一下安慰,歉疚。不料二嫂一激动,当着公婆、大伯哥大伯嫂……抱着二哥便放声大哭起来。二哥没动,也流泪了。阿玛也例外地理解和宽容,悄悄走了出去。大哥跟呐呐一旁说话了;只大嫂上前又同情,又解劝,直到伏耳说明在这样场合这么做不好看,她才抽咽着松开两手,坐到炕梢低头啜泣。

阿玛从外边回来了,对二哥说:"正好,你大哥大嫂也在这儿,我还没顾得上问你是从哪回来的,怎么回来的,造这个熊样……"

"咳……简单说吧!"二哥一下子陷于极端的惊骇与困惑,"一直没说上哪做什么。汽车坐完坐闷罐(火车的封闭货厢)。往哪个方向走也闹不清……下车后又都给蒙上眼睛。到一个靠河的荒山，就干一种活儿：对着荒山挖地洞。有的挖，有的砌砖灌水泥……老高老宽了，做仓库住人都够用。"

大哥边听边点头，便没打断他。

二哥继续说："也说不上挖了多深多长，挖到了什么地方，叫停了。把人集合到深洞的这一头儿。我这时要大便。工头对我还不错，叫我快去快回。我出洞口一拐弯儿就蹲进了树毛子里……这时就听鬼子吱哇一阵叫喊，接着又是泼水声，人喊叫声。随后刚闻着一股汽油味儿，就看一片火光。接着又听洞口大铁门咯吱一关，火光也看不见了，人叫也听不清了……我吓得，也不知拉完没拉完，提上裤子就往树毛子里边跑。没人追，显然工头也烧死里头了。鬼子根本不知道我出来……跑出很远才亮天。问谁那是什么地方，我问不清，他也说不明。最后只问一个地方——往拜泉怎么走。就这么的，要着吃的就吃点儿，要不着就一个劲走。反正走大道、小路，没有野兽，遇到贼也抢不着我什么……多么远也不知道，走时还没下雪呢……"

"我二儿子真是大命人啊……"

大哥劝两句呐呐后，慢声说："我跟老四原来担心本溪湖煤矿爆炸……原来你是叫鬼子抓到苏联对岸挖隧道去了。听说牡丹江有一处，不知你去的是不是那个（"东宁要塞"如今已成纪念馆）。这种军事绝密，挖完不杀人灭口还行。好了，他们以为你们都一块去了，不会再找去完成那两年任务了。不过，你不能出面了，要不——"

"你大哥说得对。那块儿不知道你活着，地方要知道了，再去二年小事儿，口没灭净还了得？"

"要真有那天，我就一口咬定先逃的，后来的事儿根本不知道。瞒不过再去两次。哼！这回我还有经验了呢！"

"别瞎勒（lēi）了！"阿玛说，"整个什么办法叫他离开这儿？"

"可辽宁是不能回了。"大哥说。

呐呐说："叫他领媳妇躲他老丈人那儿吧？"

阿玛和大哥都表示可以。而二哥却立刻反对，说："要改做庄稼活儿，还不如跟自己家人找个村子搬去种地呢！"

大哥猛一拍大腿："我在街西北李家屯有个朋友，还欠我点儿

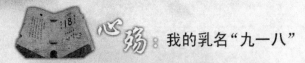

钱,给安排个小房、几垧地不成问题。"

二哥和阿玛都同意,三哥也高兴……这样省得跟二哥分开。为了抢时间,大哥写封信,第二天就叫我和三哥去李家屯儿定房子。

说是只有25华里,我俩边走边看北大荒的黑(树)白(地)分明的冬景。顶头吹来一股风还得转身退着走几步。见人就打听,总算没走差路,但进村时也正响午了。那位李大哥未在,有家姓胡,认我们一家子,留我们吃顿午饭。胡叔叔看过信知道老李家闲空的房子在哪,便领我们去看房子。走到村中间往路南一指:一所孤单单的小草房,还没有我们辽宁那房子大呢!走到跟前一看,"怎么房门还开在房山头儿?"胡叔笑着解释:"这叫'马架',冬暖夏凉。反正你们只是来种地,冬天就回城里了。"我俩互相看看,不能解释,便又前后看看用柳条子夹的障子,朝南开门,左右无人家,后边隔条道是村民;前边是看不到边儿的草甸子……心里说不清是什么滋味儿。因为太晚了,胡叔怕贪黑,不安全,留住一宿,第二天吃过早饭往回走。

路上,我们俩还说:"房子不算大也不太好,可地方,还适合咱们住。因为二哥的事越孤独越隐密的地方越好嘛!"我们比来时走得快多了,到家时各家的烟囱还都没冒烟儿呢!

不料!二哥回来被"十家连坐"的组长看见了,已经举报被汉奸抓走了!全家尽陷悲愤之中,对举报人恨也没有招儿。但是,大哥怎没在这儿?

没人问我们房子事,我们也不好细问怎么这么快就被抓了。当时是"十家连坐",十家内有一家可疑,知情不报同罪,当组长的更得立功受赏。过不久,大哥回来了,说:"不幸中之万幸!他们终于相信振全说的先跑时洞还未挖完呢,在什么地方也说不清,最后决定放到新一批勤劳奉仕里送走了。到哪干什么根本不许问。实际上问也没人说清楚。"说到这又劝一句大家,"大难不死已经够庆幸的了,抓走就抓走吧!好在二弟说'已经有经验了',不会再有危险了。"

大家都长舒一口气,也只有这么着了!

**链接1:探秘东宁要塞**

据刘馆长介绍,东宁要塞是亚洲最大的军事要塞,被称为东方的"马其诺防线",主要由勋山要塞、胜洪山要塞和麻达山要塞三个前沿永备要塞及老城子沟综合运输仓库、地下永备弹药库、兵工厂、野战工事等构成,是第二次世界大战的最后战斗结束地。其工程庞大,是已发现的要塞残址中最坚固、最完整的军事要塞。

东宁勋山地下要塞,是现在唯一对外开放供参观游览的地下要塞。要塞建在山的顶部,结束为三纵三横,与其他地下要塞构筑有互相联通的地下工事、野战工事,地下要塞70 000平方米,长度约两公里,均为钢筋水泥结构,设施建有:指挥所、通讯室、弹药库、炮台、医务室、发电房、伙房、储水池、厕所、通气洞等,有四处外出口。地面设施建有观察所、地堡、军犬宿、竖井等,可容纳3 000兵力。

拾阶而上,经过一段"攀爬",一个仅一米见方的洞口出现在记者面前,尽管经过了重修,可这个洞口还是显得很隐蔽。

进洞后,一股寒气袭来,大家纷纷穿上了由要塞景区服务站提供的迷彩服。

据介绍,当年日本修的要塞工事有很强的防御功能,能防炸弹、防水、防火、防毒气,而这些功能就体现在进入要塞的大门上,这扇坚固的大门就安在山洞之内,当然,现在大门已经不见了,只剩下一个光秃秃的门框。

走进大门,一条窄轨呈现在眼前,这条轨道的准确名称是"绞车道",是当年日军往洞内运送弹药的通道,同时,它也供士兵通行。由绞车道往上走,通道阴冷,灯光昏暗,两面可见凹凸不平的火山岩。

走上绞车道,眼前的景观可以用豁然开朗来形容。这里的通道与刚才给人极强压抑感的绞车道比要宽敞许多,周围的墙壁修得很平整,通道整体呈现梯形。

要塞内隔一段距离就是一个瞭望哨,日军通过这些设施来观察外面的情况,并对外射击。

在导游的带领下,记者来到了一处宽敞的空间,据说这个近百平方米的地方就是日军的兵营。兵营内很潮湿,地上还有一层积水,墙壁是水泥的,摸起来也湿漉漉的。导游告诉记者,水泥墙上有钉孔,有些地方还有还残留的木头,这说明墙壁上曾经装着墙板。要塞内有许多类似的建筑,大一点儿的是兵

营,小一点儿的是军官宿舍。

日军的要塞修得如此坚固,其中凝结着中国人民的血泪。据刘长山馆长介绍,1933年,日本关东军侵入东宁后,开始计划构筑实施东宁地区庞大要塞工程,来作为防御和进攻苏联的亚洲最大军事基地。1934年6月,东宁要塞开始修建,至1944年,历经10年时间,日本关东军筑垒要塞大部分建成,共使用劳工17万人之多。

军营宿舍

17万中国劳工的命运,见证了东宁要塞侵华日军的暴行。现在一处完整的劳工坟遗址,劳工坟占地约两万多平方米,500余个墓坑里掩埋着8 000余名中国劳工的尸骨,无人知晓他们的姓名、他们的籍贯,但他们残缺的尸骨却述说着当年遭受摧残、折磨的经历,像这样的劳工坟、万人坑,在东宁就有10余处。

1945年8月9日,苏联红军分4个方向向日本关东军防线发起进攻。而驻守东宁勋山、胜洪山要塞的日本关东军断绝了与外界的一切联系,无法知晓8月15日日本天皇已下投降书。在经过半个多月时间的轰炸、围攻后,苏军仍未攻下勋山和胜洪山要塞。此时,日军从牡丹江派河野贞夫联络官前来东宁,对勋山、胜洪山筑垒要塞日军传达了日本天皇的《终战诏书》。3天后,90名日本关东军放下武器,打着小白旗走出地下要塞,向苏联红军投降,历史的这一日定格在8月28日。

### 链接2:解密虎头要塞——第二次世界大战终结地

这是一段鲜为人知的历史,也是一段颇具神秘色彩的历史。我们都知道,第二次世界大战是1939年9月1日开始,1945年8月15日结束。然而,在黑龙江虎头要塞遗址却清楚地记载:1945年8月9日,苏联红军对虎头要塞发动攻击,激战至26日终于攻克要塞。由于虎头之战结束于日本宣布无条件投降的11天之后,要塞也因此被称为"第二次世界大战终结地"。

日军秘密修建要塞

虎头,是黑龙江省虎林市的一个边陲小镇,坐落在完达山的余脉虎头山上，面临乌苏里江，与俄罗斯联邦的伊曼市隔江相望。二战中，它一直是兵家必争的军事重地。1933年日军侵占虎头后，便在这里驻扎重兵，秘密修建虎头地下要塞，企图把这里变成进攻苏联的水电局砂堡：虎头镇北的猛虎山由三个山丘构成，远眺有虎

尾、虎身、虎头之分，如凶猛的卧虎之态，形象极为逼真，高昂的虎头，隔江雄视着俄罗斯的伊曼市、伊曼铁道桥、西伯利亚铁路及前苏联的萨里斯基军事区。地下工事以中猛虎山为中心，由山底向东、西猛虎山延伸，长达8公里。之后，延伸到虎北山和虎啸山，形成了巨大的地下隧道网络。隧道宽、高3至4米，所有覆被均用3米厚的钢筋水泥浇铸，工事上面的自然植被茂密，不见一点人工痕迹。在山地的表面开有出入口、枪眼、炮眼、反击口、换气孔、观测所等几十条横竖通道，像蜘蛛网一样在山底下向各处延伸。

在要塞工程外围，筑有野战工事和飞机场。要塞在山体中，分为四个地区，各自形成可以单独进行攻防作战的设施。

日军为了在作战时炸毁乌苏里江对岸苏联的西伯利亚铁道桥，1941年从日本东京湾要塞运来了大阪工厂制造，射程20公里，日本陆军唯一重型武器——40厘米口径的榴弹炮一尊，每发炮弹重一吨。在各阵地还装备了各种远射程炮。

日军将虎头要塞夸耀为"东方的马其诺防线""可坚持6个月不怕围困的坚固塞"。

## 苏军强攻虎头要塞

1945年8月6日，位于虎头西南方乌苏里江畔的新桥国境监视哨，被苏联红军挺进队突然包围。

8月8日11时58分，苏联萨里斯基军事区重炮(15厘米口径榴弹炮)突然打出第一发炮弹，击中了日军的仓库，引起爆炸。巨响震撼了整个虎头镇，烟尘弥漫，一片昏黑。

8月9日，已遭到一次炮击的虎头守备部队更加惶恐不安。1时05分，集结于伊曼附近的苏联炮兵，突然用他们的16门20厘米口径的重型榴弹炮一齐向虎头日军阵地开火。在炮击日军的同时，苏联第57边防总队的边防军，

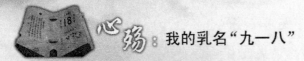

乘坐汽艇和小船,渡过乌苏里江和松阿察河,对日军的所有哨所进行袭击,经过一个小时的激战消灭了260名日军,占领了日军的江边哨所。

这次苏军的突然袭击,给日军造成了巨大的损失。虎头筑垒地域的道路、地面工事、日军营房、通讯设施、铁路和车站均遭到了严重的破坏,使日军的警戒部队和司令部中断了联系。晚6时30分,苏军的炮火再次猛烈袭击,对日军地面军事目标进行了摧毁性打击,这是苏军渡江前清扫障碍的炮击。

苏联边防军占领了日军所有的江边哨所后,兵分三路强渡乌苏里江。

8月10日,苏军决定再用空中优势和重炮给日军以毁灭性打击。虎头筑垒地域内,到处都有炮弹在爆炸,地下要塞多处混凝土掩体出现了严重的崩裂。18日许,苏军以坦克开路,指挥陆军从三个方面发起第一次总攻。

日军守备队员虽然只有不足1 500名(此外还有军属、开拓团员、满铁社员以及避难家属1 200余人),但火力装备较强。如猛虎山主阵地,有40厘米大口径火炮1门,16厘米口径加农炮6门,加上野炮、速射炮、曲射炮、迫击炮,共计24门。

在日军的阵地上,多次形成反复的拉锯战斗。日军在战事失利的情况下,战地司令官大木正大尉竟下令炸毁无线电,他在军官前叫嚷,在险恶的时候,要实行全员玉碎。他命令部队在隧道里的多处都安放上了50公斤的炸药包,一旦战斗无望,就引爆它,决心与苏军死战到底。

**全歼虎头日军**

1945年8月19日这天,是虎头要塞日本国境守备队最悲惨的日子。这一天,苏军采取了大规模的军事行动。苏军攻占了猛虎山日军阵地后,枪炮声在乌苏里江畔完全消失了,除了虎头筑垒区域炮火留下的累累痕迹外,便是一片和平景象。但是,在猛虎山要塞区后方的虎啸山还有50余名日军幸存者,平顶山及其他要塞里也仍然有活着的日军。

8月26日下午3时30分,虎头日军守备队仅剩的53名官兵被苏军活捉,第二次世界大战的终场帷幕终于在虎头这里落下了,这次战斗整整比二战结束的时间拖后了11天。这11天,日军付了惨重的代价,他们付出了2 000余人的生命。这场残酷的战争也夺走1 000余名苏军官兵的生命。

据《河南法制报》　马国福　文

# 二十四、"大滑稽"成了"小情报员"

1943 年,德、日、意法西斯,已渐渐失利:德国进攻苏联受阻;意大利国内政变,把法西斯头子墨索里尼吊死了! 新政府退出法西斯军事联盟;只是日本还一意孤行,一面占据东南亚,一面海战英美。

1944 年春,我顺利地考上了专收男生的育英国民优级学校,即现在的高小。四个初小考两个高小,那一所即较小的专收女生的致仁国民优级学校。根据考试成绩和档案中记载的"捉鼠能手"和"小学生搞大发明",还被任命为一年二班班长了! 上"国优"后,学生一切都军事化了。首先是统一服装,"操衣"(即校服)是黄制服;帽子是与日军一样的"战斗帽";小腿还缠上"腿绑"(二寸宽的黄布带子,从脚脖子开始一圈一圈直缠到膝盖下边,系牢);鞋也是军用黄色胶鞋;白口罩,平时不戴,"帽垂"(在帽口两侧与后边钉上三块可盖住脖子的黄布)平时不放下,参加战争和遇到飞机轰炸时才放下。与鬼子兵比,只差没挎刺刀,没扛枪了。可是这笔"操衣"钱,阿玛不给,不叫穿,是大哥给交的。就这样穿回去还挨一顿狠骂,说我是亡国奴相,跟二鬼子没两样……

第二天,学校又给各班长一人发一个袖标,黄布上印个黑"卍"——法西斯符号。阿玛一见更来气了,叫我立即摘下烧掉。我吓得跪着哭求:"烧了就当'反满抗日'的思想犯了呀……"后来呐呐给说情,定个条约:只许在学校戴,不许再叫他看见。这才饶过我。

那时,学生见到老师,不论在学校还是大街上,都要立正,敬礼,问安。早上喊一句"sen sei(先生)ou ha yaugouzayimas(早上好)!"午间喊一句:"sen sei kun bang wa!(老师中午好)",放学时喊一句"sa yu na la(再见)!"下班生见到上班生就像下级见到上级一样,也是如此。一旦疏忽,老师要"san bin(耳光)的给!"上班生也不客气。

\231\

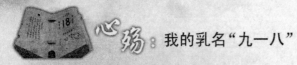

每天上下学，无论在校和走在街上，总是提心吊胆的。

那时，学生也演节目，为了宣传"大东亚共荣圈""圣战万岁""日满亲善""一德一心"……有时也宣传"禁烟"——说起这个简直是说做相反：城里公开设"大烟（鸦片）馆"，连零卖"烟泡"（像纸包糖块）上边也写"人钱两丢"，还给准备房间和烟具，接待吸客。走在民宅区，经常闻着抽鸦片的香烟味儿。隔三差五就会在大街上看见穷烟鬼（吸毒犯），犯瘾后买不起烟折腾得翻身打滚，鬼哭狼号，两眼流脓，眯糊得睁不开，鼻涕口水流挺长……可是一高兴了，还叫学生排练禁烟节目！我就被选出排演过禁烟相声。记得是对对子，我现在只记住一副对子的下联，叫"及口为吸入不回头难作人"，别的都想不起来了。

由于演得好，还被县的"日满协和会"业务宣传队选去做业余演员了。自觉挺光荣，回去一说，阿玛说什么也不答应，"不去不行就别念了！"没办法，我去找了大哥。大哥跟阿玛说："这是个好事儿。协和会是日本的特务组织的公开名字。振强要打入那里去，能多知道不少鬼子的事儿。这对咱不是太难得了吗？"

阿玛一听，一拍大腿："对呀！去，好好干！耳朵灵点儿，嘴可要严！"

我乐得立刻敬个举手礼，并喊一句"乂（是）！"

阿玛又翻我一眼："去可是去，可不是叫学当鬼子去了！"

大哥也看我一眼。我吓得一缩脖儿，舌头也伸出来了。

对于我来说，没有了阿玛的严格限制，跟前儿又是有文化懂政治的大哥，好像从学习到生活，特别是性格，都有了一种解放的感觉。

爱唱、好表演的小子，平常能老老实实，规规矩矩吗？除了不吵架，哪里热闹哪里有我，不久便得个"大滑稽"的外号。

那时，老师上课多不及时，一般都打铃五六分钟才慢腾腾走进教室。可学生因害怕受惩罚，铃一响就往教室跑，都齐刷刷坐好后，铃声才停。我看出个逗眼的门路，于是有一次，铃声响了，大家都跑进教室坐好等待老师。我却没进屋，悄悄躲在了门后。听屋里一点儿动静没有了，我用力推开房门。副班长以为老师来了，急忙喊声"kiliz（直立）！"

大家"唰！"地站立起来了，一看是我，"哄……"地都大笑起来。

我没笑,也没回自己座位,而是装作某位老师的样子走上了讲台……

台下同学看着我表演像××老师,就七嘴八舌喊:"他装的是××老师!"

猜对了,我一高兴又重来一遍,这次装的是老校长。他有一只眼不好,总好眯一只眼。长得胖,走路站立总挺个大肚子。特别是上台讲话前或参加阅兵式(学生军训)时敬举手礼,手用力一抬,嘴一撇,一只眼瞪一只眼眯……更叫人印象深刻。我再开门进来后,就学着老校长的样子,慢慢向讲台走,上去后左右看看,然后猛然敬个举手礼。全班同学又笑又喊"老校长",又鼓掌。我美得简直忘了一切,继续在讲台上学着老校长腔调讲起话来。开始,大家还听还笑,接着都不笑也不看我了。我很纳闷儿,停下来想问问哪儿装得不像,只见副班长对我一拱嘴,同时眼睛往房门方向一扫。我顺他眼光一看——我的妈呀!老师夹着书本拿着粉笔盒正站在门口歪着脖子看着我呢!

我吓得一缩脖儿,立刻下讲台往自己座位跑。

"回来!"老师边往讲台走边叫我。

我只好转向羞哒哒地走到讲台前,低头等挨嗔儿挨打。

"你是愿打愿罚?"

"……打、罚都应该。可老师最好不打不罚。"

"什么?"老师知道我是怎样个学生,平常很喜欢,这次很生气,"你说说为什么该打该罚却不叫打和罚?"

"打,我疼你累还生气;罚,你费心选惩罚项目,我又怕完不成……"

"哈哈,还处处为了我呢!"老师已经有点气笑皆非了,只好问大家,"同学们说怎么办?"

"不打光罚!"

"罚他干什么?"

"罚他表演!"

"啊?还表演!"这话几乎是我跟老师同时说的。

同学们也被逗乐了。副班长站起讲情说:"胡振强以后注意别占用老师讲课时间!饶了他这头一次吧!下次再犯,连我一起打、罚。"

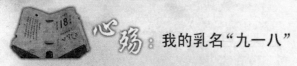

"同意！"同学们齐声赞同。

老师看看副班长又看看全班学生，觉得大家对我很有感情（学习好又当班长能对大家没帮助吗？），笑着对我一摆手，叫我回自己座位。我乐得深深一礼，并顺口来一句日语"a li ga dou gou zayims（谢谢）！"

从此，我再也不敢装老师要宝了。那天回家讲这件事，把大嫂乐得直捂肚子，大哥又抿嘴笑又批评。

刚入夏后，三叔又突然出现了，这次是拄着双拐来的。问他怎么受的伤，他支吾搪塞，不说。晚上，我把大哥找来后，他告诉我们："日本在太平洋战场屡遭失败。日本本土、台湾和驻华日军基地，常遭盟军空袭。"

说到这，顺便说明一下：我们和鬼子兵的"战斗帽"钉的"帽垂"，就是遭受轰炸时放下遮挡沙土的。现在都放下来了！此外，这期间，日伪所有机关团体的玻璃门窗都用宽窄不同的纸条贴个"井"字，就是防备空袭时免得玻璃碎片到处飞。老百姓看明白了，凡有玻璃门窗人家，也都那么贴上了纸条儿。气氛很恐怖，百姓脸上却流露着希望。

好了，再听我三叔接着讲："日本海上运输线也被切断了。这一来，他们又要在中国大陆上做文章了：调集十个师，分两路合攻四川，夺取重庆，企图摧毁我们抗战基地。可大本营的另一股势力认为日军实力不足，不宜扩大战场，转为调集重兵进攻河南、湖南、桂林，打通从朝鲜经中国东北通往东南亚的大陆交通走廊，替代海运线。这个计划确定，委任什么俊六做总指挥。一号作战计划分三段进行：先攻河南，次取湖南，后占广西。现在正在进行。在东北的日军为准备进犯苏联，猛力扫荡抗日联军。抗联队伍已经退进苏联境内，集中在勃利和双城子两处进行休整。没过境的，全分散在各地进行'麻雀战'，或搜集情报，宣传抗日。在延吉、汪清、宁安、敦化、五常、宝清、饶河、铁力、庆城、绥化、北安、萝北……都有咱们的人。"

第二天是星期天，正好我去"协和会"业余宣传队演出。卸妆时，在后台听我们队长小声告诉在场的几个人："咱拜泉进来个抗联伤兵，今晚大搜捕……"我听到后，装肚子痛，请假就跑回来了。我说完，大家都惊呆了。三叔却笑着说："没事儿！你们把两支拐天一黑就送到检举二小子那家的后院,再把我的衣帽埋了。"说完把服装一换,变成"打板儿"的"算卦先生",腿一点儿不瘸了。"我还不能躲,就住在这等着他们来搜查。我不是伤兵,是你的老更倌儿。"

我这第一个"情报",还真传准了!心里美滋滋的。

吃过晚饭不久,组长就领着鬼子汉奸挨家检查了。到别人家搜查得都较简单,唯独到我家查得严也问得细:

"你家今天是不是来客人了?"

"来了,这不在这儿呢。"阿玛指着三叔说,"以前给我看过菜园子,后来学会算卦了……"

"你站起来!"搜查人命令三叔。三叔从容站起,还故意活动一下两条腿。

"你学算卦了?"那人在三叔身边转了一圈儿,同时斜视一下带领搜查的组长,"会算什么?"

三叔说:"男算求财望喜,女算命运高低。不过,灵不灵当场试验,准不准过后方知。阁下想算算?"

"好哇!还一套一套的呢!那就算算。"那人说,"你就算算今天躲到拜泉一个抗联伤兵,他是什么样子?现在到哪去了?"

"哎呀这个卦可够难的。"三叔说着用手掐算一会儿说,"还是那句话,灵不灵当场试验,准不准过后方知。"

"你就快说吧!"组长急了,"我看见过,准不准当场就能方知,不用过后。"

"嘿嘿!那我说说跟你看见的对对?"三叔正色陈述,"那人比我个矮半头,穿得很旧,上蓝下黑,挂双拐,看样子是腿上有伤……"

"对对。你说他现在……"组长催着三叔快说。

三叔又算了算,说:"这人现在就在这西北隅,至于藏在什么地方了,我可算不出来了。好在你们人多,细点搜总会找到。"

刚说到这儿,屋内外搜查的人都回来了,报告:"毫无藏人迹象。"

领头的皱着眉头问组长:"这个,肯定不是伤员了吧?"

"是。可是他……但没一点儿伤……"

头头临走又给三叔扔下一句:"要在西北隅查不出我还来请教!"

"为皇军做事，不收一文卦钱！"

搜查的人都走了。但全家人仍未敢走动，说话；只听外边狗叫人喊，声音渐渐远去……

"搜不着一会儿还得回来。"三叔说。

阿玛说："再回来就不能像方才那么'跑粗'了。"

"他们回来得细审举报人！举报不实自己挨搜呗！"

正说话间，只听东头组长家里大人喊，老婆叫，有的哭有的笑，狗也跟着凑热闹……

"小四儿你是小孩儿，到院儿里细听听。"三叔说完，我便出去了。

"是什么人挨千刀的给我们栽赃啊……"女人哭叫声。

"哼！总给别人栽赃，还能得好？"近邻一男子小声嘀咕。

是领队人的声音："你这回还有什么说的？举报有伤员，伤员没找到，却在你家查出了双拐……"

"可，我怎么也不能举报自己吧？"

"所以你举报的是别人哪！"

"我是，我要真是……我还能举报吗？"

"啊！先举报别人，自己有问题就不报了？这就是你对皇军的忠诚啊？快说伤员藏哪了？是你什么人？"

"真不是我们家……"组长带着哭声狡辩，"这不合乎情理……"

"怎不合乎情理？对这个伤员，看着的人很多，你是组长敢不报吗？可怎么报？你自己说过：'是自己家就不能报'，那就报别人呗！反正你明白，搜不着是伤员跑了，你没责任还照样立功……"

"哎呀我的天！冤死我了呀……"

"带走！"

接着是众人活动的脚步声和组长老婆的号哭，先是喊冤，骂人栽赃，待人走远又骂他丈夫"什么营生不比这个强，偏偏天天琢磨伤天害理勾当……报应！活该……"

我听到这儿好险笑出声来，被一只手拉住就拽进了屋，一看是三叔。他说："不用你学了，我都听见了。"

晚上搜查的再未来。当时讲逼供信，挺刑不过就瞎说呗！三叔虽然巧妙脱险，也不可多住，便于第三天，打着竹板儿，故意绕过大街,经过一些机关门口,然后从长途汽车站上车离去。

家里,阿玛与大哥商定:自己领他们赶快搬到乡下去;只我留在大哥家,接着把"国优"读完。

就这样,阿玛、呐呐、二嫂、三哥四口全搬到了李家屯那所小"马架儿"。阿玛又由菜农恢复了粮农。

这年,因为日寇垂死挣扎,拼命完成"一号作战计划",在四川,日军什么俊六调步、骑、炮兵15万人,进攻河南。蒋介石急令汤恩伯统领第一战区40万大军应战。激战40多天,最后,日军还是占领了河南45个城镇。5月25日又占领了洛阳,打通了平汉线。同时什么俊六又到武汉率领17万人枪再攻长沙,扫荡湖南。国民党薛岳统率第九战区48个师应战又失败了。日军打通了粤汉线,冈村宁次进攻广西,打通中越交通线也在望……一时得逞,日军驻华总部大喜过望,指令中国各个占领区,包括东北19省,都要大力庆祝、宣传,用来震慑中国军心,恐吓百姓,蛊惑汉奸,稳住整个东亚。

因此,这个暑假,我被划到"协和会"宣传队,又贴标语、撒传单,又演节目……有时还下乡到较大镇里宣传。

然而,从下半年往后,日军在大半个亚洲处处受敌。兵员实力明显下降,从国内征来的援兵,有老有少,屡战屡败。到年末,日军只好收缩战线,向沿海地区撤退,把以前占领的城市,大都自动放弃了。

古语有云:"善用兵者,役不在籍,粮不三载,欲兵而无胜者,未之有也!"其实,日本乃弹丸小国,居民只有中国的十分之一,疆域更不足中国的百分之四,如此四处用兵,怎可持久?甚至攻下的城池也无兵占领!尽管野心膨胀,苦苦支撑,仍不免如鱼脱水,势衰力竭,最后败亡,只是早晚问题。

到了1945年,中日战争进入第三个时期,即中国军民的战略反攻阶段。日军在中国节节失利;德国法西斯从斯大林格勒受挫,步步败退,直到5月8日,首都柏林被苏军占领,宣告投降。这对日本打击更大。

接着,苏联和美、英三国于7月26日在波茨坦开会,促令日军投降。日军还要最后一拼。这个会没叫中国参加——可见当时中国在世界的地位!

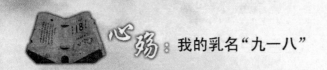

## 二十五、小学生决心参加"最后一战"

8月初,东北抗联数百名干部为配合苏联对日宣战,回国重建东北各地党组织,准备迎接关内的八路军、新四军进军东北。8月8日,苏联正式对日宣战后,百万红军分三路进攻东北。8月9日,毛泽东代表中共中央发表《声明》:"对日最后一战!"号召各战区和根据地团结战斗。东北抗联积极响应《声明》,主动配合苏军,分三路向沈阳、长春、哈尔滨50多个大中城市进攻,同时发动各地群众截击溃散且顽抗的日军,就地消灭汉奸、土匪武装;组织群众团体,维护社会秩序……

当时的我,听完大哥转告的这些新闻,虽然只是十四五岁的小学生,也既兴奋又内疚。兴奋不用解释,14年的恶梦终于有望消除了,内疚什么呢? 想到抗联前辈们和大哥这样的好人,将被所有人感激、赞佩;年轻的还会羡慕和学习! 如今到全胜前的最后一战了,就不能想办法也做点什么,助抗日英雄们一臂之力吗?

头脑中乱得课都未听好,直到放学,往家走时仍然蔫头耷拉脑的,没个精神头儿。

"胡振强!"突然从身后传来一声呼唤。

我站下回头看看——是初小时的同班生吴勇。他加快几步跑到我面前,问:"你也去会沈杰呀? 咱们一起走。"

"什么? 去……?"

"怎么? 他没找你吗? 不能啊! 你俩那么好,是你给忘了吧?"

我逐渐清醒了,感觉他们一定有重要事,但为什么未通知我呢? 我,去不去呢?

他见我有点儿犹豫,便改口说:"没通知,你不去就不去吧! 我得快走了。别叫那么些人都等我……"

"嗯？'那么些人'——哎你等等！"我快步赶上他，"好像有什么大事啊？"

"一定是大事，他没通知你，一定是急忘了。不，也许他根本未想通知你……"

"不管忘了还是没想，我都该去。"我与他一起走后，又自语一句。"他有什么大事都未瞒过我……"

押下一路交谈不说，单介绍见面后，沈杰一见我便歉意地解释："振强小弟，不是哥哥忘了你，是没必要通知你参加我们的会……"

"我相信你沈哥！怎么你要开会？啥会？"

他环顾一下已来到小树林中间一块空地的七八个有认识有不认识的同学，说道："我们已分别见面计划好几次了。啊，振强没跟你核计，主要是怕影响你大哥的安全。不像我们这几个，家里多是简单的庄稼人，离开家后往坏了打算：走丢个孩子，即使叫鬼子汉奸逮住了，也不会像你，赖你大哥鼓动的，又从大哥身上追查团伙，再了解你们沈阳老家，跟二叔株连起来，你二哥也要被追查……后果比谁的都坏！所以我们今天当你面说清后还劝你，别跟我们一起去投奔抗联……"

他说完大家异口同声说："真的，是为了你们全家和亲朋……你帮你大哥，已经对抗日有好处了，千万别跟我们走。我们家大人都想通了，不光同意我们，还想不少办法帮我们……"

这，一时真的把我弄得不知说啥好了。但心里还是不情愿叫他们抛下。因之我说："你们为我们全家着想，我理解，我感谢。可我们家大人更会帮我隐瞒行动，说不定还比你们自己快些找到抗联呢……"

听我这么说，大家又觉得我真的有用了。可是沈杰却马上叫我跟大家说说应该先到哪里去找抗联。我当时未多想他会打听明白后继续拒带我，我便把大哥常提的离拜泉较近的几个县、镇，和记熟的几位抗联领导人名字，告诉了他们。大家听了都很高兴。最后，再无人劝我不参加，并且共同约定走前集合的时间和地点。当天下午未上学，回到大哥家也比平常晚了一个来小时。

大嫂问我怎么回来这么晚，我谎称学校有事，搪塞过去后，一个人补上晚饭后，便到自己住的偏厦小屋琢磨起自己即将开始的大事

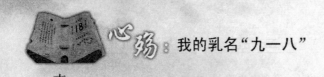

来。

很晚了，大哥才回来，知我已睡没招呼我，但他未马上休息，跟大嫂谈起党中央号召向日寇最后一战来。从语声了解到大哥既为抗战形势高兴，也为自己起不上什么作用有些愧疚，联想到三叔走后一直无消息，担心他出事，自己与抗联断了联系，更感焦急……

听到这儿，想到自己，跟他们找到抗联，或许还能帮助大哥接上线儿。于是，到时候一定去会大家，一起参加"最后一战"的决心更坚定了。接着，走向前告诉大哥说"下乡去看呐呐"。走后不回来，大哥也不会着急；乡下以为我一直住大哥家也放心。时间长了，都知我失踪了，互无埋怨不算，还可能两方面共同声明："孩子失踪，求助查找。"这一来还免除了同学们的担心呢！正好，第三天放暑假，早饭后，我便信心十足地到指定地点聚会。

一人未到，我竟成了第一个，真不枉是抗日人士的子弟！心里很自豪。过一阵子，仍没人来。怎么？是改时间了还是变地点了？不能啊！我告诉他们哪儿是抗联常去的地方后，再没人劝我不参加呀！我只好跑到西郊沈杰家去一看究竟……

沈杰家静悄悄的，大黑狗把我吓一跳，但却已经跟我很熟了，对我又两腿直立，俩前爪一举像拱手作揖，完了又围着我打转……进屋一看，只沈婶和她大女儿——就是家被并村烧死老公公那个大姐。

"哟！振强来啦？"

我未答沈婶话，立即直问："沈杰呢？"

"他们昨儿就走了。你……？"

"昨儿走的！不是说今儿上午……"

"傻孩子！他们说话算话，怕影响你一家不安，劝你别跟去。后来看你非要去不可，他们只好不再劝了，只是背着你把集合时间地点都改了，还提前了一天……"

"这！咳……那么他第一站决定到哪儿？"

"他们怕我告诉你，后撺更……啥也不告诉我。"

大姐看我着急的样子，笑着走到我面前，说："大姐和你沈婶都了解你：抗日的事比谁都热心。他们这么背大人坚决参加'最后一战'，还是常听你说给他们的呢！可是这事一旦漏了，你们家比谁都更那啥。别说你们家，我爸爸抓起来后也是你家大哥给打听处理结果,又托人保证在押中不挨打啥的。你大哥要出事,连我爸爸都要受牵连……好振强,听大姐话,别怪沈杰他们。他们是真心为你好!别上火,爱国机会以后还会有的。就为这一件事,有你这样个好同学在家,常从大哥那儿了解很多打鬼子的消息,对他们出去后也会有很大帮助的。往后咱们都耳朵灵点儿,尽量多听早听些他们的情况好不?大姐这边听到什么都尽快告诉你。"她说到这,拍拍我的肩膀子,回头问沈婶,"妈,你锅里的饭好了吧?振强一定也未吃晌饭呢!再弄点儿菜,咱三口一起吃。"

"不不!我不饿。"我回身刚迈一步,又马上站住向沈婶和大姐说,"我都明白了,不怪沈杰,也不上火,先在家做他们的后方和联络站,将来再有机会一定补上这次落下的打敌人爱国家……"没说出"行动"和"作为"之类的词儿,迈开大步就出了屋子。

沈婶叫,大姐追出屋子。我都头也没回地跑出了院子。甚至一路上也是边走边跑的,到大哥家时,刚过12点。都问我"怎么又回来了?"

我开始一怔,忽然想起:我是说回乡下的。如今这简短地迟疑,立刻被哥嫂看破了"其中有话",几乎同时质问。

"是根本未想乡下吧?好像真要办的事也未如愿。"见我低头不语,大哥又添一句,"想说就说,大哥或许能帮你一下,不想说就先不说。休息一下,吃饭吧!"

没想隐瞒到底,反正人未走,详细说了大哥一定会有高明的指点。于是,吃完晌饭,我一五一十地全说给了他们俩。

嫂子听了长出一口气,好像一件"有惊无险"的事情终于划个句号。大哥却沉着地思考一下,平静地指出:"没去上是个遗憾,但也免除了盲目瞎闯的困难和危险;更无惹上大麻烦的可能。后两点可做将来干任何事的借鉴,前一点只要你爱国心不变机会有的是!"说着又向我转告一些二次大战的形势……

日军未听"波茨坦公告",仍然在各个战场上大显"武士道"妖威。实际上,他们既看到了自己的末路,也清楚英、美、俄、中联合一起会有多么难对付。但投降不如死拼,即使终于成为"败者寇",也叫你们多死多伤些人,多毁多平些路桥,厂房、楼阁、城池……于是,从国内征来的高龄民兵像主力部队一样指使;对开拓团的农民和东北的伪兵都加强了武装;更严厉地监行并村连坐,发现疑点杀烧不

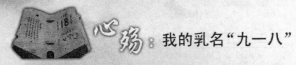

贷,对路上行人、市场顾客,严酷检查、审问,有一点儿不合"要求"便拳脚相加,枪托手铐齐上……

而美国,誓报偷袭珍珠港大仇之志不减不算,又因"法西斯蒂"联盟已散,日本已成孤军,更加下力沿中太平洋、西太平洋各路海岛阵地,向日本国四岛,进行海空"双向"冲击——一面从海路逼近其本土,一面出动远程轰炸机,轮番轰炸日本首都东京的军火工厂、军事基地;同时袭击其驻华日军兵站、运输线,直到向广岛投掷原子弹,一举炸死其七八万人。

与此同时,英国出动50万大军,由印度沿伊瓦底江而下,反攻仰光,与美军联合夺取日占的东南亚。

我国各解放区军民,从5月开始发动强大的夏季攻势,正面战场也连续收复失地。毛泽东声明"最后一战"后,朱德又于10月11日连续发出全军反攻解放东北和准备受降日寇的七道命令……

日本终于走投无路,于1945年8月14日,照会美、英、中、俄四国,表示愿意接受《波茨坦公告》,于8月15日,以日本天皇名义宣布无条件投降!

日本投降的消息传到东北——被日寇侵占蹂躏十四年的人民的庆幸与欢欣,是抗战八年或刚刚接触亡国滋味不久的关内人难以想象的。特别是黑龙江省拜泉小县,开朗豁达,坦诚耿直的百姓,更增加了欢庆的热度,释放怨气的力度。

不过,消息没能传到基层。

记得,临近"八一五"当天,我们的"育英国优",有两个学生因犯了校规,被日本教师今井当众惩罚——"打协和嘴巴",即他在前面监视着两个学生互相扇耳光。打得无力者,他用打你来示范。你因打得无力挨了重罚,当然再打对方时要加大力度了,这样一来,恶性循环,一个比一个更用力,直打得两人都鼻口流血,面庞红肿……

中国教师看不过去了,上来讲情。今井把头摇得像拨浪鼓似的。正这时,有人叫他接电话。他去前还告诉学生继续打,可两三分钟后,从办公室出来时,却面色苍白,神智恍惚。看到互打的学生如同没看见,并且径直跑出了校门。

大家非常奇怪,有的老师去办公室问:"今井怎么了?"

"他接个日本人打来的电话,头一句就惊问'什么!'接着又问

'不可能吧?',不知道对方说句什么,他立刻吓傻了,话筒从手中滑掉却不觉得……简直像亲爹亲妈死了一样!"放学时,走在路上,经常在街上巡逻的鬼子兵不见了。有的日本机关紧闭门户;有的在开会,有的在搬动文件……

我回到家,把这一切一样样向大哥说了。大哥想了想,肯定地猜想道:"一定是打了大败仗!苏联已经对东北发了百万大军;抗联也跟着过来配合……"说到这,他又嘱咐我,"狗急跳墙。晚上不要出去。他们临撤退什么都干得出来。"

于是,我们吃过晚饭谁也没出屋。但在屋里却能听到不时有远方的炮声,近处的枪声,人们的呼喊……夜里又有爆炸声惊醒了我们。接着又听到汽车声,摩托声……一宿未怎么入睡,但第二天还是比以前早一个小时起了床。还未等出屋,就听外边像过年、办喜事、开运动会……一片嘈杂,一片欢腾!

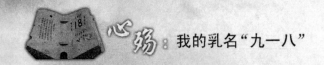

**链接：日本投降前11个日夜　从原子弹到最后一批特攻机**

**8月6日**

**"南瓜"与原子弹**

早8点15分，美国原子弹投爆广岛。一片废墟。此前，日本实际上已经受到"拟似"原子弹的多次袭击。美国为了练习原子弹投弹，专门制造了一批与原子弹一样的大型炸弹，取名"南瓜"。

原定担任投爆广岛任务的"同花顺"B-29轰炸机，此前一次到福岛县学习投"南瓜"，但天气不好，返航时，机长私自决定轰炸东京"皇居"想炸死天皇，未中。因违反命令，8月6日实际投爆时，只好作为气象观测机飞行。

**8月7日**

**不是原子弹？**

杜鲁门总统发表声明，表明投爆广岛的是原子弹。可是在当天的日本部分阁僚会议上，陆军大臣阿南惟幾却说不要上杜鲁门的当。因为根据他的情报，美国要造出原子弹还得几年。

**8月8日**

**重要电报被干扰？**

这一天，内阁和军部一片混乱。首相铃木贯太郎一直闷在办公室"冥想"，直到天皇佳话来，表示"应该'终战'了"，才决定次日召开"最高战争指导会议"。

夜里11点，苏联外长约见日本大使佐藤，表示从9日零点开始，苏联向日本宣战。但佐藤发出的电报外务省并未收到。据说是被苏方干扰了。1小时后，苏军突破中苏边界，大举进攻关东军。

**8月9日**

**举行"御前会议"**

苏联向日本宣战的消息,是日本时间凌晨1时许从旧金山的广播中收听到的。日本想通过苏联斡旋"停战"的希望彻底破灭,剩下的只有接受无条件投降的《波茨坦公告》时,向盟国提什么条件,争不出个结果。铃木首相只好请天皇来"圣断"。夜11点50分开始,在宫城(现皇居)防空洞里举行"御前会议"。

**8月10日**

**"圣断"的由来**

战争中,御前会议共举行15次,这是倒数第2次。这次要决定就《波茨坦公告》向盟国提1个还是4个条件。以外东乡为首的主张只提"护持国体"(不变更天皇在国法上的地位)1个条件;以陆相阿南为首的则要加上3个条件:日本自主从海外撤兵;自主处罚战犯;盟军占领日本以小兵力、短时期、小范围为限。

首相只是听着,天皇也不说话(御前会议天皇是"不能"说话的),对于政府的决策事项,由天皇"裁可",而责任却在政府。在已经知道天皇决心"终战"的铃木首相要求下,天皇表示:我同意外务大臣的意见——"圣断"。当天,日本政府发电将"1个条件"回复盟国。

**8月11日**

**兵变的阴影**

得知陆军省强硬派大乱,各种兵变计划都在酝酿中;推翻铃木内阁,拥护东条英机;要求阿南辞职,实行军政……这些兵变计划,在日本投降前后,有的失败,有的终止,有的延续到战后。

这一天,日本政府一直在等待盟国对"1个条件"的答复。美军没有突袭。

夜,苏军开始进攻库页岛。

**8月12日**

**"伯恩斯回答"妙译**

凌晨,日本监听到美国国务卿伯恩斯对日本所提条件的回答:"日本投降后,天皇以及日本政府对国家的统治权限,置于盟军最高司令官治下……日本政府的最终形态,应该由日本国民自由表明的意志决定。"

外务省官员松了一口气,日军大本营方面却表示绝对不能接受。因为大本营将"置于盟军最高司令官治下的"中的"subject to"译为"隶属于",而外务

省的翻译则是"受限（制）于"——后来被誉为"妙译"。

下午两点，天皇表示，再跟盟国讲价钱，"交涉就可能断线"。铃木马上召集内阁会议，会上阿南等还是要求就"subject to"向盟国确认，遭外相东乡反对。

## 8月13日

### 首相性命不保

等了一天的美国不耐烦了，凌晨1点，命令第三舰队重开攻击。9点，"最高会议"召开；下午3点，内阁会议召开。都没有结果。这时，首相铃木被叫出会议室，宪兵司令部的一个大佐向他力陈，如果日本投降，叛乱必至，并警告说，届时"不能保证首相的性命"。铃木说了句"我的看法不同"就回到会议室，一个个地问清阁僚的态度后休会，再次"谨仰圣断"。

## 8月14日

### 白手套与眼泪

14日一早，群臣都到首相官邸参加内阁会议，宫中突然传话来：请各位入宫，着装不必拘谨。

天皇着大元帅服，听了各方意见，据说还用白手套擦了擦眼泪，最后表示：应该接受《波茨坦公告》。而所谓"终战诏书"，早由内阁的书记官起草好了。会议结束，又请了两位汉学家斟酌词句。但抄写时却丢掉了一行九个字，因时间紧迫，只好在行间补加，送交天皇，盖上玉玺，再由全体阁僚签字。夜11点，外务省通过驻瑞士、瑞典使馆通知盟国：日本接受《波茨坦公告》。至此，日本正式投降。

诏书当晚由天皇亲自录音，即所谓"玉音盘"，准备次日正午播出。阿南和梅津（参谋总长）直到最后也不同意兵变，阿南对陆军省的年轻将校说："圣断"已下，不服者就踩着我的身体过去。

## 8月15日

### 最后一批特攻机

晨，阿南在办公室自刃。包括天皇部分近卫军在内的部队采取行动，企图夺取"玉音盘"，阻止玉音广播。未果。

10时，最后一批"神风特攻队"飞机从千叶、茨城出发攻击美军舰只。这些特攻队员并不知道日本已经投降。他们再也没有回来。

12时，"玉音"广播开始，长4分37秒。这是日本人第一次听到天皇的真声。但由于用的是日文文言体，很多人听不懂，于是就有各种猜想和解释：天皇要国民跟着他一起去死;皇室要给大家发储备米;日本帝国海军进攻美军本土……直到播完后由播音员再做解说,人们才明白,日本战败了。

虽然播送"玉音"是为了让军队相信,投降是真的。但还是有一些部队认为这是"君侧奸臣"的阴谋。

## 8 月 16 日

### 谢幕的开始

16 日,美国电告日本政府,要其派使者前往马尼拉,与麦克阿瑟元帅接洽投降手续。但参谋次长河边作为使者飞往马尼拉途中,险些被厚木基地的海军航空队叛军的战斗机击落。后来是天皇的弟弟解释,并要带叛军去见天皇,以明真伪,这才平息了叛乱。

但是,对于河边从马尼拉带回来的英文受降书的日文译本,日本政府内又有了纷争:外务省将"surrender"翻译为"降伏"。有人表示,"伏"的意思是狗趴在人前,降"伏"太屈了。陆军另起炉灶,独自起草了"降让书"。而内阁则主张用"降服"——服务、服从就够了。不知为何,最终却还是用的"降伏文书"。

名称确定了,但没人愿意做全权代表去签"降伏书"。最后于8月27日决定,重光葵代表政府、梅津代表大本营签署降书。

但梅津不去,这时,美军受降主舰"密苏里"号已经进入相模湾。9月1日,天皇叫梅津到宫中,亲自说服了他。9月2日,日本投降代表团11人登上"密苏里"号签字投降。

**摘自《环球时报》**

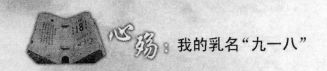

## 二十六、日寇终于投降了

　　我们四口人，也不顾吃早饭了，一齐跑了出去。刚走到大街，就见东跑来一个，西跑来一个，不管认识不认识都喊一声："鬼子滚蛋了！""小日本投降了！"……

　　我们一兴奋，自顾自地向大街跑去，眨眼工夫谁也看不见谁了。街上人已经挤满了！有的小声交谈；有的大声互相道喜；有的商号搬出了锣鼓敲打起来；平常以吹唢呐挣饭吃的"喇叭匠"，不计报酬地吹了起来……接着，不知哪个单位拉出个秧歌队；北门外国高学生排着大队进了街，边走边喊："庆祝中国抗日胜利！日本鬼子滚回老家去！第二次世界大战胜利万岁！""万恶的法西斯蒂彻底灭亡……"

　　我看到后心想：国高都举行庆祝了，我们国优不就比他们小几岁吗？找同学去！也拉大队上街。我决心一下，哪块儿人多上哪找同学，见一个叫一个："快找同学到校集合！"……等我的嗓子喊哑了，腿也跑酸了，来到学校一看，已经集合二百多人了。我说："有多少算多少，走到街上，同学们一看见就都加进队伍了。走！"我又拜托一位同年级另一位班长领喊口号。我嗓子哑了，只在前边领队。真不出所料，一到大街，就有同学不断入队。同时，站在路两旁的各阶层男女见到我们都鼓掌，表示赞同。因此，我们越走越有劲，越喊声越高。因为人比国高的多，故赶上他们后跟他们比赛着欢呼……

　　因为这是学生自发组织的，所以老师有的参加了有的未参加。

　　被抛弃的汉奸们，开始还想阻止，后看没人听他们的，只好后退；有的也跟着庆祝。不过，认识他们的人，对他们都没有好眼光。

　　参加庆祝、欢呼、游行和吹打鼓乐的人，越来越多。队伍路过鬼子机关时，只要一个人喊一句"砸烂他狗日的！"人们便一哄而上，先是门窗玻璃，进而桌椅板凳文件柜，见啥砸啥。后来有人说："这都是咱们的血汗……"于是，又一改光砸不拿；但凡能拿的你一件他一件，争相哄抢起来……机关里的中国人，看见也不阻止，连伪警察也躲到了一边。于是，不过几个钟头，全城的县公署呀、协和会呀、警察署呀、自卫团呀、"坑农活作孽"（兴农合作社）呀、四门派出所呀、四街的街公所呀……凡是占"官"字边儿的，跟鬼子有关系的部门，基本都给砸了，抢了。

我看着只是解恨；砸，挤不上去；抢，又觉得没有用；但对他们没反感，因为我知道，鬼子和汉奸欠他们的太多太多了。

正这么看着想着，忽然沈杰出现在我的面前。我第一句便问："你……都回来了吗？"

"嗯！路上听说鬼子投降就都回来了。你们砸警察署咋不砸监狱呢？"

我一听："对呀！"正好遇上国高学生一个队伍，我就喊，"去监狱救'思想犯'吧！"

他们一听，有的说："光顾高兴了，怎么忘掉这茬儿了！走啊，砸监狱去呀……"

一呼百应，国高学生领头儿，后跟各界人等，一窝蜂似的……不！像山洪爆发一样，涌向了监狱。不用细说，又是一顿猛砸。开始，还有的人说"光放'思想犯'"。后来砸顺手了，说一声"偷抢也是叫他们逼的，全放！"于是，无论政治犯、经济犯、刑事犯、民事犯……老老少少、男男女女，从监狱出来就往家跑；有的家不在县城，就回乡下；有的无家可归，就跟着人群先释放一番内心怨气……

沈杰拉着他爸爸，离远喊我，跟我招手，随后就淹没在人群里了。突然，眼前出现了位老奶奶……啊，正是那个刘奶奶！但我未招呼她。因为她正搂抱着刚出狱的儿子——正是到我们鉴衡小学传达鬼子指示没达到要求那位司学。我怕刘奶奶向他介绍我送菜的事儿，我转身就挤入乱哄哄的人群里了。

走着走着，又来到鬼子家属区，和"开拓团"聚居处。人们一下愣住了，怎么没全走啊？看着他们，男的蹲在地上双手抱头，表现得那么无助无奈；妇女多是眼泪吧嚓，有的抱着小孩儿，跟孩子一起哭……经打听，才知道，昨晚走的多是当官儿的、管事的。开拓团没人管，一般职员家属和阵亡士兵遗属也没人管。他们正准备一起走，又

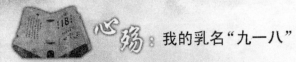

见中国民众都上了街,又砸又抢,都害了怕,未敢动。这不,说着话有的妇女就给大家跪下求饶了!

有的人开始也想对这些人发火儿,后来多数人主张:鬼子兵的账不能转到他们头上。从出身和经历上说,他们也是受害者——开拓团是日本农民,被骗来淘金的,其中有阵亡士兵家属,还有遗孤,更是受害者。

善良的中国人,男的帮助他们指路;女的帮她们收拾行李。有好几个小孩儿被大人遗弃了,还被慈祥的老太太领回了家……

一直闹腾到日将西落,人渐少了,我这才感到肚子饿了。一天未吃一点儿东西!我才急着回家。到家一看,他们比我先回来了。一见面,就唠起没完。吃过晚饭又出去,第二天、第三天……连续多日上街……

1945 年 9 月 9 日 9 时,南京日本战败投降中国战区受降仪式

1945 年 9 月 9 日,中日两军代表在南京国民政府军校大礼堂,举行日军投降签字仪式。上午八时五十七分,日本的中国派遣军总司令官冈村宁次,带随员进入受降大厅,都先脱帽而入。冈村宁次代表向中国陆军总司令、一级上将、中国受降主官何应钦,缴械投降。

接着,双方在《投降书》上签字。

日本《投降书》共有九款,大致内容是:台湾、越南北部、中国大陆东部的日本陆、海、空军及辅助部队,皆向中国投降。日本陆、海、空军须停止敌对行为,原地待命,保管好一应武器、弹药、装备、器材、工厂、仓库、码头及一切建筑物,按指定时间地点,交中国受降主官接收……

依据日本天皇停战诏书精神以及战时各项国际协议规定,台湾、澎湖、东北所有失地,也尽由中国收回主权。

在日本《投降书》签字的同时,国民党政府军事委员会委员长蒋介石,还把中国划定十六大受降区:(一)北纬 16 度线以北地区,以第一方面军司令官卢汉为受降主官,受降地点在河南;(二)广东,以第二方面军司令官张发奎为受降主官,受降地点在广州;(三)曲江、潮汕地区,以第七战区司令长官余汉谋为受降主官,受降地点为汕头;(四)长沙、衡阳地区,以第四方面军司令官王耀武为受降主官,受降地点为长沙;(五)南昌、九江地区,以第九战区司令长官薛岳为受降主官,受降地点为南昌;(六)杭州、厦门地区,以第三战区司令长官顾祝同为受降主官,受降地点为杭州;(七)京沪地区,以第三方面军司令官汤恩伯为受降主官,受降地点为南京和上海;(八)武汉、沙市、宜昌地区,以第六战区司令长官孙蔚如为受降主官,受降地点为汉口;(九)徐州、安庆、蚌埠、满洲地区,以第十战区司令长官李品仙为受降主官,受降地点为徐州;(十)平津、石家庄、保定地区,以第十一战区司令长官孙连仲为受降主官,受降地点为北平;(十一)济南、青岛、德州地区,以李延年为受降主官,受降地区为济南;(十二)洛阳地区,以第一战区司令长官胡宗南为受降主官,受降地点为洛阳;(十三)郑州、开封、新乡、南阳、襄樊地区,以第五战区司令长官刘峙为受降主官,受降地区为郾城;(十四)山西地区,以第二战区司令长官阎锡山为受降主官,受降地点为太原;(十五)热河、察、绥地区,以第十二战区司令长官傅作义为受降主官,受降地点为归绥;(十六)台、澎地区,以台湾省行政公署长官陈仪为受降主官,受降地点为台北。

共接收日军一个总司令部、三个方面军、10 个军、36 个师、41 个独立旅;接收官兵战俘 128 300 多名,日侨包括开拓团共 779 824 人,韩侨 50 935 名;收缴的装备:步枪 685 897 支,手枪 60 377 支,机枪 29 822 挺,火炮 12 446 门,坦克 383 辆,装甲车 151 辆,卡车 15 785 辆,飞机 1 068 架,舰船 1 400 多艘,马匹 24 159 匹,炮弹 200 多万发,炸弹 600 多万吨,子弹 1 万多发,军用油料 1 万多吨……

作为普通中国人,特别是东北人,联系 14 年间的"亡国奴"经历,对此无不解恨,庆幸,感激——我们又回到中国的怀抱了!并产

侵华日军向我军无条件投降情况

生和平幸福的热切期待。然而,再回想一下鬼子攻占东北不叫抵抗,鬼子进攻全国,仍然坚持"安内";一直坚持抗战的共产党,关内无一战区由他们受降! 全东北抗战十四年,都未设受降地……对老蒋又生怀疑——谁知东北又将发生什么……

大嫂正跟大哥商量抱个日本遗孤养着。大哥摇摇头说:"论理说,应该收养战乱的遗孤,咱家又需要个孩子,是个小子更好。可是,你想想:我公开的身份是当过警察的职员,收养日本孩子,这不是同病相怜也是同流合污;我从抗联到这里,是单线联系,三叔是中间人,一旦找不到知情人,没人承认我,我将会成为真正的汉奸! 收养遗孤岂不帮了倒忙? 咳! 现在刚解放,听说抗联的幸存者与苏联军队一起回了东北,都编在什么队伍,都在哪驻防,现在还没法打听。一旦有机会,我应最先办的第一件大事——找到派我来这儿的负责人、知情人。你和老四,都得帮我完成。跟我联系的不少人都牺牲了,谁又能断定那位跟我单线联系人、知情人还健在……抗联最多时十多万人,最后听说只剩不到一千人……"

听到这,大嫂再没说一句话,悄悄离开他去做饭了。我为了减轻点儿大哥的压力,一直坐在他跟前儿,说到群众欢庆场面时,重复一遍砸开监狱放出了犯人。他听了立刻想到:"这里也许有我们的同志……"他这样自语之后,便整理一下衣着走了出去。

饭做好了,大哥还没回来,上灯以后,他才慢慢走进家门——没打听到从监狱放出的犯人中有抗联的同志。

大哥情绪不好，大家简单吃点饭，就早早躺下睡觉了。

第二天，还未吃早饭，阿玛就从李家屯赶来了！一进门就兴奋地说："在家就听说小鬼子投降了，可又没个根据。接着又听说县里都大庆祝了！你呐呐昨儿就叫我来看看到底是怎回事儿。我这不，天没亮就动身……不用问了，一进城就看明白了，庆祝的人还有呢！鬼子呆的房子全砸巴了。抢东西、拣'洋落（lào）儿'的还有呢……这就说明是真的了。特别是走在路上，碰个从山那边儿来的，说是也不知哪部分鬼子因为撤退，车不够用，把自己下级和家属杀了很多！这鬼子也太没人性了，把中国人不当人，对自己人也……真他妈的'嗑瓜籽儿嗑出个臭虫——什么仁（人）都有！'"

看父亲高兴的样子，大哥对昨晚说那事儿一句未提，只是张罗做菜、烫酒。

"小鬼子这么一倒台子，"阿玛又说，"我寻思，二小子也快回来了。"

"那肯定是没说的！"大哥尽量叫阿玛高兴，"没事儿就快回去告诉呐呐，鬼子倒了是真的。县里监狱都砸烂把犯人全放了，二弟更会很快回来的。告诉呐呐早点儿放心。"

"说的是，我吃完饭就走。小振强那学还上吗？要不跟我一块儿回去。"

我说："昨天还组织学生游行了呢！过两天看看，要停课我就回去。"

"行。"阿玛思维可清楚了，"日语不能念了，'满语'里也没好话，还怎么教？要接着开学，也只能学学算术吧！"

我和大哥都点头赞同。就这样，阿玛吃完饭就走了。走到门外还说："回去后我们乡下人也庆祝庆祝！"

9月下旬，三哥从农村来看我。正好，学校停课了，我便跟三哥回乡下了。

我们农村的新家，在县城西偏北25华里的李家屯。拜泉西是平原，没有山岭，也没有大河。我们走在大道上，往哪个方向看都一望无边，有黄绿混杂的一片片农田，有草房土房错落零散的一个个小村。农田里有稀稀落落的收割的农民，全用横安在木把上的镰刀，没

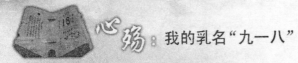

有一台今天这样的农机。

我跟三哥，因为手里没拿什么东西，我的简单的行李放在县里大哥家了，只背个小书兜儿——里边装些嫂子给父母买的面点。当时咱北大荒基本上没有卖水果的。

我们走得很轻松。特别是跟去年冬那次比，没有了鬼子汉奸的插着"膏药旗"的汽车、摩托，不时跑来跑去吓人；也看不见因烧小屯并大村无家可归的难民，逃荒。如今，凡路上遇到的人，无论男女老少，都舒展着安全的眉眼儿，流露着希望的笑容。我们也走得很轻快，不久就到了。

我们哥俩儿走下县道，上了路南小村的大车道，从屯东进了村。因为去年冬来那次，险些被狗咬了，一进村儿我便跑到三哥的左侧，紧紧抓住三哥的臂膀，同时来回摆头，查看哪里有狗。

"不怕！白天狗光守着自己院子，"三哥安慰我，并仔细说明，"你不进院儿它不咬，晚上可不行，远处有点儿动静它也大叫，好像害怕。可它怕人，人也怕它。谁听狗叫都要跑。狗见人一跑，它不怕了还要进攻你；跟邻家的狗互相一招呼，勾来三四条一起来追咬，那可够一受的。"

听了三哥说的虽然是晚上可能发生的险情，但我还是毛骨悚然了。

"白天要在道上碰到狗呢？"我不放心地问。

"万一在路上碰到，你就装作没看见，挺胸抬头，一直向前大步走。"三哥说，"千万别回头回脑，更别跑。狗好像软的欺硬的怕……"

我听到这儿来了兴致，忙问："它硬的，怎么怕？"

"有一次我上老赵家借农具。他家有两条大狗，左右邻居都有狗。一个一'汪汪'，另一个马上帮腔儿；接着邻居的也跟着'扎乎'——四条狗从三面向我扑来。我一看，跑肯定得挨咬，站在那儿挨咬，不如跟它拼了，至少闹个'平杆'（不输不赢）。我就马上迎了上去，哪条狗来得猛我就向哪条狗扑，连喊带用手划拉，吓退了这条再扑那条……最后把四条狗都吓退了，蹲坐在离我十多步远，围半圈儿，光'汪汪'不上前了。我也连累带吓，喘不上气儿，浑身直'酥酥'……"

"哈哈……真是软的欺硬的怕呀！"

　　说着话,已到家了。我俩走进柳条障的小院儿,还未进房山开门的小'马架',就听到了呐呐的少有的开怀笑声。我俩都一怔,互相望了望,立刻加快了脚步。我更是加上一声大喊:"呐呐我回来了!"

　　"好哇又回来一个!"呐呐说完又提高了嗓门儿问,"振强,你快进来看这是谁?"

　　我和三哥急忙往屋里跑……

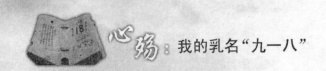

# 二十七、二哥从细菌工厂逃回来了

我俩一进屋，就见一个大个儿中年人在南炕边儿站起——虽然背着光。但一见他笑露一口白牙，我们便认出来了——"二哥！"

我一下子便扑进了他的怀里。三哥也叫着笑着拉住二哥一只胳膊，摇起没完。

我的头贴在他的胸前，两手搂他的腰，感到他浑身都是棒硬的骨头，我急抬头去看他的脸，当年的大方脸竟变成了颧骨突出、下巴出尖儿的大长脸！我看着他问："二哥！你怎么这么瘦啊？"

阿玛一旁说："光叫干活儿不给饱饭，还能不瘦！"

二哥又补充说："再加上从哈尔滨往回走这么远，没钱，吃不上饭，没有车坐，像阿玛说的，又累又饿……"

呐呐长长叹口气，下地到外屋去张罗做饭去了。我三哥看看二哥的上衣挺干净，裤子却不是补丁就是窟窿口子，便问："你的衣服……上身怎没破？"

"这是呐呐看原先的，太破刚换上的。"二哥说着把扔在凳子上的那件破上衣服提起给我们看，"这才是我穿回那件……"

嗬！灰不灰黄不黄，看不出原来是什么色儿；左个口子右个窟窿，分不清是制服还是便衣，而且一股难闻的味儿……

"二哥真苦！"

阿玛又插一句："活着回来就不错了！"

"路上碰到鬼子兵没？"我问。

"鬼子都跑光了，哪还有鬼子。"

三哥也问："听说哈尔滨江桥炸断了，你'浮水'过江？……"

"我哪会浮水呀？"二哥回答，"是先爬过没炸断的桥梁，炸断的桥梁落在水里，还交叉着。我再慢慢顺着断梁滑下水，够着另一根断梁,顺着它爬上桥……"

"哎呀! 下边是大水,看都眼晕……"

"害怕没有用,光想活命,回家,也不怕也不累了。"

"真是太悬(危险)了!"三哥感叹地说。

"这还不算悬呢!"二哥说,"小鬼子临撤以前,把那么大一片高楼,全炸了……"

"那,你们没在那个院儿?"我跟三哥一齐问。

"怎么没在那院儿? 就是要把我们劳工还有上百个犯人都炸死,跟他们工厂的设备、器械全炸没,省得以后有人说这个厂子的事儿,有东西证明这个厂子的问题……"

"什么厂子这么……"

"造细菌的呗! 净用活人试验哪……"

"啊! 造—细—菌的……"


在我俩追问下,关于细菌工厂的事,二哥凭他自己所知,像故事一样讲了起来,尽管不系统不全面,但都是真实的,我在向你们讲前,也看了一些出版的资料。


当时,我一听"细菌工厂"四个字,立即想起大哥曾经提过,便好奇地追问二哥:"这个试验是不在哈尔滨东郊平房镇,场名叫'关东军防疫给水部',代号731? 是日寇在东北设立的两大细菌战研究基地之一? 另一个基地在长春南郊孟家屯。"

"啊……"三哥很想听个详细,"二哥你快说说,他们怎么试验?"

"我也知道不点儿,那是绝对保密的。"

这时,二嫂进来说:"妈说,吃完饭再唠。"

于是,放桌子,吃饭。


小朋友们:在转述我二哥所讲他亲眼看和亲耳听的细菌试验之前,我还是先根据有关史实向你们介绍一下细菌战的来历和梗概吧。

在日本,最早是1930年《田中奏折》中,提出通过攻占我国东北吞并全中国,进而瓜分世界称霸东亚,但又因本国缺乏五金矿源和实力不足而犯愁。京都卫戍医院一名军医大尉叫石井四郎,积极献计

哈尔滨市平房区，在1985年旧址建成"侵华日军第731部队罪证陈列馆"，地址在今平房区新疆大街25号

献策："缺乏五金资源，即武器装备生产有困难，又加上国小兵力不足的日本，要想这场圣战成功，只能依靠细菌战。"

日本陆军部军务局局长田中等人非常支持。当即派石井去欧美考察。当时欧美还没有搞这种试验。而他为了骗取当权者批准他的毒计，就无中生有，夸大事实地报告："欧美各强大国家无不在进行细菌战的研究。日本再不抓紧进行，将来战争开始了一定处于被动局面。"

急于称霸东亚的野心家们终于接受了他的毒计，首先批准他在东京陆军军医学校建立细菌武器研究室，对外称"防疫研究室"。石井不久便研究成了滤水器和细菌培养箱。

日寇占领东北的第三年，石井便被委派到黑龙江省五常县的背荫河建立了细菌战剂工厂、人体试验室和靶场；同时在哈尔滨南岗区宣化街和文庙街地带建立"防疫给水部"。石井亲任部队长，所辖队伍也称"石井部队"。

二哥做劳工那个平房细菌战研究基地，是1936年由日本天皇指令建成的。

石井四郎后来交代说："细菌武器是关东军手中异常厉害的武器。它的效能已在试验室内用活人实验的方法检查过了，证实了。

'七七'事变之后,日军较快地向全中国进攻,主要是有细菌战的'防疫给水部队',参与各路部队的战斗活动。为了对付城市和交通沿线周围的抗日游击队,日军不断扩大细菌战力量。1939 年在华北的北平(北京)、华中的南京和华南的广州各设一个规模很大的'防疫给水基地'或部队;后来又在华北、华中和华南数十个中等城市设立了支队。这样就形成一个巨大的细菌战基地网络,笼罩在整个中国的大地上。再后来,又在新加坡等南洋地带设立了细菌战基地,并建立了"支部"。

第 731 部队办公楼是唯一未炸毁的建筑

这些细菌战基地和部队,原先归属关东军领导,后来都直属于日本陆军参谋部于 1937 年成立的"登户研究所"领导。技术性指导仍是石井。

石井四郎这个恶魔,在细菌战研究上共有"五项发明"——也是五大罪行:一是"滤水器",是用于军队进行细菌战对自我防护的一种装备。他曾经把自己的创造,拿到陆军参谋部表演过使用方法。其实这物件是百年前细菌学家巴斯德的弟子张伯伦发明的,是家庭用过滤水中脏物和细菌的,名叫"沙滤缸",在实验室里叫作"过滤烛"。

第二个"发明",是"铝制细菌培养箱"。在日本国内说是生产防病疫苗用的。经过专家实地调查和日本战犯(使用者)证实它确实

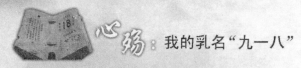

是用于培养害人细菌的。

第三个"发明"，是"陶瓷细菌弹"。因为细菌不耐高温，不能用金属弹壳，使太多炸药；故专用陶瓷做弹壳，装满致病的细菌和跳蚤，少量炸药从壳外引爆，而且炸后不留痕迹。

（右）石井研制的陶瓷炸弹可装载多种烈性菌的干粉或带鼠疫菌的跳蚤；（左）石井式细菌培养箱，曾在哈尔滨第 731 部队遗址和南京华中细菌战部队遗址大量发现

第四个"发明"，是"带鼠疫菌的老鼠和跳蚤"。它是通过特务施放的，不仅生效快，而且病死的老鼠身上的细菌通过跳蚤传播给更多老鼠和人畜；人畜病后又传染……面广而日久，可谓丧尽天良，歹毒之至！

第五个"发明"更残忍，是"用活人实验"！石井指导和带领日军军医，把我们的被俘伤兵和有病的劳工，先感染疫病，经观察症状，再解剖检验。研究传染速度、患病症状、生理变化、死亡时间……这一创世界记录的恶行，早于 1933 年便在我国东北的背荫河的细菌战部队实行了。为此，石井四郎还受了他的上司表扬。在哈尔滨平房镇大力推广后，据调查统计，仅从 1940 年到 1945 年间，通过人体试验就杀害我同胞三千多！后在全国各细菌部队，都实行了这一恶行。因为这种试验以"反满抗日分子"为试验品，没有成本，又省去麻醉消毒等好多麻烦，尤其解剖活人更便于研究。所以吸引日本国内大量生物研究人员，到各个基地实验各种项目。因之杀害的中国关内人、苏联人、朝鲜人，比哈尔滨要多几十倍。据美国《纽约时报》1995年 3 月 18 日文章估计，用于各种研究杀害的人至少有 20 万！

这些人全是我国的爱国志士、优秀儿女和一部分苏、朝反日情报人员。日本鬼子对我国搞的细菌战,比南京大屠杀残忍得多呀!也更加恶毒啊!我们该永远记住这笔血债,世代反对战争!

好了,下边,我再把二哥讲的平房那个细菌试验基地是个什么样子,讲给你们听听:

哈尔滨现在是黑龙江省省会所在地,伪满时是鬼子傀儡政权中央的直辖"特别市",老城区位于松花江东南岸;向东南走出三十多里,离平房火车站不远,在原来的农田荒原上,把农用和荒原附近的村庄烧掉,赶走居民,用又深又宽的壕沟圈起方圆五六里的四方大院。壕沟里安装了铁丝网和高压电线。圈儿里边有培养细菌的试验室、解剖室、养鼠和跳蚤室、焚烧尸体室,警卫人员、医务人员、管理人员和指挥官们的宿舍和餐厅。关押用于试验病菌的我抗联伤兵和所谓反满抗日的"思想犯"。其中我国人最多,也有苏联人和朝鲜人,有男有女。在大院的一角,是干木工、铁工、杂工的劳工棚子……大门总关着,门旁挂一木牌,上写"无关东军司令官许可,任何人禁止入内"。院外有通向东站的飞机跑道,以备随时把杀害人畜的细菌运到各地抛撒。

二哥说:"今年春,把我们用汽车拉到克山火车站,装进'闷罐'车里。像牲口一样!一节'闷罐'挤了上百人。只有个小窗口通风,白天也像黑夜一样。大约逛荡一天一宿才到平房。下车后,鬼子兵端着上刺刀的大枪,像押犯人似地把我们送进了那个大院儿的'劳工棚子'。第二天,按照各人的特长、身体和文化,分了好几伙儿;不同工种分着吃、住,平时不见面。我们铁匠,有十多个,两个火炉,分两组。一小组打小型的铁器,一组打大型的铁器。各组有运煤和煤灰的,有生火、拉风匣的,有抡大锤的,有掌钳的……叫干啥,鬼子送个图纸,就按要求干;一天三顿饭,从晚九点到第二天六点睡觉算休息;干活、吃饭、上厕所,除这三个地方哪也不许去。到处有鬼子兵把守、监视。乍去,人们不习惯,又好奇,看看这,问问那,没少挨揍。慢慢的,只有熬时间,盼到期活着回家;另外,吃得香臭,住得冷暖,干的累不累……全都顾不上想了!

"可是,虽然哪也不许去看,什么也不叫知道,却不时听到人的哀叫声,经常闻到腥臭味儿;有时看到鬼子兵到处追抓老鼠——不是

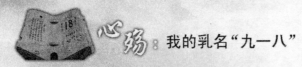 

打死，是活抓；有时遇上杂工班的人，说他们运过有人骨的灰土，埋过死人的零件儿……我们也大致了解了这个地狱似的大院是干什么罪恶勾当的了。

"特别是，跟我铺挨铺睡觉的刘大哥，处长了，没少个别跟我讲他所知道的事儿。他有文化，但平时什么都装不懂、不知道。当然也没少嘱咐我'什么也不知道，不要向任何人说我告诉你的事。'过了好几个月后，他看我真老实，真听他话，他才告诉他为什么知道那么多。原来他是抗联的情报员！他甚至已经跟院里一个反战的日本医务人员交上了朋友。有不少内情就是跟那个日本朋友闲聊时知道的。

"譬如有一天晚上，那个日本医生跟刘大哥说：'昨天晚上，我在二三层楼的研究室。他们非常迷恋杀人的实验。一股动物的尸臭和人的腥味，令人喘不过气来。我看到几天前注射毒菌的老鼠和土拨鼠，一个个脏污的毛倒竖着，精疲力尽地爬动着。按理说，人和动物死去，对于人类都是可悲的。可那些实验者，都有一种成功的自豪，飞黄腾达的预感！当看到那个金井把一只死鼠的肚子撕开，掏出五脏，再度培养鼠疫菌苗，我差点儿呕吐……''当时想，老鼠死了，同时注射菌毒的人肯定也活不了。我便离开这里，到监禁中国战俘的七号楼。刚上楼，迎面两个人抬着担架走了过来，担架上躺着一个被剖开肚子、敲破脑袋、剁掉双脚的男子……我装作不屑一顾的样子走了过去，一直奔向注射毒菌那个 12 号房间。啊……他还没死！正伏卧在床上大口大口吐血，难受得浑身发抖。我知道他没有任何抵抗力了，便开锁进了屋。他听到动静，抬头看着我，用力吸一口气，咬牙骂道：'鬼子……一定有人替我报仇！'随后'哇——'吐一大口血，脑袋垂下，再未抬起。在我身后进来的今井大声对他的助手下了命令：'浇上消毒水，像以往那样分尸八块，送到炼尸炉！'我转身便离开了那里……"二哥接着说："有一天，我病了。刘大哥帮我吃药，饮水。他一直嘱咐我'千万不能病大发（加重），别叫人拿你做实验！'完了又讲了一件叫人头发茬子直竖的事。"二哥接着又把那位抗联同志讲的转述一番……

"这里还押着不少妇女，把她们抓进来，先是按官职大小排顺序，轮流奸污，然后又用来腐蚀战俘，交待抗联密营和与抗联有联系的人士。战俘没人接受,鬼子就用这些女'犯人'做性病实验。"

"一次,今井看见,一个日本职员在完成了轮奸之后,又兽欲大发,跑进一个女监,把一个二十六七岁的受伤的女战俘强奸了。另一个看到也起了兽心,就到另一女监去强奸一个三十来岁的俄国女人。当时,那女人面色黄肿,偎着被子靠墙坐着,见鬼子进来,瞪了一眼后又闭上了双目。那个鬼子立刻走到跟前去拽被子。女人伸手来推……啊!一只手竟没了手指,掌骨也发黑了!鬼子不管,到底拽掉了被子……女人的左脚也已经没了脚跟,踝骨黑黑地露在外边!今井解释,这是做冰冻试验的结果。

"色鬼仍不在乎,又一手把女人推翻在床,又扒掉她的裤子——啊!这回他愣住了。原来这是冻过之后又做了性病试验的女人。下腹和那地方紫红,化脓……经过方才的推拉和反抗,带血的脓水,不住滴落在床上……色狼未能如愿,气得大叫一声'八嘎牙路……'抬起穿着皮靴的脚狠狠地对女人下腹踹了一脚,转身走开。

"更残忍的是对活人不注射麻醉剂解剖!一次今井跟刘大哥说:'是我们课长大木启吾少佐干的……'

"那天,少佐全身包上橡胶防菌衣走进解剖室后,就命令:'开始!'

"细岛就暗示我递给他手术刀。刀递过去又要止血钳子。这时,一个中国人被扒光了衣服,四脚死绑在床上,被抬了进来。显然是活着的。

'快把煮好的樟脑液拿来注射!'——这是用来给病人注射,防止心脏麻痹致死的药物。少佐一喊,细岛马上拿过来就去注射。床上的中国人慢慢转过头来看了看,干裂的嘴唇动了动,没说出话来,只从鼻孔里传出'嘶嘶'的鸣叫声——气管堵塞造成的。只见少佐一手摸摸战俘的脖颈,一手拿着手术刀,'咔刺……'就割开了颈动脉!病人在床上用力摆脑袋,四肢抽动使木床'嘎吱……'响,不一会儿就不动了。我抓紧采了血,然后用止血钳子夹住了颈动脉。

"接着,细岛又叫我注射两支樟脑。他又用手术刀从上腹部插进,划到下腹部,豁开了肚子,又切开胸部;然后使用骨锯,切断肋骨,拿出五脏,分别装入培养细菌的玻璃器皿里……

"只20多分钟,就把方才还转眼看人的大活人,切割成了肉块,

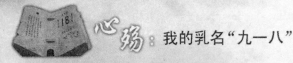 

堆放在病床上，简直像屠夫的肉案子……

"课长，他注射疫菌四天为什么不死？'细岛问，'是菌力不够吗？"

"也因为这个八路好像绝食反抗。'课长说，'所以我们要研究出毒性更强的细菌！"

"哈咿！没有更强毒性细菌就打不赢细菌战，甚至会使我们自己受感染。"

"课长更严肃了：'细菌战是很难避免两败俱伤和同归于尽的。'

"刘大哥认识那位反战的日本军医，说他听到这句话，一下子想起了须藤良雄，一个最恶毒的色狼，就已经感染了鼠疫，和被试验的中国战俘关在一起。心想：可不已见到了'两败俱伤'的端倪！"

"'准备下一个！'课长又突然喊道，'把须藤抬来！'"

"啊！真的要解剖自己人了？"我当时十分惊疑。

二哥接着说："抬来的须藤，像方才那个试验品一样，也被扒光了衣服，也还活着，并且不住用微弱的嘶哑声哀求：'救救我！班长救救我……'

"被冰凉的消毒水一泼，他更清醒了，还微笑着对课长点点头，以为是要给治病呢。

"课长下命令：'开始！'

"可是，细岛拿起手术刀走到病床前又停下来，然后转过身把手术刀伸向了宇田：'你做吧！'

宇田一怔，又回头去看课长。

课长疯了一般地狂喊："哈牙枯（快）！"

"宇田吓得一抖，然后对须藤说一句'快去成佛吧！'便把刀刺进了须藤的上腹。'啊……'须藤一声惨叫，随后哆哆嗦嗦地哀求，'救命！救命……'

血流了一床。宇田手软了。"八嘎牙路！"身后课长的一声大喊，震醒了宇田。只见他发疯似地把刀往下腹猛力划去……

"'……畜牲——'须藤从冒血的口中骂出这两个字后，再无一点儿反应了。

"说到这，那个反战的日本军医，很难过……

"刘大哥转述这个事件后，也老半天没言语。隔一会儿说：那个军医最后喃喃自语：'凡是战争，侵略和被侵略国家的人民，必然同样受害。但是，我们日本在细菌制造中，这样残害自己同胞，世上少有……"

"——连鬼子自己都认为'世上少有'！"

听到二哥讲这些，当时，我和三哥都感到难以置信。呐呐不住地叹气。二嫂甚至吓得扑在了呐呐的怀里。只有阿玛冷静，看看大家，说："鬼子制造细菌，你大哥跟我说过，没有振全讲得这么细。从日俄战争那咱，大家就都看出小鬼子心最狠毒。方才说那些，他们完全干得出来！"

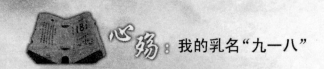
# 二十八、八路军来了!

　　二哥把细菌工厂的事和回来路上遇上鬼子自相残杀的情况讲完,全家更恨也更不屑一提小鬼子了。"这样的坏蛋,就该像老美那样用原子弹狠炸!"阿玛说,"行了! 这些倒霉的事总算过去了!"我看阿玛有点儿盲目乐观,就把在县里听说的国民党蒋介石要独占胜利果实,毛泽东决定派八路军接收东北的消息说了。大家听了,七嘴八舌的,先为共产党八路军鸣不平,接着又希望八路军尽快开到东北来……农民有句谚语:"要推米面先上碾子。"八路军先把鬼子抢去的一切收回来,老蒋想夺也来不及了,想动武就更不易了……

　　于是,全家不约而同地盼望八路军快开到东北来。几天后,看看农活儿干得差不多了,我又提议:上县里去看看吧! 一是大哥正惦记二哥呢,二能从大哥那里知道些八路军情况。二哥当然同意,县里还有他呆过的铁匠炉呢!

　　跟阿玛一说,阿玛也同意,只是告诉:"没啥事早点儿回来。老蒋要真的打内战,地方上也得乱……十四年不容易挺过去,别在解放后……摊事儿!"

　　我俩满口答应,第二天吃过早饭便向县城走去。在路上,见到的人,无论男女老少,全是眉开眼笑的。更有的,站在路旁,不光自己大谈"打跑小鬼子"之乐;见到路过的人也打招呼,互道"解放"之喜……

　　快到县城了,一位五十来岁的老汉,从穿着打扮看,像个有文化的人,见我们走近了便问:"听说八路开进咱东北了,能来咱拜泉吗?"

　　二哥回答说:"听说要来,来没来? 走到哪了? 我们也在打听。"

　　"快来吧! 要不,汉奸一掌权……"话未说完便扫兴地转回身,向附近村子走去。

二哥看看他，问我："振强你说他是庄稼人吗？不像……"

我又看看，也摇摇头，完了猜道："好像教书的老师……"

"也许家里……像咱家似的，有人是抗日的，或亲戚……"

我们哥俩边唠边走，很快到了大哥家。大哥大嫂非常高兴，自不必说。可一唠起嗑来，我们原本想打听八路消息的话头，刚一提起便被大哥因知道二哥给细菌工厂当劳工而引到日寇的细菌战上去了。而且不像以前，这回是亮开嗓门嚷起来说的。大哥说概况，二哥说亲历，相互补充。

哥俩越说越来劲，直到因为太气愤，气得说不下去了。我们和嫂子、侄女也沉默了好一阵子。少时，大嫂说："还是听听二弟是怎么从细菌工厂逃出来的吧？"

小香子首先拍手赞同："好呀！我也想听。"

二哥见大哥也点了头，便想了想说起来："从今年8月9号开始，整个大院的小鬼子都像火燎腚似的，先把各种文件、书本儿、纸张、照片什么的，能装箱的装箱，不能装箱的用绳子捆上……攒多了，就招呼'劳工'往一处扛。集中到二楼上。接着就开动早在春末就停用了的大锅炉，把一箱箱的一捆捆的材料像煤一样装进了锅炉烧起来……啊！这哪是搬家呀？分明要逃跑嘛！

"劳工们都看出来了。一个个都止不住地兴奋。那位刘大哥——后来才知道他是抗联卧底的——不断警告大家：像往常一样干活儿！苏联发兵了，他们要撤了。这时若叫他抓住点儿什么把柄，'急愣子'时候，什么坏事都干得出来。大家这才明白是怎么回事，又都加起了小心。

"刘大哥还特别嘱咐我：'别离开我！我干什么你干什么。'从此，我就跟他寸步不离，除非是那位反战的日本军医偷着来见他，我装作没事儿一样，到一旁去干点儿什么。有时也被刘大哥指使到外边'看动静'（放哨）。

"锅炉烧材料，从8月9日直烧到13号也没烧完。看样子等不得了，干脆连锅炉一起炸掉了。接着，办公楼，实验楼、监押'试验品'的房子，里边都放了炸弹。轰……轰……日夜不停，火光冲天，烟雾把蓝天都要遮住了！"

四方楼细菌试验室被炸的大坑

"'刘大哥！我们这儿能炸不?'我担心地问,刘大哥没回答,只是拍拍我的肩膀,安慰说:'别怕。跟着我……'

"小鬼子一边炸楼一边烧材料,一边分批撤离,大官儿先走;小官儿后走。那位反战军医也向刘大哥告别了。大门仍然是有车出入现开,完了立刻紧闭。"

"8月14日夜里,在爆炸声后,突然响起了步枪和机枪声。后听说是另一队劳工越墙逃跑,被鬼子发现了……肯定有跑了的,有被打死的。

"我们这伙人,更是把心都提到了嗓子眼儿!"

刚讲到这,大哥说:"先吃饭,完了到街上看看。"就停了。吃完晌饭,我们哥仨就上街转悠。因为都盼八路军快点来,大哥急着跟抗联接上关系,好接受新任务。

但是,准消息没听到,却从"变色龙"的机关团体的动静中看出了好征兆——伪满县长王忠义变成的国民党县长,悄悄带几个亲信要员,如警察署长等,溜了！接着,各个科室,什么所、社的也纷纷关了门……于是市民们又活跃起来了！都说:"八路军快到了！而且肯定能来拜泉……"

未出所料:两天后,我正在大街上闲逛。突然南门外响起一阵军号声,紧接着冲进一队骑兵,接着是跑步走的步兵。有的穿黄军衣,有的穿灰军衣，有人扛着步枪，也有人抬着机枪……一进城就喊口号："庆祝抗战胜利！向东北人民致敬……"

各级学校大都有准备，很快拉出了欢迎队伍。一些市民，听说八路军就是坚决抗日的共产党的主力军，和抗联是一家人，也都走出家门来欢迎了——站在路两旁不断鼓掌……

部队看见了欢迎队伍，便放慢了脚步，继续高喊："感谢东北人民支援我们抗日！东北人民抗日有功！向爱国抗日的东北人民致敬……"

欢迎的市民，也喊了起来。因为好几个学生队伍，没有统一指挥，各喊各的；一片欢呼，听不出内容，长时间不停。骑兵走过去了，步兵干脆停停走走。有比较了解共产党八路军的，冲上前跟战士握手。战士欢迎，鼓掌。于是这个头儿一开，军民队伍几乎相混了！口号逐渐转成了欢笑，互相道贺、感谢……军队和人民如此沟通，亲近，从未见过；大街中间欢迎者、呼声雷动；街两旁的年轻人鼓掌；老年人落泪……

队伍前边的领导，不断向路两旁招手，拱手；人们一直把队伍簇拥进"县政府"大院儿后，又在院儿门口站了很久。

吃过晚饭我跟大哥、二哥又出来看——

当天，他们便按不同单位，分住到各个伪满机关。安顿好后便清理庭院，扫大街。晚上又出来一组又一组地做街头宣传。摇红旗召集行人，然后唱歌、讲演。第二天，我跟二哥出来蹓跶。又看见部队三三两两走出好几组，手提白灰小桶，有的同时提好几个装颜色的小桶，到四处往砖墙上写标语。如："热烈庆祝抗日战争胜利！""热烈庆祝世界反法西斯战争大获全胜！""感谢全国人民对人民军队抗战的支持！""向抗击日寇十四年的东北人民致敬！""八路军、新四军是中国共产党领导下的人民子弟兵！""军爱民、民拥军、军民团结一家亲！""团结一切爱国人士医治战争创伤！""向工人阶级致敬！向农民兄弟学习！""受日寇毒害犯过错误者自首坦白从宽！""打倒死不悔改的汉奸、土豪、劣绅！""减租减息，改善穷苦人民生活！""积极参加人民军队，保卫胜利果实！""欢迎各界人士向人民政府提建议出主意，重建新拜泉……"

遇到面积较大、灰白光滑的墙面，还画彩色的宣传画，内容大多

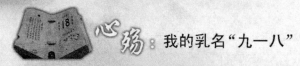

是《不忘国耻》《打倒日寇》《八一五万岁》等等。

仅仅三天，全县城人大都了解了：共产党是什么样的党，八路军新四军是什么样的军队，他们将执行什么政策，对各种事、各种人是什么态度……于是，全县城又掀起一股幸福和希望的热浪。不过不是上街流行，敲锣打鼓，而是左邻右舍、街头巷尾、饭馆商店、邻里间、亲朋间、老姐妹、小兄弟……少则二三人，多则三五位，你问我答，我说你补充，一种话两人说……大讲特谈共产党、八路军、新政府、咱拜泉……

学校，无论男"高"女"高"，还是男"优"女"优"，真像咱没读过书的有文化的阿玛估计的：日语不能学了，满语不该学了，光学算术（数学）也没意思。想请部队的给讲讲政治、时事吧？人家又开始了"备战"——据说吓跑的伪县长王忠义又收编一些汉奸土匪要夺回拜泉。看看，部队已开始修补四周的城墙了。不少市民拿着工具去帮忙。学校干脆学习军队的样子，组织多种宣传队，能写的写标语，能画的画宣传画，能演唱的唱"八路军"带来的新歌……没特长的分到各处帮八路军干活。这一来，学生、老师和政府都同意，于是就经过一番训练，准备开干了。但是，县城太小，能写标语的墙全写满了，能画画的地方也找不到了；而且闲人也不多，每天总是那几首歌，总是那几个节目，人们也看厌了。不到一个礼拜就鸣金收兵了。而我，今天参加写标语，明天参加演唱，怪有意思的，还真没干够。

没干够也散了。我只好不太高兴地回了家。大哥这些天也没闲着，到处打听有没有东北抗联的同志，结果少数的老兵都是关里的八路军，多数是后参加的东北小伙子。又因年轻对"抗联"却只听过，未见过。他想往南走走，去吉林、沈阳找找。可又听说，国民党已经往那里派兵了。没有日本鬼子搅合了，"窝里斗"却有精力了！大哥只好耐心等待了！

看八路军那么受群众欢迎，加上以前多次听大哥三叔说八路军如何奋勇抗日，又看大哥那么想念他的抗日组织，我便渐渐形成个想法：想去当八路！

跟大哥一说，顺便把我在鬼子投降前曾决定和同学去参加"最后一次战争"未如愿的事也说了。他和二哥都笑了；对参军也赞成，但又都说年龄太小。大哥又补充说："你学习挺好，再接着学几年，不当兵在地方政府也有你施展的机会。

我听了，又觉得不能马上当兵而遗憾，又想到多念几年书有施展机会有奔头儿，于是第二天我便到育英学校打听开学时间，没问出子午卯酉，心里很烦，正好三哥从农村来了。他说李家屯来个老私塾先生，要"圈馆"教《四书》，是阿玛叫他专门找我回去上学。

大哥二哥都知道，我也听说过：爷爷是教私塾的老先生，阿玛就是旁听《四书》粗通的文化；所以阿玛对私塾特有感情。因之他们仨一齐叫好，立促我快回村里上学。

就这样，我们哥俩于第二天便回了李家屯。在路上，我又缠着二哥，要求他讲怎么从细菌工厂逃出的。开始，他们根本不知道日寇投降，只感觉厂子里的鬼子行动有变化，被监视得更厉害了。白天除了三顿饭外无时不被指使得脚不沾地儿，夜晚又在炮声火光中思考如何对付飞来之祸。连我们听到冒死逃出的人回忆诉说，都觉得一阵一阵地毛骨悚然，当时是如何惊险，不言而喻。

"刘大哥经过细心观察"，二哥说，"选择宿舍后边一个墙角，枪弹不易打到，爆炸也难倒塌。且离围墙较近，必要时可越墙逃走。于是一到晚上，他便拉我借上便所因由去那里躲个大半宿。"

"看到8月17日了，炮声停了，烟雾也小了，嘈杂的人声也听不到了。我们觉得奇怪，便试探着走出宿舍——大院里一片狼藉，只有未炸死的老鼠和其他小动物时有出现。鬼子兵踪影不见……

"'都跑了！'刘大哥说。大家接上一齐叫：'哈哈鬼子都跑了！我们都活着……人们乐坏了！这回能回家了！再也不用当劳工了'……

"大家乐得又跳又喊，有的互相拥抱着，笑着，却又止不住眼泪……

"附近的居民也仨一伙俩一串儿地走进院儿来，看见我们惊奇地问：'你们怎么没炸着？也没跑？'

"'因在屋里蹲两三天了，什么也不知道。'我们又顺便问他们：'鬼子怎么撤的？……''你们还不知道啊？'一个年龄大的说，'苏联出兵了，关里的中国军队也反攻了。小鬼子看末日到了，举手投降了！8月15日投的降……'

"'8月15日就——？'大家迟疑地重复着，然后说，'那咱们快

收拾收拾回家吧！'"

"有的看见当地人奔院里走去拣东西，有的也跟过去：'对，不能白来卖命，咱也去拣点儿洋落儿。'

"'别去！'刘大哥大喊，接着又招呼当地人，'老乡！不能往里走了！这里是造细菌的工厂，到处都有感染疾病的毒气和病菌……'

"有点儿知识的，又不贪心的当地人和劳工又转回来了。也有的不大懂细菌的厉害，因贪心特重，就撞侥幸，不在乎地进了院里，拣服装、被褥、炊具……后来染病与否，不得而知。

"劳工宿舍的东西没有毒菌，一扫而光。我见刘大哥什么也未动，自己也一样没拿。刘大哥赞赏地拍拍我的肩膀说：'大老远的，路上还说不上遇到什么难事呢！拿点什么也得扔掉。走，咱们到高处看看这个工厂的规模，将来也许有用。'

"我跟刘大哥走到一处炸塌的楼房，攀上废墟，站在那里居高临下，向全院看去……原来最高的四座五层大楼全炸倒了。其余的三层楼和平房，有的炸坏有的未炸着。桌椅、床铺、培养细菌和搞实验的各种器皿，崩散在各处……

"那七号和八号楼，是关押做试验的我军战俘和苏联、朝鲜情报人员的地方，也炸塌了。'走，看看还有活人没。'刘大哥拉着我蹦下废墟，向那里走去。还没到跟前儿，就臭气扑鼻，而且看见有死尸全露和半掩在砖瓦中。我不敢迈步了。刘大哥也未勉强，自己走去细看，甚至搬砖，扒土……可能在寻找他的战友。好半天，一无所获，失望地回到我们的身边：'走吧！'

"我二人回到劳工宿舍，人们全走光了。刘大哥看看天，说'天还早，你也快回家吧！老人还惦记着呢！'

"'你呢？也快回去吧！'我也劝他。

"'不，这里还能住，我想把这里详细看看，万一有的战友还活着……'

"'我留下帮你——'

"'不不！'刘大哥立刻摆摆手，'你年龄小，有家。我有任务，不能就这么光当个劳工就了事。好了，你快走吧！兜里没钱吧？'

"'不不！我兜里有钱……'我看他要掏钱，急忙站起来就往外走。'大哥，你叫什么名字？住哪？赶明儿（将来）我去看你。'我走几步后,站下问。

"'我的名字太多了,告诉你也找不着。再见吧！ 到家代我问老人好。'

"'嗯！ 再见……'我答应完擦一下眼泪回头就走了。走十来步再回头看他,刘大哥已经又向那个炸死人的废墟走去了。

我们哥俩边走边唠,很快便到了家。

阿玛和呐呐看我们哥俩一起回来了,很高兴,纷纷打听县城里的情况。我们把八路军进县城的热闹场面讲完,阿玛和呐呐乐不可支,我又接着说:"我以前听说八路最能抗日,这回我又亲眼看到他们跟老百姓那么亲切,就想也去当八路。大哥和二哥说我还太小,叫我再学习几年。等年龄大些,当兵干别的都那个,有……"

"有施展机会。"二哥帮我说。

"对,有施展机会。"我重复一下,又解释给呐呐听,"就是干什么都可以干好的意思。"

"自卖自夸！"阿玛笑着批评我。

我不好意思地辩护说:"是大哥这么说的。"

"那好,明儿就去上学、学点真玩艺儿！"

就这样,几乎全家都为我第二天去读私塾忙活起来。晚上因特高兴,很快便睡着了,按大哥预计和期望做起美梦来……

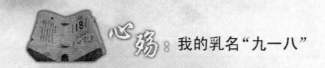
### 链接 1：日本 6 万名女子"慰安"美军

1945 年 8 月 15 日，日本战败投降，以麦克阿瑟将军为首的美军随即进驻。几万名美军即将进驻的消息，给这个岛国带来了极大恐慌。日本当时的社会调查表明，对美军占领的恐怖和担心中，最重要的是食粮不足，复员人员失业，以及占领

资料片

军对妇女的凌辱，其中担忧妇女遭暴行凌辱的比例遥遥领先，被列在第一位。产生这种想法，首先是日本人长期受到"如果战败，男人将全被阉割，女人将全被作为娼妓"的宣传，其次，战争中日本在亚洲各地的暴行，显然也成为日本人对占领军想象的最重要参照。

### 以国家名义设立妓院

针对这种恐慌，日本内阁紧急讨论对策，结论是参照日本在战争中建立的慰安女制度，为进驻美军提供"慰安"设施和服务，来减少美军对日本平民女性的侵扰。建立这种设施当时预算需要 5 000 万日元，对战败的日本来说是一笔巨大的开支，而大藏省财税局长池田勇人对这笔钱批准得很快，他的看法是"用这笔钱换取日本女性的贞和血统的延续，可说是十分划算了"。

说来，这种以国家的名义设立妓院来慰劳占领军的事情，历史上虽或有不得已而为之者，但在任何一个国家都可算是耻辱和难以启齿的事情。可是日本人讲求严谨的作风，使他们这种事也要做得正规。

8 月 26 日，由东京警视厅牵头建立的 RAA 协会正式成立，专门在天皇皇宫大门外举行了结成式（参加者主要是日本卖春业的老板和干部），下设慰安、游技、艺能、特殊施设、食堂、物产各部，冠冕堂皇地声明："为维护民族的纯洁性和百年后的未来，做阻挡狂澜的防波堤，做战后社会秩序的地下支柱。"

这样，以日本政府为主导，为美军服务的全国性"慰安"系统，在日本开始建立起来。8 月 28 日，第一个这样的慰安所在东京郊外的小町园开业。此后，"悟空林""见情""波满川""乙女"等慰安所相继开业，最盛时在日本从事"慰安"的 RAA（来自英语：特殊慰安施设协会）女性，达到 6 万人之多。

### 打广告招慰安妇

起初，日本政府对"国家卖春"的行为还是有所掩饰的，要求各个慰安所的经营者只能以个人身份，而不能用国家政府名义，而慰安女也准备利用当时日本社会的公娼私娼充任。然而，在进行征集的时候，却遇到了意料不到的困难。

8月21日，东京警视厅召集各卖春业巨头在麻布小学开会，要求他们动员手下妓女为盟军提供慰安服务，结果却颇为难堪。对此前所未闻的"国家要求"，大妓院"吉原"的老板成川敏的回答最有代表性——"对昨日的敌人，今天就用身体侍奉，这当然也可以强制命令。但就是妓女，能不能接受也不好说。请允许我们回去商量。"而屋久组合的老板濑谷则回答说："如果是为了国家，我们只能遵令行事，可是，事后该给姑娘们怎么样的说法呢？希望国家对此给出负责的保证来。"对此，警视厅保安课课长大竹含糊答道："会向上报告，求得解决。"

事实上老板们的担忧是有道理的，妓女对这条命令反应很强烈。长期受到的宣传是一条理由。另一条理由是妓女中流传着"西洋人和日本人身体不一样，和他们做那种事会被弄成两半"的说法，于是去做这种事，就有了赴死的悲壮。

有些地方的妓女最后服从了。比如上面提到的"吉原"，最初听到这个要求的妓女们最终停止哭泣，说道："既然是为了国家，那就努力奉公吧。"于是，其他的妓女也都纷纷地默许。

尽管如此，愿意合作的妓女数量，连最初要求的1/3都达不到。于是，日本政府终于撕下面子，用报纸广告的方式对良家妇女进行征集。于是，出现了前面一幕。当时的日本，经济凋敝，失业率极高，且有"男性优先就业"的做法，在战争中失去男性亲属或因日本男子阵亡无法找到丈夫的女性很多处于饿死的边缘，所以，看到这样的广告，应募者云集自然是正常的。根据当时统计，这些女性中，应募时默认可以做性服务的不到20%，但是，一旦自投虎口，在政府和卖春业老板的软硬兼施下，大多难逃沦为慰安女命运。在稻江世津子《占领军慰安所》一书中，她描述当时的情景——"自愿的不超半数。""战争结束了，可是，依然可以用'爱国'的名义驱使无辜的女子去为'进驻'的外国兵卖淫。这是和战争中把女性拉去强暴一样的残虐，今天，改个名字叫特殊慰安罢了。"

日本内务省给这些女性的名称是——"特别挺身队员"，根据记载，当时免费为她们"开展服务"提供的标准配给用品，有床、被、枕头、睡衣、长裙、洗漱用具、食物、卫生纸，以及原日本军内使用的，被称为"冲锋一号"的避孕套。

慰安所中性病流行

这个"兴旺"的事业，却在1946年遭到了腰斩的命运。原因，是在小小的

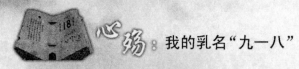

避孕套上。

尽管日本的"慰安所"配备了避孕套，但美国兵使用的却寥寥无几，而占领军的淫威又无法抗拒，结果，造成了 RAA 慰安中性病的盛行。RAA 的慰安女中，有性病的超过了 90%。

这引发了大洋彼岸美军的妻子、亲人们一片抗议之声。尤其是有记者深入日本的慰安所，将其内情拍摄，带回美国发表，更引发轩然大波。正在从事人权活动的罗斯福夫人为此愤然质问麦克阿瑟——"我们联合众国的小伙子们，就是公然在日本妓院这样出入得脏病的吗？你这个司令对这个很自豪吗？"美国舆论对此抨击得很强烈。

尴尬的麦克阿瑟不得不做出规定。1946 年 3 月 10 日，占领军司令部以"公然卖淫是对民主理想的背叛"为理由，要求日本政府关闭各种慰安所。26日，日本政府下令各地警察署遵照执行，并谢绝美军官兵继续访问慰安设施。

日本政府随即下令遣散慰安女，55 000 名慰安女，带着满身的疮痍，没有任何补偿就被赶到了街上。

这些慰安女中，很多继续从事色情行业，或在 RAA 经营的茶社、咖啡厅、酒吧等地为美国服务，成为被美称为"潘潘"(PANPAN) 的暗娼（美日间的默契，以暗代替公娼，继续慰安服务，实际上 RAA 要到 4 年以后才正式宣告终止）；或者为美军包养，称为"安丽"（英语"Only"的日文发音）。

50 多年了，日本政府从没有给过 RAA 的"安丽""潘潘"们一个交代……

《时代信报》

### 链接2：链接罪恶的细菌战密件之交易

一个无法证实的消息是：731 部队撤退前夕，石井建议将数吨含毒菌的跳蚤、老鼠撒到苏联境内，以扭转战局。不过此意见未被上司采纳。日本军方命令石井毁灭 731 部队的一切痕迹，但事实上，大量的研究资料都被石井带回了日本，包括 8 000 件病毒样本。这些都被美国情报人员得知。

美国对此相当重视，据说，1945 年 8 月 30 日，美国驻日盟军司令麦克阿瑟飞抵日本厚木机场，一下飞机就问：石井中将在哪里？

美国方面曾 4 次派出细菌战调查组，先后赴日寻找石井，但石井为了躲避美国人，曾在 1945 年 11 月 10 日假装被炸死，他的家人为其举行了葬礼。

美国情报人员给出的定论是：石井之死，可信度并不高。

1946 年 1 月，石井被美国人找到，接受了讯问。一个让人震惊的内幕是：

美国政府为了国家利益,秘密与石井做了"交易"——美国拿走731部队的全部资料,石井和他的731部队成员则被赦免。

据美国国家档案馆的资料,当时美国人认为:"对于美国,日本细菌战的资料价值,就国家安全而言,远比起诉'战犯'重要得多。"此外,"从日本人那里得到的细菌战情报应该掌握在谍报系统之内,而不应该用来作为起诉'战犯'的证据。"

一个细节无法回避,据调查组的报告提到,"为获得这些资料,我们迄今为止所花费的费用是25万日元。"有人推测,25万日元也是"交易"之一,石井不仅无罪,还获得了一笔钱。

石井四郎

就导致一个极为荒唐的结果——1948年4月16日,东京审判落下帷幕。东条英机、广田弘毅、土肥原贤二等罪恶昭著的战犯受到严惩,而同样双手沾满鲜血的石井被直接释放,没有出现在被告席上。

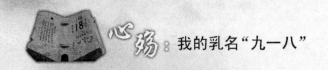

# 二十九、抗日胜利乐了半截

因为这是抗日胜利后的第一个大年，不约而同，人人都想好好过一下。可是怎么过法才算最好呢？过去穷人家盼望过年就是为了吃顿饺子，稍微过得去的人家，还得给孩子做件新衣服；有钱的财主或官人，那就任凭意愿了。咱一般百姓也说不清。而今年要好好过，却例外地不分贫富，有个同样的项目，即是以前受小鬼子的气，没心思，好几年没办了——什么呢？"办个大秧歌队，连吹带打扭他一正月！"因此，屯长一张嘴，以前的老把式立即行动，找人的找人，准备锣鼓钹和请吹鼓手，缺什么现买。那时这种活动妇女不参加，只帮助叠花儿做头饰；不像现在，扭大秧歌以女的为主。下场扭的主要是找年轻小伙子；不少壮老年也要参加，实在怕影响观瞻就帮助"打场"（维持秩序）。我们哥仨都参加了。他俩扮丑，即饰男的；我扮旦，即演女的。

演男的服饰随便，腰系个彩带，拿把扇子画个花脸儿就行。

演女的，大家都穿花衣服，系花裙子，没花裙子拿花被面、褥单代替；头上戴个花冠，上边插满了彩色纸花，有的还挂些串珠儿；脸也擦胭脂抹粉儿，描眉打鬓抹口红……二三十岁的庄稼汉，脸黑皮粗，有的还不常洗脸，冷丁涂胭脂，反而更难看了。有的年长些妇女取笑男扮女妆的脸，说："像驴粪蛋儿上层霜！"但这些人不在乎，反诘说："上霜总比不上霜强。还备不住被馋嘴婆当冻梨啃呢！"一个个硬是自以为美，扭得贼（特）来劲儿。

我看那大花衣裙太花哨，化的妆太浓反而"膈应"（厌烦）人。因此独出心裁：15岁的细高个儿，正好穿我二嫂新婚时做的绿地有点儿小花儿的棉袍（旗袍有单、夹、棉、皮四种），穿起来像自己的一样；两脚也不像他人穿大靰鞡，而是呐呐给做的黑面儿布棉鞋；头上戴着阿玛继承爷爷的水獭帽子；帽上插一朵呐呐常戴的绢花。脸上，不拍脂粉，只抹了口红，描了描眉，两腮稍抹一层红胭脂。左手拿个红绸子，右手拿把小折扇儿；走出家门后，我又把准备好的两块布头儿叠成团儿分别塞在了胸前……第一次这么打扮真有点儿羞，但当有些人看见疑我是真闺女时，我又故意装点害羞。进了秧歌队之后，我扭的动作也不像老农那么大气，低着头，迈小步，谁要细看我，我就左手用红绸子捂着嘴，用右手的扇子连摆动带遮面……结果一路上，引起不少人怀疑我是真闺女。特别是到外屯子扭，在我的身旁总有几个大嫂大娘跟着走，边走边叨咕："谁家的闺女这么大方……能是真的？""可不呗！你看她走路步子也不大。""还总低着头儿怕人看……""看，胸脯子都鼓了……"

跟着看的女人走累了，又换上几个男的，有老头儿有小孩儿，也是边看边议论。

弄得我是又自傲装扮成功，又羞于面对熟人。嘿！就这么跟着对付，还受到了领队的表扬！加上扭的次数多了，一不害羞了，二也学会扭了，一直坚持扭到正月十五。

北大荒的大秧歌，和辽宁老家大体一类，只是花样和里边附带的小节目少些。但与陕北大秧歌不同，也不同于后来的陕北的为主加上东北风味的秧歌：腰上系个长绸子两手拿着舞动，和脚下有着相同的动作和节奏；不管唢呐吹什么曲子，鼓钹总是一二三四拍子不断反复。东北大秧歌：节奏大体有个快与慢两种；而动作却很讲功夫，如手绢功，肩子功；加上男女情感交流，滑稽表情，二人转的舞蹈和逗哏，便是源自大秧歌，又促发了大秧歌。同时，东北大秧歌中容量很大，可加唱段、杂耍、戏曲以至杂技。

唱段，最简单的是给各家拜年时，扭一阵后，鼓钹一停，秧歌队员光走圈子不扭。领队的（叫傻公子）便首先唱拜年曲，如："一进大门哎，抬头观呐，院里立根灯笼竿呐，竿上灯笼红又亮哎，（鼓钹间奏）照得全家四季平安！"然后接着吹打。扭一阵，再由三五人合唱《茉莉花》等民间小唱。

杂耍，一般的都有摆旱船儿，有女人抱娃娃骑毛驴儿；有条件的还带有狮舞、耍龙灯和踩高跷。

戏曲，即晚上扭一阵后，观众聚多了，便圈个空场演折子戏，有评

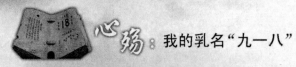

戏（过去叫"落（lào）子"），有东北大鼓、莲花落（lào）即快板书和"蹦蹦儿"（二人转）……

杂耍，即化妆孙悟空与猪八戒的互相打斗，化妆什么戏曲人物来段什么特技。

东北大秧歌最大的特点，如今已经失传了，主要是秧歌队形的整体变化：不像现在只是一队男的一队女的，有分有合转着圈儿；顶多来个"卷白菜心儿"。老秧歌的队伍变化多样，什么"连环套""编蒜瓣儿""互穿梭""十字街""四面斗""八卦阵""龙摆尾""卷白菜心儿"……

十五一过，农活儿便开始了。

这时的农活，因为还在下雪上冻，整地太早，重要是拣粪积肥。有粪堆的要在粪堆中间刨个洞，里边放干柴点火烧着，再用冻粪盖上，叫火在里边燃烧，为冻粪加热发酵。这样，粪堆里的草籽不会荒地，其他的"格脑"（草末子杂草）化灰；动物粪发酵更肥田。

我白天也跟着学，晚上天天忙到小半夜。干什么呢？那时农村什么娱乐活动都没有，二人转班子不多，得花钱请，好几年看不上一次；电影连县里都很少看见；麻将牌一副没有，那是城市官人和老板的专利。只有几副纸牌"看马掌"，还只是老头儿们玩儿。多数青壮年男女，也有部分老年人，爱听故事。以前不知找谁读讲，反正今年大家算钉住我了。一口一个"大学生"（"学"字是重音，区别于读大学者），盛情难却，加上我父亲不知是出于助人还是自显，也积极催我快去。就这样，几乎天天吃过晚饭都到后院老张家去给大家读旧小说，什么《薛刚反唐》《响马传》《水浒传》……读完这本读那本。

这张家挺好客，两间房。里屋南北炕坐满了，外屋柴禾堆上也坐着人。我坐在屋地的木凳上，就着柜子上的豆油灯，就一页一页地读。开始不大好意思，拘束点儿。只能连上句儿，没感情。时间长了，人熟了——因为我在学校时不就喜好演唱吗？我把这特长一发挥：不仅男的说话学男腔，女的说话学女腔，老的说话学老腔，小的说话学娃娃腔，而且鸡鸣、狗咬、老虎叫，也瞎学一气，直逗得听众开怀大笑。老人高兴了，还叫儿媳给烧开水，沏糊米水（没有茶）喝……

一天晚上，我正读得有劲儿，大家边喝水边听书，聚精会神，突然从外边闯进一个小伙说："县城里可能又开战了，有枪炮声又闪火光。"

大家一听，急忙撂下水碗，噼哩扑通下地，往外跑去。我也合上书跟了出去。

可不是，东偏南20多华里的拜泉县城，真的隐约传来了枪声，火光一会儿一闪。人们七嘴八舌地猜测："是不是小鬼子假投降，乘你不备又打回来了？再不，是哪股土匪来攻城了？听说有好几个'绺(liǔ)子'(土匪团伙的量词)……"

这时，我阿玛也从家里出来了，先参与大家的议论，说："十四年前'九一八'那天夜里，我们正住在沈阳城边子，就是叫小鬼子进攻北大营的炮火惊醒的！他妈还早产了振强……"

屯长孙老六常出门儿，消息灵通，跟大家笑笑，说："别瞎猜了。是原来那个县长王忠义领一帮满洲国残渣余孽和土匪打回来了。说要夺回拜泉，等着向国民党'接收大员'请功。没成想，人家共产党八路军先来到东北，一路扩兵，先把拜泉接收了。"

"八路军能顶住王忠义的大队人马吗？"

"人家八路军打鬼子都打出经验了……"

"那也没有当地人熟悉情况，总是外来的……"

屯长看大家争论得很有趣，突然问了一句："那你们希望谁胜呢？"

有的说："听说八路军是抗日的。"

有的说："王忠义是给鬼子干事儿的。"

屯长却用鼻子哼了一声，说："听说王县长是国民党，是打进鬼子里边的坐探。"

"就是真国民党也没有八路军抗日坚决。"

"那可不！要不是国民党不叫抵抗，也不会有个'九一八'。"这时阿玛插了一嘴，然后似乎带点儿气地招呼我，"振强快回家，说不定明儿还是今天晚上败兵从这儿过……"

他说完转身就走，我也就立刻跟了回去。后听身后有人议论，又停下听起来。有的说："老胡头儿的话，还真得认真琢磨琢磨。"有的说："八路真抗日不假，可始终未敌得过国军……"

孙屯长被我阿玛顶气了，回走几步又转过身来说："老蒋对小鬼子受降，设16个地区，都由国民党将领当头头，签字，没一个地区交

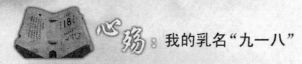

共产党——大家都有耳闻吧?"见没有人答言,但却都在听他讲,他便接着讲下去。虽然准确性说不上,可却是真实……

"更叫人纳闷的是,咱东北最早被鬼子占领的地区,老蒋却没设东北受降区! 是因为始终都是共产党领导抗日——给共产党留着接受鬼子投降书吗? 不可能吧?"

"……那,屯长你说,这是咋回事儿呢?"

没离开的人都往屯长身边凑了凑。

屯长傲慢地冷笑两声,倒背手训斥说:"若是给共产党留着,怎么未等 16 个受降区完成,就命令几员大将分别带兵进驻沈阳长春呢?"

我听到这儿禁不住仗着胆子反问一句:"人家八路军咋先到咱东北了!"

"嚯? 小家伙也太'得一当十'了吧?"屯长不屑地看我一眼,哼了一声转身对大家说:"早来了,他步行有人家飞机、火车、汽车、轮船快吗? 你不是在拜泉县城看见那百把人了吗?"他向大家扫视一眼,又扔下一句"八路来了也只是来咱最北边的几个小地方!"便回了他那四角修了炮台的土垡子墙圈起的大院儿。

有一个不认识的叔叔笑着对我说:"小孩儿挺敢说话呀!"

我未服气,还没等我说话,就被张大叔一把拉住拽到他的家里,向大家喊:"来来! 小振强回来了! 咱接着讲《水浒一百单八将》……要不是宋江投降,大宋江山说不上归谁呢!"

"就是,八路军比一百单八将强百倍……"

"停停停!"张大叔摆摆手说,"小振强接着讲!"

我急翻到跑出去前叠上那页接读了起来……

"不好了!"没读几句,就有一个人叫喊着跑进屋来。"快都回家吧! 县里又响起了枪声! 还听叫喊声越来越近……"

"那一定是王县长一伙叫八路打出来了!"

人们说着就往外跑:"逃兵败匪一准儿边跑边抢啊……"

一哄就散了。我也放下书往外走。张大叔怕我一个人害怕,特地陪我走到我们家门口。正好,阿玛和二哥也出来看了。张大叔跟阿玛说句"小心逃兵!"就往回走了。

阿玛说:"你张叔说得对,快进屋,吹灭了灯。没亮儿,他们找不到……"话没说完,就都进了屋。呐呐见我也回来了,放心地帮我脱完衣服盖上被子。谁也不说话,只侧耳细听远处的动静……

"王县长敢回来夺县城,准是有仗势!"阿玛禁不住自言自语说:"老蒋跟共产党抢胜利果实,当地汉奸又搞内应——王县长跑了没几天,又带回些汉奸、土匪进攻拜泉——不是个小事啊……"

说到这儿,鸡叫了。天亮后,枪炮声不响了。却听到了人们的说话声……二嫂也醒了,穿好衣服下了地。

呐呐首先想到大哥一家:"这,枪炮没眼睛,你大哥他们……"

"呐呐!大哥住的地方离县政府很远,只要少上街……"

二嫂忙装一袋烟递给呐呐,又划火给点着,以安慰老婆婆,接着又给公公点了袋烟。

全家就这么唉声叹气的,有的坐着,有的站着。二位老人先默默地吸烟,起先谁也不说话,接着又都围着一个问题,憋不住一句替一句地说起来:"14年亡国苦难过去了,这内战又会打多长时间呢?又会死伤多少人?""她三叔,这么长时间没影儿,解放了也没露面儿,看来是不在人世了!""二弟一进关就没信儿,要还在说不定会被派回东北呢……"

小哥仨联想到自家,也小声嘀咕:"大哥找抗联老关系,更难了!""二哥你国兵没合格,去两次劳工都逃生了。这内战真打起来,两方面需要扩兵——跟'八路'最好,可万一叫国民党抓去……"

好了,面对抗日刚胜又发生内战,我们满族一小家,可能的遭遇和预想,绝非个别现象。广大汉族和其他50多个民族——整个中华民族都会自家跟全国放在一起:政和民才安,国强民才富啊!如今——真没想到……

近忧如此恼人。远虑更应及早关注和预防。听大哥说过:"仅就美国对日本的细菌战的态度和采取的做法,就足以令人无法容忍和放松警觉!"

简单说:细菌战一直随人力和机械一并进行。受害的地区、人、畜,绝不比枪击和刀杀差,甚至宣布投降之后的8月20日,细菌部队1630支队,仍将自用的一群战马带上炭疽病菌,赶进村庄,向广大村民、畜、禽传染——可恶至极!真没人性……

而美国不但不怨恨鬼子,不以战胜国家的身份对其责任人惩罚,

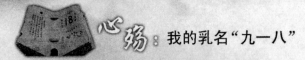

反而,先私藏了大部分细菌战资料,不向国际法庭公示;进而把细菌试验、实用等各阶段主犯,暗藏起来,不交法庭审判……致使小鬼子先未实际认罪,进而同"慰安妇"罪行、"南京大屠杀"和"偷袭珍珠港"……一并翻案,乃至决心对祖先的侵略继承,申报推广(申遗联合国)!直到今天复辟军国主义,扩充军备,反而扬言"中国威胁"……

美国扶植日寇死灰复燃,早有预计。日寇自信有能力重建"大东亚共荣圈",真地付诸行动了,你美国又怎么办?

窃以为:我们中国少数民族普通的一家,70年前的"近忧"内战,已经由三年解放战争证实了;"远虑"侵略者"还阳",是不也展现在眼前了?一家普通百姓能够如此;智力、文化和其他有利思维的因素都高些的家庭?由不同文化、技能者等组成的各界、各层机构团体,在党的号召和政府带动下,定会认真积极地纪念抗日胜利七十周年,并如实体现在"保家卫国"上……

**链接 1：日军侵华老兵跪地谢罪**

19 日，日军侵华老兵 91 岁的本多立太郎跪在"七·七事变"的发生地卢沟桥上，他身旁站着中国人民抗日战争纪念馆馆长王新华(左)和《我认识的鬼子兵》作者方军。

本多作为侵华士兵 1939 年 8 月驻扎在江苏金坛县，期间，在上级命令下曾杀死一名中国战俘。"但是，并不能因此而说自己没有罪行，我毕竟亲手杀死了对方。"本多说，他想找到那位战俘的亲属，"当面诚心地谢罪"。本多立太郎自 1986 年 2 月开始在日本各地进行侵华战争忏悔演讲，至今已有 1027 次，听众累计 18 万人次。

**新华社**

图①为本多立太郎（右）在上海向罗泾大烧杀遇难同胞纪念碑鞠躬。

图②为本多立太郎在江苏指认侵华日军驻地。

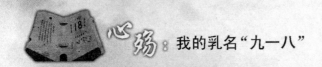
### 链接2：社会团体谢罪

"九一八"事变纪念日前夕，日本十五年战争医学医疗研究会代表团来到哈尔滨，了解侵华日军731部队中日本医生所犯下的罪行。17日，在与哈市社科院研究学者的座谈会上，代表团团长刘田史启郎说："曾在'731'工作过的人在日本都不承认自己的这段经历，我到中国后，才了解到这些人所犯下的罪行。"

日本十五年战争医学医疗研究会成立2000年，一直致力于将侵华日军中的医生在中国的非人道行为如实展示给世人。"日本的医生应当反省上辈医生犯

刘田史启郎翻阅完史料后表情沉重

下的错，他们应向中国人谢罪。"刘田史启郎说。

据刘田史启郎介绍，侵华日军731部队的很多成员战后为日本著名的医学专家，而他们从没对自己在中国犯下的罪行进行过反省。"这些医生回到日本后只字不提在'731'的经历，当有人询问时，也不承认曾在那里工作过。我是到中国后才真正了解到731部队所犯下的罪行的。"

座谈会上，一名日本代表拿出一本论文集说，他找到的一名日本医学专家关于鼠疫研究的多篇论文，里面提到有用"马路大"（731部队用来做实验的活人）为对象做实验的内容，这些论文应该是这名专家在731部队服役的5年时间里完成的。他的说法得到哈市社科院731研究所研究人员的确认。

据了解，此次来哈的代表团成员中，大多都是医生。在哈市社科院的731国际资料中心，他们看到了研究者通过各种渠道收集来的档案、文献、图片，并翻看了刚刚装订完成的文献集。刘田史启郎表示，要将这次从哈尔滨了解的历史带回国，让更多的日本人阅读，了解真实的历史。

### 链接3："妈妈　没有您就没有我的今天"

倘若时光再回到1945年的那个冬天，今年86岁的沙秀清老很幸福自己堂妹的仁义举动，将奄奄一息的日本孤儿抱回家，然后交给她和丈夫抚养。"收养她不后悔，送走她也不后悔，当时咱这儿条件不好，就寻思让她回去能过

**回到成长的故乡, 遗孤们清然落泪**

**遗孤们和沙秀清(右一)在一起**

上好日子。"沙秀清老人说。

与沙秀清老人一样,今年90岁的穆文霞老人也不后悔自己当初收养和送走日本遗孤。"我们不图回报,只要她能过得好就行了。"穆文霞老人说。

这次日本留华孤儿"感谢中国人民养育之恩访华团"的成员中,就有沙秀清和穆文霞两位老人的养女。记者看到这两对养母养女只要有空闲就深情交谈,母女的手还挽在一起,回忆往事时都热泪盈眶。

**她就是我的亲生女儿**

1945年的冬天,沙秀清当时居住在牡丹江市宁安县。一天,沙秀清15岁的党妹抱来一个一岁多的女孩,堂妹说,这个女孩是日本人。当时有很多日本人聚集在一个大空房内,这个女孩的妈妈已经快不行了,将女孩托付给沙秀清的堂妹。沙秀清家人在包女孩的被子里发现了一张纸条,记录着女孩的生日——1944年4月24日。当时,沙秀清已经结婚,日本女孩成了沙秀清的大女儿,她和丈夫给她取名洪静茹。

"小静茹当时非常瘦,严重营养不良。"沙秀清老人说:"那时家穷,吃不上喝不上,但是她爷爷时常买几个鸡蛋或是一点牛奶给她吃小灶。"

1946年,沙秀清举家搬到哈尔滨,此后,她和丈夫生了三个儿女,但对沙秀清来说,洪静茹就是她的亲生。"外人不知道洪静茹是日本孩子。"沙秀清说,由于家庭贫困,洪静茹念到初二就辍学了,到当时位于道外区的哈尔滨第四百货商店上班,之后结婚生子。

**妈 我真想你**

1972年,中日两国政府恢复建交后,开始办理日本遗孤回日本寻亲事宜。1988年的11月28日,洪静茹一家四口办好了回日本的手续。"我们全家人都去了女儿家,我们坐在那儿,都不说话。一说话就是哭,几十年的感情啊!"沙秀清回忆往事忍不住流下了热泪,在一旁的女儿洪静茹也陪着掉眼泪。

到了日本之后，整整三个月没有女儿的消息，把沙秀清急疯了，就托人问，终于在哈市友谊宾馆打通了女儿的电话。听到女儿的声音，沙秀清一句话都说不出来，握着话筒泪如雨下。洪静茹安慰母亲等生活稳定之后再给母亲打电话。

"那时候打电话可费劲了，我即得上别人家跑很远接。后来，我就花 5000 元人民币给我妈安了一部电话。"洪静茹说。

### 她是个孝顺女儿

"她是个孝顺女儿，有当姐姐的样儿。"在与记者聊天中，沙秀清老人重复得最多的就是这句话。

沙秀清说，洪静茹小的时候就知道照顾弟弟、妹妹。过年过节家里买好吃的，要分成几份，洪静茹总是要最少的，而且不舍得吃，经常是弟弟、妹妹吃没了，偷她的吃。"我妈经常把我的那份藏起来，怕他们偷吃。"洪静茹笑着说。

家里条件好了之后，洪静茹经常给养父母邮寄钱物。"当时咱们这儿不多见的冰箱、彩电、录像机都给我买了。每次回来还给我钱。"沙秀清说。

今年沙秀清的小女儿生病住院，需要做大手术，但由于小女儿下岗，家庭比较困难，拿不出钱来。"洪静茹得知后，和丈夫二话没说，告诉我尽管手术，钱的事儿不要担心。她救了妹妹的命啊！"说到这儿，洪静茹握着母亲的手说："您把我养活大了，没有您就没有我的今天，这个恩情我永远也报答不完。"

### 说女儿是日本鬼子，我吵了好几次架

"那是 1945 年的冬天，那天特别冷，我和丈夫在大街上走，看见路边躺一个小姑娘，旁边躺着一男一女，好像是一家三口，男的和女的都不行了，小孩还有气儿。"家住齐齐哈尔市的穆文霞说，尽管当时他们已经有两个孩子了，但还是决定将孩子抱回家。他们在小孩的兜里发现了孩子父母留下的纸条，知道这个孩子是日本人，已经 4 岁了。

穆文霞说，虽然当时他们都遭受到侵华日军的侵害，对侵华日军恨之入骨，但是孩子是无辜的。由于连滚带爬，小女孩的身体特别脏，她和丈夫赶紧给她洗澡，然后送到医院看病。

穆文霞回忆说，当时小女孩的肺和胃都不太好，还营养不良。在医院治了几天之后，回家静养。他们给日本女孩取了名字叫陈莲喜。经过调养，小莲喜的脸红润了，身体也壮实了。

"小莲喜上学之后，经常有淘气的孩子骂她是日本鬼子，她每次跑回来哭，我就安慰她说，她是我的亲生女儿。"穆文霞说，为这事儿，她几次到骂人的孩

子家去,告诫以后不要说了,还吵了几次架。

1993 年,已经结婚并生育了三个儿女的陈莲喜和丈夫回到日本,之后又把孩子陆续接到身边。

陈莲喜说,她经常回来看养母,每次回来都买不少东西,还给钱。养母的养育之恩,她这辈子都报答不完。

**链接 4:良知者纷纷来华调查日军罪行**

女教师　松冈环

为将南京大屠杀真相告诉日本民众,日本女教师 40 次来华收集侵华罪行。

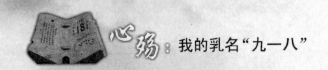

# 三十、结尾的话

前述的亲历伪满 14 年的回忆，两次讲述都有结束语；今整理文稿出版，也应做结尾说明。因两次讲述，一是在 1948—1950 年当小学教师时期；一是 1952—1955 年当中学教师时期；时间不同，讲者有变化，听者更不同，内容定然不同。故在此书稿后的《结尾的话》之前，先把两次讲述后的结束语简介一下。

第一次给小学生讲述是从 1948 年春开始的。"结束语"只能从日寇投降第二年即当"小教"前二年说起。

因为一个贫苦农民的孩子，进县城读中学困难重重；又加上从小受叔、兄抗日行为的感染，和抗联战绩的激励；曾秘定跟小同学一起向小鬼子打"最后一仗"未成。故 1946 年春节刚过，我这个不满 15 岁的孩子便独自跑到县城去"报名参军"。只见被录取的全是带"胡茬儿"的成年人，犹豫中只好去问大哥。大哥正为与"抗联"断线儿了苦恼，听我说因年小当不上兵……便建议我到地方政府部门试试；并嘱咐"如有地方接收，还能帮大哥找找'抗联'线索……"就这样，不久后便虚报三岁考上了"拜泉县民运干部训练班"；并代大哥交县领导一封求助信。结业后跟工作队下乡搞"减租减息""反奸清算"，因抓逃亡的"恶霸地主"立一小功，受了表扬，我及时坦白了虚报年龄的错误。组织上对我更信任了，加之看我爱学习，当年便选送我上了"东北军大"（原延安"抗大"，在齐齐哈尔市）。翌年结业被分派到西满军区文工团。1947 年夏，为纪念抗日胜利二周年，天天提灰桶、扛木梯、爬砖墙写标语，不慎摔伤。因当时正忙于排练节目，上前线慰问演出，只好把我送回拜泉，伤愈后从事了群众工作。1948 年"土改"结束，翻身农民争送子女上学。学校可以随时创建（各村都有地主空闲草房）；可教师却太难找了！最后只好从本地的工作人员中选拔。

我这个小学未毕业的,也被选上了! 自知文化太低,只能边教书边自学了——你们听说了吧? 6月间,《黑龙江日报·副刊》发表我一首新诗(非文言古诗),叫《农妇忙》……好了,不多说了。以后咱们师生都要牢记"伪满14年的屈辱、苦难和血战日寇的抗联英雄!并为'保家卫国'努力学习!"

第二次讲述是从1952年当中学教师开始。有的同学要问:"我们只知道你是从黑龙江师专毕业的;不知你上师专前……"好,我就说我上"师专"前干什么了,为什么要上"师专"。大家听后,可能对自己学习有些启示。

我要先告诉大家一件事儿:"我这个中学教师却没读过一天中学! 连小学也没毕业……"当时,同学们听了迟疑地"啊?!"了一声。接着又有人小声疑问:"那怎么会上师专呢?"于是,我说:"那我就说说我这个五年半文化的农村孩子,是怎么用五年业余自学和两次短期'在职进修',补上六年中学课程,上了师专的。"

我在1946年初,不满15岁时参加工作,党组织从我自传中了解到我们家人在抗日上的表现,和我个人受父兄影响,从小就立志保国;在格外关照中又发现我认真工作和努力自学,故不到一年就送我上了"军大"进修……这些就不细讲了。当上小学老师后,一方面因为职业特点就是"教学相长";加上自知文化不高,下力自学——当上"小教"不到半年就开始在《黑龙江日报》上发表习作;因当时"小教"文化普遍不高,县教育科指令各区中心校下力组织辅导全区教师提高文化;每月集中辅导一次;每学期假日统一考试……这对我更是一种鞭策。参加5次考试,全区46名老师,我的排名从21名开始次次上升,到1950年寒假的第五次进升到第三!(前两名一是我伪满时的老师,一是伪"国高"毕业的校长)。恰好赶上县里按省的要求"选小教送省师专进修,以补中教不足",我便成了全县保送的6名之一。为了励志,我的名字也由原先的振强改为现在的新化。在黑龙江师专学习一年多,因是"速成";为了适应教学,教材也是中学课本;尤其是未发《毕业证书》……"

看到同学们听后的表情——有的轻轻摇头,有的小声自语,有的低下头……我立即提高嗓门儿说道:"不过同学们放心! 我绝对不

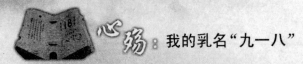

会浪费大家的宝贵时光。你们在上学时按《课表》听讲，完成作业；我的自修，除了讲课也是自习：早饭前、午休中、晚饭后学什么；星期六和星期日写什么；寒暑假日一半时间下乡'家访'，一半时间学习……怎么样？不比你们专业学习者学时少和要求低吧？"

同学们听到这，都抬起了头，瞪亮了眼，并且一齐鼓起掌来。

"别！别别……"我笑着叫停了鼓掌后，说道："这只是个决心和开始。希望大家像我监督你们一样，细心观察我在校、回家和假日是否坚持不懈！"

今年——2015 年，已战胜日寇 70 年了！经哈市青研会和省老协帮助，把当年遗存的破烂讲稿抢救整理成书，也应像半个多世纪前那两次（每次三年）向小中学生讲述之后都说段"结束语"一样，下边所写，供读者了解：书中的主人公，为什么把很有宣教意义的"回忆亲历伪满 14 年"停讲了半个多世纪。

首先因为我离开了教师岗位。原因是：在我第二次——1952 年开始讲述的"尾语"，提到的因自知文化不高，为了不浪费学生宝贵学时，对得起党的一直和高质量的培养，把业余时间全用在学习上，绝对真实，且一直坚持。加上工作认真，教法有创新——例如 1952 年给初中一年级学生讲新诗《新媳妇采棉花》课：我上课伊始，先叫学生放下课本，闭上眼睛，边听边想；接着有声有色地朗读课文；然后由自报的学生形象地讲述课文内容……学生对新课的理解和体会，比以前填鸭式的保守教法，又快又细；尤其通过对课文的喜爱，认识了文学特色，并更爱写作文。从此，我又把每次作文都选出 10 篇贴在《墙报》上展示一周，用以鼓励优秀，相互借鉴，促进全班提高；甚至吸引不少外班以及不同年级学生来观读……

由此可见我的教学业绩和不断创新之一斑。因之第二年便被提拔为语文教研组副组长；并且不久后又入了党！永不知足的我，因未学过语音知识，查《字典》"不咋的"，到县书店买不着参考书，于是以熟悉的汉字倒过来体味注音字母的读音和拼音方法。"歪打正着"——不仅真会查《字典》了，新认了许多生僻字，也教会了全体学生；尤其因有这个基础，加上总结点学语音的"窍门儿"，于 1955 年寒假中参加全省中学以上语文教师语音培训班学习，竟在结业考试中名列前茅！而且因此，我这个偏僻小县的初中教师（更甭提文化基础多么低），竟被省厅选定与哈齐二市两位高中教师一起，送北京深造！半年后由教育部直接（办语音研究班）培养为"新中国首批'推普'专家！"我感慨地质问自己："你姓胡的是什么出身？才喝几年墨水？按你的学历即使一直读书，现在也只是个'大本'四年级学生啊！可你，已成为国家语文学界最高领导明确认定的'推普专家'了……"想到这，我的"无限感激"已转换成"誓死报效"了。因之回省后立即首开了全省的方言调查，边调查边研究方言与普通话的对应关系；调查基本完成，语音对照表也编完了。《对照表》在《黑龙江教育》月刊上发表（以"省厅普通话推广科"名义）后，又与哈市同学留市局推普的老李合作……以他办班的语音知识加我调研的《对照表》，编写了《黑龙江人民学习普通话课本》于 1957 年由黑龙江人民出版社出版（1974 年修订再版）。这时我已被厅党组织选为宣委了，正好开始"整风"，我天天挤时间、提前上班、错后下班、甚至周日也到厅里……开会，办《墙报》，贴"大字报"，带头并发动党内外同事帮助党组织和厅领导"除三害"（即主观主义、官僚主义和宗派主义）。

但因个别人意见苛刻，尤其别有用心者要求"轮流执政"；也为左倾的"大跃进"开路：故把"助党整风"改变为"向猖狂进攻的资产阶级右派反击"；加之中下层都有假公济私者，竟把"反击"个别右派扩大为批判所有提意见人！因之好多领导干部、老党员，积极争取入党的年长的公务员和年轻的共青团员，都被打成了"三反"的"右派"！而本人从出身到工作，并由党培养多年的纯属无产阶级的（省副厅长，女"老八路"对我的爱称）"红色小专家"，却一下子推给资产阶级队伍，按"最猖狂"的进攻分子批判了！好在做结论时，既未"戴帽儿"又未受处分，但一样参加了"劳改"。

因为对党的抗日、建国和对个人的关爱培养崇敬和感戴之情，早已长在我心里，虽很委屈，又为离开了党专门培养、自己酷爱的，且立志不断提升的专业而痛心，但考虑到：这仍是对历史"左"倾的一次重复，必有纠错那一天！认真"改造"，还有个别对待的可能……因之带领三辈人五口之家，于 1957 年末搬到青冈县柞岗乡朱家屯。第二天便跟农民一起到东河套刨冰，开渠……于是不满一年，我便因为劳动净挑最重最脏活计干，荣获个县级"新式农民模范"称号；晚饭后没事儿，办夜校"扫盲"，又经多级工作组检验，村里得个省级奖

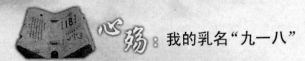

牌，我得个县级奖状；为了巩固"扫盲"成果，把《矛盾论》当教材，致使农民思想文化双丰收——事迹被层层上报，最后经中共嫩江地委宣传部长亲自验收，作为地区典型上报省委，入选了"黑龙江省政治工作先进事迹展览"；县里为此选我为"人大"代表，开完会又选为县作家协会副主席，留在县里创办《火箭》月刊（只我一人）。因为这些，1959 年 6 月（下乡一年半）便被地委宣传部调去任了新闻文艺干事！教育厅知道想调回时，我已把家搬到了齐市，地委回信"不想放回"——我从此真正彻底离开了已溶入心血的理想！当时"左"得平素听我说普通话，都被"掺沙子"的工农党员批评为"撇京腔，是'小资'表现"——业余坚持"推普"也不可能了！但闲不住的我，只能上班管理新闻文艺，下班为报刊写稿。可是，第二年"批彭"又扩大为"全党整风"，刮起了"反对右倾机会主义"大风！我刚得个"国庆征文"奖，便因另一短篇小说未歌颂工农兵而被公开批判！批判后下放穷乡僻壤，跟农民"同住、同劳、同挨饿"一年多，调回"甄别"，把业务也换为政治理论了。

改做政治理论工作，很快便可给县级党校讲课了；后又常给部长、书记写讲稿。1965 年夏参加省委宣传部工作组到拜泉县农村调研书记蹲点儿搞"社教"经验。事后由我执笔写的材料，既以文件上报下发，又当报道发于地方报纸。因此，被写者受中央邀请参加了"十一"国庆观礼，而调研书写人却因有"前科"在翌年的"文革"之初，整"小五界"时，被地委专署两大机关联合第一个揪出，打成了"文艺黑线地区黑代表！"从此天天批斗，不时游街，后干脆押入"牛棚"，机关放不下了，又送到"劳改农场"当"三劳改"（"二劳改"是刑满释放的"汉奸"和"反动派"），后因划回"内部矛盾"了，又先上"五七干校"重新做人；后落户山区长期务农……足足 10 年啊！很多朋友都疑问："十年内乱"中斗死，自杀，窝囊出病，因委屈、泄气，一蹶不振地沉入底层，消声匿迹者不计其数……而你，身心俱健，乐观向上，次次被整后都……真不可思议！"

这，既简单又不易。我从容回答：因我一直相信党（有错必纠）、相信自己（从未反党）；为了"改造"好继续补报党恩，每次都把"劳改"当体育，锻炼身体和意志；用"反省"时间学业务和构思作品；每次解除"劳改"恢复工作都改行——因怠惰勤奋都花费时间，而勤奋对己对公都好处无限，故每次都改干什么干好什么，并钻研什么，使业务上升为学问……

尤其对"文革"，我很快就看出了荒唐。对不分好坏、不讲法理的闹剧，认真对待岂不也成了"丑角儿"！

所以，"文革"中我得的第一个绰号就叫"不知愁"；第二个因能干有力气，被叫了"胡大力"；第三个是"没有脸"，因为我被"借"回组织辅导文艺创作，纪念建国30周年。连续创办文化干部和工农业余作者学习班，写出几百篇各种体裁的作品。我逐篇修改，最后按体裁编成四部文集。少儿文学集《小水手》和新故事集《通肯河边》被黑龙江人民出版社选中出版；演唱集被《黑龙江艺术》月刊出一期《嫩江地区专号》；一集综合的留给地区做《国庆征文选》，自印内发。为此，地区评我个"先进工作者"；省作协批准我入会（1959年填的《登记表》因《嫦娥》受批，观察中又发生了"文革"——延后了20年！）；特别是，"彻底平反"（连同前两次）后，1980年春节刚过便调回省直，先干了《黑龙江艺术》杂志二把手，五年间经手主编的中篇小说连年被评为一等奖；个人创作也比各时期发表得多，故先后加入了国家作家协会和民艺家协会。1985年因我干过政、教、农、党、文多种业务，又被改任了省群众文化学会常务秘书长；于是再一次"改干什么钻研什么"，6年间主编、合编、参编（国家组织编纂"民艺"和"群文"两部词典）和自撰12部文集出版，获得全省"先进"，并被同事赞为"对人对事都像《一团火》（发表在文化部的《群众文化》月刊上）；1989年赶上全国开始在文化系统评职称，单位没有正高指标，尽管语音、文学、群文和政治方面，出版发表大量作品专著，只得个"文博系列副研究员"！但也遇一稍感慰藉的事：当年我提出倡议，并一个人组织辅导，尤其未花省里一文钱（在双鸭山市选一先进工厂）开了一个"黑龙江省企业文化经验交流现场会暨理论研讨会"；文化厅长亲临大会做《报告》后，感受筹备之细，会议内容之新，研讨题目之全……高兴之余问陪同与会的文化处长："老胡年龄不到50吧？"处长反问："怎么？要提拔呀？""这样能写能干，组织工作又有创新……""晚了！58周岁了。""啊？有那么大吗？那以前……""听说他干什么像什么，就是一遇'运动'就挨整……""啊——太可惜了！"

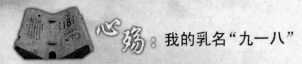 

你们说，我听到这事能不感到慰藉吗？

有人认为我自己也该总结教训。对一般人来说，失败了，受挫了，要查找主客观两方面原因。我也问过自己：1957年那次，作为党支委"助党整风"中不该带头并发动大家提意见？毛主席早有"知无不言，言无不尽，言者无罪，闻者足戒……"的教导啊！1960年那次，《嫦娥》写一优秀乡村教师由严守仁德上升到为人民服务，后又争取入党，是"毒草"吗？特别是"文革"，"太阳鸟"的名字世界公认，怎么是我骂毛主席……我要汲取教训，除非黑白不分只为自保！想到1979年"平反"时得知"反右"时教育厅党组对我的品评："中中"——当时"极右"判刑下狱；右派双开，无限期"劳改"；"中右"行政撤职，党内记过；"中中"就像我这样的，公开称谓"右派言论"，无处分只"劳改"；就剩"中左"、"极左"两部分人是好人！从哪个角度说，"中中"是不左不右、不高不低，绝非"不好不坏"；"不好不坏"也不该……

中止了"文革"，挽救了党、国家和上下各界人众。最让人感到安全的是不再搞"左"倾运动了！然而，长期"左"倾，留下的遗毒都已成了中国人思考和行为之习了！

为了帮助国家缓解外派汉语老师供不应求的压力和帮助海外同胞消除"汉语难学"的误解，我全力调研"难学"原因，而后编写改进教法的《对外汉语速成》。受到权威部门的认可，但出版并不顺利，直到一美籍华人来哈讲学，如获至宝，带去美国出版，并通过网络向世界发行……

"墙里开的花"只在"墙外红"，也是个好事——这个功国、利地、惠民又支助友国的大好事，在家乡干不成，未等老朽出国转转，一部创新教法的教材已向全球推广。这将等于我办多少年学？赶上我分身几百几千？同时在多少地方授课？忘掉过去了的一切不快吧！只以抗日将士子弟情感和离休老党员责任角度，希望能够读听到本书的少、青、壮、老朋友们：共同为牢记屈辱的历史，一心创建和谐共荣的未来，而不懈努力！同时请求不吝赐教！

**链接 1:哈市"731 部队"旧址考古取得突破性进展**
**"四方楼"周围发现多处爆破穴点,为日军毁灭罪证的第一手例证**

据介绍,1945 年 8 月,日军临撤退前,曾匆忙就近销毁实验设备,并将细菌实验室炸毁。在第 3 栋、第 4 栋和第 6 栋附近,发现 4 处实验设备燃烧灰坑内有木炭,间杂大量的玻璃试管、导管和烧瓶等。在第 3 栋、第 5 栋和第 6 栋遗址发现若干爆破穴点,出土了炮弹、扭曲变形的大型金属设备残片和暖气残片。

"四方楼的发掘最为关键,这次爆破穴点和焚烧灰坑的发现,是整个 731 部队旧址考古发掘的一大亮点,它是日军侵略者犯罪的直接证据,和毁灭犯罪事实的证据!"发布会上,黑龙江省文物考古所专家李陈奇介绍,细菌实验室及特设监狱遗址俗称"四方楼",位于七三一部队旧址核心区南部中央,由细菌实验室、特设监狱、中心走廊及四个庭院构成,是细菌实验和罪行实施的核心,"本部大楼相当于 731 部队的头脑,'四方楼'就是 731 部队的心脏,如果说本部大楼是指挥中心,那么'四方楼'就是 731 部队最为核心的要害部门,也正是因此,日军在匆忙撤军溃逃时,首先炸毁'四方楼',本部大楼完好。"李陈奇强调"四方楼"的重要性,是日军侵略者毁灭犯罪证据无可争辩的第一手例证。

出土的灌满液体的战争遗物　　　　　　731 部队遗址

**为申遗提供完整性实验资料,规划至 2021 年将发掘 13 处遗址**

据悉,黑龙江省考古所依据《侵华日军第七三一部队旧址保护规划》,经过近两年努力,目前已完成细菌实验室及特设监狱遗址、地下通道旧址、锅炉房遗址、地下回水池旧址、动物焚烧炉旧址,以及部队细菌弹壳制造厂 6 处遗址的调查勘探与发掘,并出土战争遗物 1000 多件,其中包括铁器、玻璃器、铜器、陶瓷、铝号和铅制品等,"特别值得一提的是,我们集中出土了 200

多个，大约5公分左右的玻璃瓶，里面都灌满了液体，在个别瓶子上面标明'毒'字，也是这次我们最重要的发现之一。"至年底11月，我省考古研究专家们拟发掘细菌弹壳厂遗址的两座烟囱基础和南部焙烧窑体。对各种遗迹现象进行了较为全面的文字、绘图、测量、照相、录像记录，同时为今后室内资料整理、报告编写乃至研究、保护、复原、展示等，提供了详尽的第一手资料。

此外，李陈奇介绍，黑龙江文物考古研究所制定了《七三一部队旧址中远期考古规划》。自2015年至2021年，将陆续对核心区域内及附近的锅炉房（含海鱼池）、南门卫兵所、给水塔、动物焚尸炉、焚尸炉等13处遗址进行发掘。"通过连续、大规模发掘，进一步揭露日本军国主义反人类罪行为爱国主义教育基地提供更为真实的遗迹与遗物证据，为申报世界文化遗产提供真实性与完整性的实物资料。"李陈奇表示。

**链接2："七三一"遗址进入申遗预备名单**

在大型纪录片《七三一》开机之际，记者走进"七三一"遗址现场，全景了解"七三一"遗址申遗进程。据悉，今年"七三一"遗址申报世界文化遗产工作已经列为哈市政府重点工作之一，哈市将全力推进申遗。

**"七三一"遗址进入申遗预备名单**

**今年全力推进申遗工作**

"侵华日军第七三一部队遗址既是揭露日本军国主义残暴罪行的现实证据，也是哈市特有的历史文化资源，更是全世界的文化遗产，有其独特的文化内涵和历史积淀。"在今日召开的合作签约仪式上，谈到"七三一"申遗时，平房区委副书记李兵表示，只有保护好"七三一"遗址，深刻揭露当年日本军国主义的残暴罪行，提高其在全世界的知名度和影响力，才能达到不忘国耻、以史为鉴、珍爱和平的教育目的。

记者了解到，目前侵华日军第七三一部队遗址成功进入《中国世界文化遗产预备名单》，为此，"七三一"遗址申报世界文化遗产工作已经列为哈市政府重点工作之一，全力推进申遗工作。

**开拍大型纪录片《七三一》支持申遗**

**赴美俄日等国拍摄　还原真实历史**

据悉，2014年适逢中日甲午战争爆发120周年，2015年是世界反法西斯战争和中国抗日战争胜利70周年，平房区拟在原有关于"七三一"保护建设、历史研究的基础上,采用拍摄大型纪录片的形式,全方位客观地揭露侵华日军"七三一"部队的罪恶行径,还原真实历史。为此,今日哈市与中央电视台中央新影集团举行合作签约,联合摄制大型纪录片《七三一》,支持申遗。

现场李兵介绍,大型纪录片《七三一》的拍摄与"七三一"申报联合国教科文组织世界文化遗产结合起来,采用亲历者访谈、专家学者访问、实景再现、动画复原、档案解密等拍摄手法,围绕"七三一"细菌部队相关史实,揭露日本侵略军在华细菌战的滔天罪行。同时结合申遗,摄制组还将赴省内外侵华日军战争历史遗迹进行拍摄采访,并将赴美国、俄罗斯和日本等国家进行集中拍摄,采访事件亲历者、访谈专家学者、搜集相关资料、调取解密档案,力求还原历史真实。

据悉,《七三一》拟定拍摄五集,每集 60 分钟,共计播出 300 分钟,预计拍摄制作周期共 210 天,计划于 2014 年底或 2015 年初在中央电视台纪录频道黄金时段首播。

**打造战争遗址公园　启动新馆建设**

**"七三一"旧址作为文物实施保护**

按照计划,今年哈市将正式启动"七三一"新馆建设,打造"七三一"战争遗址公园,最大程度延展"七三一"遗址的历史教育意义。据介绍,目前"七三一"规划方案已经报请国家相关部门审批通过,今年开始启动建设。其中,新馆毗邻旧馆,包含现有展馆全部内容。新馆建成后,旧馆将作为文件进行保护。同时还将在已发现区域建造遗址文化公园,目前遗址公园已经完成规划并审批通过,年内启动实施。


**链接 3：纪念"九一八"事变 80 周年起始,东北三省每年都共同撞钟鸣警**

2011 年 9 月 18 日是"九一八"事迹爆发 80 周年纪念日。当天上午,东北三省在沈阳首次共同举行撞钟鸣警仪式,用钟声和警报声警醒人们:勿忘国耻、振兴中华。

据悉,今年纪念活动的规格创史上之最,28 名副省级、副军级以上领导参加撞钟仪式。

9 时 16 分,厚重的钟声回落在沈阳"九一八"历史博物馆前广场,高大的残历碑永远停留在"1931 年 9 月 18 日"那一页。14 响钟声,历时 1 分 56 秒。寓意"九一八"事变发生后,东北沦陷 14 年。

每年 9 月 18 日都举行升国旗仪式

这一天,从松花江畔到长白山脚,从黄河之滨到香江两岸,全国有 100 多座城市拉响防空警报,共同纪念"九一八"。

**链接 4:永远的痛:悼念南京大屠杀同胞遇难 72 周年**

2009 年 12 月 13 日,南京各界群众举行集会,悼念侵华日军南京大屠杀 30 万同胞遇难 72 周年。

小学生将表达哀思的白花放在"侵华日军南京大屠
杀中山码头遇难同胞纪念碑"前的绿树上